U0908529

高等职业教育“十二五”规划教材

经济学基础

主　编　李云飞　罗建华

副主编　刘丽萍

参　编　李　鼎　单喆煜

机 械 工 业 出 版 社

本书根据教育部颁布的《高职高专经济学课程教学基本要求》和“必需、够用”的原则，结合多年的教学及编写经验的积淀，确定编写内容、结构和要求。按照编写框架，全书共十一章，包括经济学导论，供求、价格、弹性理论，消费者行为理论，生产函数理论，成本与收益理论，市场类型理论，博弈理论，分配理论，国民收入决定理论，失业与通货膨胀，政府调控理论。

本书通俗实用，为便于教学，每节中均设有导入案例，并通过小故事的形式加深学生的印象。每章都安排有互动训练和学以致用，内容新颖、资源丰富。

本书适合高职高专财经、管理类专业教学使用，也可作为其他人员学习经济学的教材或自学参考书。

图书在版编目(CIP)数据

经济学基础/李云飞，罗建华主编. —北京：机械工业出版社，2012.7
高等职业教育“十二五”规划教材
ISBN 978-7-111-38826-5

Ⅰ. ①经… Ⅱ. ①李…②罗… Ⅲ. ①经济学—高等职业教育—教材
Ⅳ. ①F0

中国版本图书馆 CIP 数据核字（2012）第 129772 号

机械工业出版社（北京市百万庄大街 22 号　邮政编码 100037）
策划编辑：张　亮　　责任编辑：张　亮　刘　畅
封面设计：鞠　杨　　责任印制：张　楠
北京振兴源印务有限公司印刷
2012 年 7 月第 1 版第 1 次印刷
184mm×260mm · 12.75 印张 · 301 千字
0001－3000 册
标准书号：ISBN 978-7-111-38826-5
定价：25.00 元

凡购本书，如有缺页、倒页、脱页，由本社发行部调换
电话服务
社服务中心：(010) 88361066
销 售 一 部：(010) 68326294
销 售 二 部：(010) 88379649
读者购书热线：(010) 88379203

网络服务
门户网：http://www.cmpbook.com
教材网：http://www.cmpedu.com

前　言

经济学是一门社会科学，许多基本原理的应用受不同的社会、政治或经济体制的影响，因此，正确理解并掌握经济分析的方法而不是生搬硬套某些不同条件下产生的结论，才是我们学习当代经济学的正确方法。为了使教材更准确地体现高职高专教育培养应用型人才为主旨的定位特征，明晰以培养学生专业操作技能为核心的主线，同时切实发挥课程的基础作用，为后续专业课教学提供必需的理论和知识铺垫，本书在编写过程中，对传统教材体系的部分章节内容进行了整合、取舍和重新编排，并在各章增加了思考训练和综合实训内容，从而达到理论精练、内容实用的效果，其广度和深度既突出了应用性，又满足了学习专业课的需要。

本书编写大纲由李云飞提出，由云南交通职业技术学院的几位担任经济学课程教学的老师组成编写团队，经编者集体讨论修改后确定。具体编写分工如下：李云飞负责编写第二章供求、价格、弹性理论，罗建华负责编写第十一章政府调控理论，李鼎负责编写第三章消费者行为理论、第四章生产函数理论、第五章成本与收益理论，刘丽萍负责编写第一章经济学导论、第六章市场类型理论、第七章博弈理论、第八章分配理论，单喆煜负责编写第九章国民收入决定理论、第十章失业与通货膨胀。全书由李云飞、罗建华担任主编，刘丽萍担任副主编。全书由李云飞、罗建华负责统稿。

在本书编写过程中，我们借鉴了国内外有关的论著和教材，在此一并表示感谢！由于经济学的学科发展日新月异，而我们占有的资料及自身的水平十分有限，编写中难免存在不足，恳请各教学单位在积极选用和推广本教材时，提出修改意见和建议，以便我们再版修订时补充完善。

为方便教学，本书配备电子课件等教学资源。凡选用本书作为教材的教师均可索取，请发送邮件至 cmpgaozhi@sina.com，咨询电话：010-88379375。

编　者

目　　录

第一章　经济学导论

学 习 目 标

通过本章的学习，学生应该明确什么是经济学，了解经济学的基本概念，掌握经济学十大原理，了解经济学的研究方法。

小故事

《南柯一梦西》——人的欲望的无限性与选择性的关系

终日奔忙只为饥，方才一饱便思衣；
衣食两般皆俱足，又想娇容美貌妻；
娶得美妻生下子，恨无天地少根基；
买到田园多广阔，出入无船少马骑；
槽头扣了骡和马，叹无官职被人欺；
县丞主簿还嫌小，又要朝中挂紫衣；
做了皇帝求仙术，更想登天跨鹤飞；
若要使人心理足，除是南柯一梦西。

第一节　什么是经济学

一、经济学的定义

导入案例

一个老笑话

话说某国的生活日用品已经十分匮乏，老百姓到商店买台电视机都得排几天几夜的队。

一个人实在排不下去了，掏出手枪说："我受不了啦，我要把总统杀掉！"

过一会他就回来了，别人问他，你把总统杀掉了？他垂头丧气的说："没有，那边排的队伍更长。"

我们面临的是一个稀缺的世界，如何让有限的资源发挥最大的作用，就产生了经济学，稀缺性是经济学存在的理由；我们面临的是一个互相冲突的世界，如何让有限的财富在人们之间分配，就产生了法律，解决冲突是法律存在的理由。这两种说法，在很大程度上是相通的。什么样的资源配置或者冲突解决方式才是合理的？

如果你想要什么就能得到什么，而不要付出任何代价，也就是说这个世界所有资源十分充裕，丝毫不存在“稀缺”，那么你还有偏好吗？你还能够作出选择吗？当然，事实并非如此。没有资源的稀缺就不会有经济学，因此，经济学认为人的欲望是无穷的，而满足欲望所需的资源是不足的，这种资源的相对有限性就是稀缺性。

经济学研究的基本前提是人类欲望的无限性和资源的有限性：

（1）人类欲望的无限性。欲望或需要就是人们想要得到的任何东西，包括物品、劳务、娱乐、旅游和某种环境等。美国心理学家认为每一个人都有一个必须被满足的需要层次，其范围从基本的生理需要、安全和保障需要、社会需要、被尊重的需要，乃至自我实现需要。

需要的有限性：同一个人在一定时期内对同一种物品（如牛奶或面包）的需要是有限的，但从整体看，人类需要是无限的。

（2）资源的有限性。相对于人类欲望而言，用来生产满足需要的物品和劳务是有限的，包括劳动、土地、资本和企业家才能。

1）劳动：由人类提供的所有努力，包括体力和脑力。

2）土地：一切自然资源的简称，包括由大自然提供的一切，诸如土地本身、空间场所、矿产、森林、水域。土地和劳动常称为“初级生产要素”。

3）资本：由劳动和土地生产出来、再用于生产过程的生产要素，包括厂房、机器、设备、道路、原料和存货等，是一种投入品。

4）企业家才能：这是指企业家组织生产、经营管理、努力创新和承担风险的能力总和，有时将之简称为“企业家”或“管理才能”。

以上四种经济资源又被称为“生产四要素”。

任何社会和个人无时无刻都会遇到各种各样的稀缺性问题，经济学正产生于稀缺性的存在，正因为存在稀缺性，满足不了人们所有的欲望，才会产生研究它、分析它的意愿以便使自己的利益最大化，经济学的研究目标也正是由这种稀缺性决定的。

（一）经济学的研究对象

经济学是研究稀缺资源在各种可供选择的用途之间如何进行分配的一门学科。经济学既是一门古老的科学，也是一门比较年轻的科学。说它古老，是因为人类一开始就面临着经济问题；说它年轻，是因为在亚当·斯密以前，经济学还不是一门独立的学科，有关思想或理论往往是哲学、法学或其他科学的副产品。如果把1776年亚当·斯密《国富论》的出版作为经济学形成的标志，那么至今经济学只不过有二百多年的历史。然而，由于经济生活在人类社会生活中的基础地位和经济问题对人类社会发展的困扰，致使经济学成为近代来发展最为迅速的科学。经济学包括两大核心思想，即①资源是稀缺的；②如何将有限的资源进行合理地配置和利用。

1. 稀缺性是经济学产生的根源

稀缺性是指社会资源的有限性，相对于人们无限的需要而言，社会提供再多的资源也是不够的，但这并不是否定人类的无穷欲望。没有无穷的欲望人类社会和文明就不会进步，但是这也造成了很多问题，如污染、过度开发等，对人类的生存环境造成了威胁。

2. 资源配置：经济学要解决的主要问题

资源的稀缺性和欲望的无限性是人类社会的基本矛盾。如何解决这个矛盾，就是经济学要研究的主要问题，也就是我们经常说的资源配置问题。人类进行选择的过程也就是资源配置的过程，即研究如何利用有限的资源生产出最多的产品，最大限度地满足人们的需要。

（1）选择。就是指资源配置，即如何利用既定的资源去生产量多质优的经济物品，以便更好地满足人类的需要。人类不断面临选择是因为资源稀缺和需要多样性：资源虽然有限，同一资源却可以有多种用途，需要尽管多样，却又可以分出轻重缓急。有限的时间里，你既可以安排学习、工作、吃饭睡觉，又可以考虑旅游、锻炼、聚会。

（2）机会成本。在某种意义上说，经济学就是一门关于如何在给定的约束条件下做出最佳选择的学问。任何选择都是有代价的，一旦某一选择已定，便会产生机会成本。因此，机会成本是用所失去的最佳选择来度量的成本或收益。经济学研究的就是使决策者在现有信息的情况下，如何使机会成本更小一些。机会成本是用所有选择中的最佳选择的价值来度量的；或者用所失去的最佳选择的价值来度量。为了得到某种东西所必须放弃的东西，这是选择的结果。

（二）稀缺性引发的三大基本经济问题

经济学产生于稀缺，但它并不是研究稀缺性问题，而是研究由它引发的选择的必要性。因为，同一资源有多种用途，人类的欲望也有轻重缓急，因此，必须对有限的资源进行合理配置与利用，才能更好地满足人类的不同欲望。由资源的稀缺性和选择性引发经济学研究的三大基本经济问题，即生产什么，如何生产，为谁生产。

（1）生产什么。生产什么的问题实质上包括了生产什么品种、生产多少、什么时间，以及什么地点生产等四个方面的问题。何谓生产？生产是将投入转化为产出的活动。一个经济系统必须决定产出的水平和构成，即生产什么和生产多少。我们应当利用有限的资源生产更多的消费品，还是应当生产较少的消费品和较多的军需用品。所谓资源配置就是将生产要素按一定比例进行组合用于生产的活动。主要有两种调节资源配置的方式：计划配置和市场配置。

（2）如何生产。一个经济系统必须决定采用什么样的生产方法或资源配置方式来生产产品，如何生产包括以下几个方面的问题：①由谁来生产？②用什么资源生产？③用什么技术生产？④用什么样的组织形式生产、怎样生产？如用石油发电，还是用煤炭发电，或是用太阳能发电？是资本密集型生产，还是资金、技术密集型生产？

（3）为谁生产。为谁生产是指谁来享有生产出来的商品的问题。谁来享用经济活动的成果？社会产品如何在不同的居民之间进行分配？如果商品的分配取决于收入的分配，收入高的人就比收入低的人可以消费更多、更好的商品。为谁生产的问题实质上就是国民收入的分配和消费问题。

对一个国家而言，无论它是一个发达的工业化国家，还是发展中国家，都必须面对这三个基本的经济问题。

二、经济体制和基本的经济模型

1. 市场经济体制和计划经济体制

市场经济如何解决三大基本经济问题：

（1）生产什么的问题是由消费者的“货币选票”所决定的。消费者选择购买某种商品，就是用货币投了这种商品及其商品生产者一票。同时，消费者所支付的货币又成为该企业支付生产要素所有者的工资、租金、利息和利润的来源。

（2）企业之间的竞争决定着如何生产的问题。对生产者来说，迎接价格竞争、实现利润极大化的最佳方法就是采用最为有效的生产手段使之成本极小化。

（3）为谁生产的问题是由生产要素的价格所决定的。要素市场的供需联合决定着工资、租金、利息和利润，它们被称作生产要素的价格。将所有的要素收益加总便得到了总收入。因此，人们的收入分配取决于所拥有的要素数量、质量，以及要素的价格。

市场机制中最重要的就是价格体系。在经济学之父——亚当·斯密看来，价格就像一只“看不见的手”协调着人们的经济行为及其活动。市场机制之所以会使经济活动有序地进行，就在于价格在市场经济中有两大相关的功能：①价格提供了信息。价格的相对高低在市场经济中反映了商品和生产要素的稀缺程度，它为消费者、生产者，以及中间商提供了各自所需的信息。②价格提供了激励。正是价格所提供的信息，加上企业的利润动机，生产者便需决定该生产什么、生产多少，以及如何生产。由此可见，价格机制在市场经济条件下具有资源配置的功能。如果价格扭曲，便会出现资源设置失当。

计划经济制度，由中央计划来安排生产什么、如何生产、为谁生产，资源的充分利用也依靠政府计划来实现。政府通过它的资源所有权和实施经济政策的权力解答基本的经济问题。

混合型经济，又称为现代市场经济，以一种经济制度为主，辅助以另一种经济制度。一方面是市场机制或者说是由一只“看不见的手”无意识地协调着人们的经济行为；另一方面，政府也在对一些经济活动进行有意识地干预（即一只“看得见的手”），这势必对人们的经济行为产生影响。这种由市场机制和政府调控相结合的经济便是一种混合经济。以现代市场经济的典型代表美国为例，虽然经济中的大多数决策都是在市场中进行的，但政府在监督市场运行方面仍然扮演着重要的角色：政府制定法律来监管经济生活，提供教育和治安服务，并控制污染等。

2. 生产可能性边界与资源配置

生产可能性曲线，是指在资源既定条件下所能达到的两种要素的最大产量的组合。

从图 1-1 中可以看出，生产可能性曲线是一条斜率为负且凹向原点的曲线，其经济含义为：

（1）生产可能性曲线揭示了稀缺法则，即任何经济不可能无限量地生产。

（2）任何一个经济行动必须做出选择，但不可能同时选择两个不同的点。同时，若决定了在生产可能性曲线上的某一点进行生产就意味着决定了资源的配置。

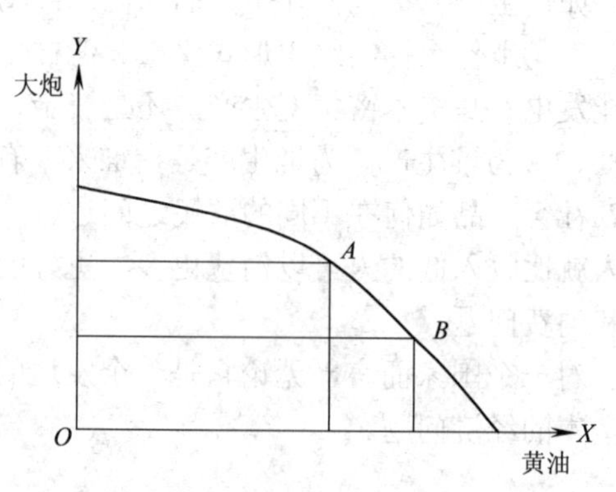

图 1-1　生产可能性曲线

（3）选择就要付出代价，选择就有机会成本。在生产可能性曲线上任意点的斜率就代表着该产量水平上 X 的机会成本，其斜率为负表明要增加一种产品的生产势必要减少另一种产品的产量。

（4）具有凹性的生产可能性曲线反映了（机会）成本递增法则。以生产黄油和枪炮这两种商品为例，随着黄油的产量（*X*）增加，每增加一个单位的黄油产量所需放弃的枪炮产量（*Y*）呈递增的趋势，或者说，黄油的机会成本随其产量的增加而递增。

（5）生产可能性曲线可以说明资源配置的效率。某种资源配置是有技术效率的，如果增加某种产品产量的同时不得不减少其他产品的产量。生产可能性曲线上的任意一点都隐含着资源配置的技术效率。这一效率的定义是由意大利经济学家帕累托首先提出的，因此，技术效率亦可被称为帕累托效率。

互动训练

要求小组讨论，并将活动成果以小组为单位提交作业

1. **岗位分配**

将全班学生分为 8 组，每组 5～8 人。

2. **目标要求**

整理相关资料，通过搜集一个案例，讨论目前我国的经济体制。

3. **模拟步骤**

（1）各小组选题立项；

（2）通过多种途径搜集资料；

（3）各小组讨论、模拟；

（4）以小组为单位完成作业，并制作 PPT 课件；

（5）利用课堂时间分小组进行作品展示活动，要求解说；

（6）教师进行评价，并和学生共同为各小组打分；

（7）共同为各小组打分。

4. **考评分表**

被考评人				
考评内容	整理相关资料，通过搜集一案例分析企业所投入的生产要素			
考评标准	具体内容	分值	得分	本组评语
	查阅整理资料内容	20		
	讨论积极度	20		
	PPT 电子作业制作情况	20		
	作业讲解情况	20		
	问题回答情况	20		
合　计		100		

学以致用

讨论我们身边有哪些经济现象，以此来认识经济学的概念。

第二节　经济学的十大原理

导入案例

经济学是干什么的?

一个不定项选择题。请问，在下列选项中，哪些是现代经济学研究的范围:

A. 欧阳克跟杨康买卖一只苹果

B. 鸠摩智与慕容复就鸠摩智污染慕容复土地一事进行谈判

C. 采花贼田伯光淫心大起，可是他知道强奸被抓住是要坐牢的，他正在犹豫之中

D. 岳不群决定参选五岳联盟主席

E. 杨过与小龙女经过十六年的爱情长跑，终于走入婚姻的殿堂

经济学源于经济生活，只要把经济学还原为事理常规，它毫无神秘之处。每个领域都有自己的语言和自己的思考方式，供给、需求、消费者、生产者、边际成本、边际收益、国民生产总值、就业与通货膨胀这些术语都是经济学语言的一部分。经济学可用四种表达方式：①口述法，或称叙述法；②算术表示法，或称列表法；③几何等价法，或称图形法；④代数表达法，或称模型法。选择哪一种，取决于个人的偏好。

无论我们谈论的是洛杉矶经济，美国经济，还是全世界的经济，经济只不过是一个在生活中相互交易的一群人而已。由于一个经济的行为反映了组成这个经济的个人的行为，所以我们的经济学研究就从个人作出决策的十个原理开始。

1. 经济学原理一：权衡取舍原理

关于作出决策的第一课可以归纳为一句谚语：“鱼和熊掌不可兼得”。为了得到我们喜爱的一件东西，通常就不得不放弃另一件我们喜爱的东西。作出决策要求我们在一个目标与另一个目标之间有所取舍。

当人们组成社会时，他们面临各种不同的交替关系。典型的交替关系是“大炮与黄油”之间的交替。我们把更多的钱用于国防以保卫我们的海岸免受外国入侵（大炮）时，我们能用于提高国内生活水平的个人物品的消费（黄油）就少了。在现代社会里，同样重要的是清洁的环境和高收入水平之间的交替关系。要求企业减少污染的法律增加了生产物品与劳务的成本。由于成本高，结果这些企业赚的利润少了，支付的工资低了，收取的价格高了，或者是这三种结果的某种结合。因此，尽管污染管制给予我们的好处是更清洁的环境，以及由此引起的健康水平提高，但其代价是企业所有者、工人和消费者的收入减少。

社会面临的另一种交替关系是效率与平等之间的交替。效率是指社会能从其稀缺资源中得到最大利益的特性。平等是指这些资源的成果公平地分配给社会成员。换句话说，效率是指经济蛋糕的大小，而平等是指如何分割这块蛋糕。在制定政府政策的时候，这两个目标往往是不一致的。

认识到人们面临交替关系本身并没有告诉我们，人们将会或应该作出什么决策。一个学生不应该仅仅由于要增加用于学习经济学的时间而放弃心理学的学习。社会不应该仅仅由于环境控制降低了我们的物质生活水平而不再保护环境，也不应该仅仅由于帮助穷人扭曲了工作激励而忽视了他们。然而，认识到生活中的交替关系是重要的，因为人们只有了解他们可

以得到的选择，才能做出良好的决策。

2. **经济学原理二：机会成本原理**

经济学讲的机会成本又称为选择成本，它是指做出一项选择时所放弃的其他可供选择的资源所带来的潜在收益。例如，是否上大学时，决策者应该认识到伴随每一种可能的行动而来的机会成本。实际上，决策者通常是知道这一点的。上大学的成本是多少？上大学除交纳学费、书费外，实际上还存在时间成本——把这段时间用于工作可以挣到工薪，那么四年中四万元的费用加上四年中工作每年一万元的收入共四万，合计八万元就是上大学的机会成本。

3. **经济学原理三：边际决策原理**

生活中的许多决策涉及对现有行动计划进行微小的增量调整，经济学家把这些调整称为边际变动。在许多情况下，人们可以通过考虑边际量来作出最优决策。

例如，①当人口骤增而粮食又歉收时，农业问题成为边际问题，需要放在突出的位置；而当温饱问题基本解决而农业劳动生产率大幅度提高时，农业问题可能会让位给交通问题、电力问题、环境保护问题等。②当发展中国家与发达国家一起讨论人权时，发展中国家更关心人权中的发展权、生存权，因为他们面临的边际问题是脱离贫困。③消费者和生产者几乎无时无刻不在考虑边际量，以便作出更好的决策，只有一种行动的边际收益大于边际成本，理性经济人才会采取该项行动。正如这些例子说明的，个人和企业通过考虑边际量将会作出更好的决策。只有一种行动的边际收益大于边际成本，一个理性决策者才会采取这项行动。

4. **经济学原理四：激励反应原理**

由于人们通过比较成本与收益作出决策，所以，当成本或收益变动时，人们的行为也会改变。这就是说，人们会对激励作出反应。例如，某种商品价格上升时，意味着购买者成本上升，人们会减少购买而选择其他替代品的决策；反之，当价格下降时，人们对该商品的购买会增加。同样，该商品的生产者也会根据价格的升降作出相应决策，因为，价格的升降意味着出售商品的收益的增减。

对制定公共政策的人来说，激励在决定行为中的中心作用是重要的。公共政策往往改变了私人行动的成本或收益。当决策者未能考虑到行为如何由于政策的原因而变化时，他们的政策就会产生意想不到的效果。

5. **经济学原理五：贸易原理**

贸易原理也称为比较优势原理，它说明了交易能使每个人的状况更好的道理。也就是说，即使一国在所有物品上都有绝对优势，也不可能在所有物品上都有比较优势；相反，即使一国在所有物品上都有绝对优势，它也会在某些物品的生产上具有比较优势。

人与人之间的交易能使双方获益，国家之间的贸易可以使每个国家的状况都变得更好。贸易促使人们专门从事自己最擅长的活动，并享有更多的各种各样的物品和劳务。

6. **经济学原理六：“看不见的手”原理**

“看不见的手”原理是指家庭或企业受价格这只看不见的手指引，决定购买什么、购买多少、何时购买，决定生产什么、生产多少、如何生产、为谁生产，他们时刻关注着价格，考虑他们行动的收益与成本。

经济学家亚当·斯密（Adam Smith）在他 1776 年的著作《国富论》中提出了全部经

济学中最有名的观察结果：家庭和企业在市场上相互交易，他们仿佛被一只“看不见的手”所指引，引起了合意的市场结果。本书的目的之一就是要解释这只看不见的手如何施展它的魔力。当你学习经济学时，你将会知道，价格就是看不见的手用来指引经济活动的工具。价格既反映了一种物品的社会价值，也反映了生产该物品的社会成本。由于家庭和企业在决定购买什么和卖出什么时关注价格，所以，他们就不知不觉地考虑到了他们行动的社会收益与成本。结果，价格指引这些个别决策者在大多数情况下实现了整个社会福利最大化的结果。

7. 经济学原理七：政府有时可以改善市场结果

虽然市场通常是组织经济活动的一种好方法，但这个规律也有一些重要的例外。看不见的手通常会使市场有效地配置资源。但是，由于各种原因，有时看不见的手不起作用。经济学家用市场失灵这个词来指市场本身不能有效配置资源的情况。这时，就由政府调控来改善市场结果，经济学中也称之为“看得见的手”，即在“看不见的手”失灵的领域和时期，政府干预或宏观调控就不可以避免，政府干预有时可以改善市场结果。

“看得见的手”的作用必须建立在市场基础上，在市场失灵的领域发生作用。由于信息不完全、政策程序等原因，政府干预可以改善市场结果，但并不意味着它总能促进经济福利。

8. 经济学原理八：生产率差异原理

世界各国生活水平的差别是惊人的。1993 年，美国人的平均收入为 2.5 万美元。同一年，墨西哥人的平均收入为 7 000 美元，而尼日利亚人的平均收入为 1 500 美元。毫不奇怪，这种平均收入的巨大差别反映在生活质量的各种衡量指标上。高收入国家的公民比低收入国家的公民拥有更多电视机、更多汽车、更好的营养、更好的医疗保健，以及更长的预期寿命。随着时间推移，生活水平的变化也很大。在美国，从历史上看，收入的增长每年为 2%左右（根据生活费用变动进行调整之后）。按这个比率，平均收入每 35 年翻一番。在一些国家，经济增长甚至更快。例如，在日本，近 20 年间平均收入翻了一番，而韩国在近 10 年间平均收入翻了一番。

用什么来解释各国和不同时期中生活水平的巨大差别呢？答案非常简单，几乎所有生活水平的变动都可以归因于各国生产率的差别，这就是一个工人一小时所生产的物品与劳务量的差别。在那些每单位时间工人能生产大量物品与劳务的国家，大多数人享有高生活水平；在那些工人生产率低的国家，大多数人必须忍受贫困的生活。同样，一国的生产率增长率决定了平均收入增长率。

9. 经济学原理九：收益递减原理

收益递减是一条可广泛观察到的经验性规律，内容是指当保持其他投入不变时，连续增加同一单位的某种投入所增加的收益越来越少，又称为边际收益递减规律。收益递减的原因是：随着某一种投入，如更多的劳动单位增加到固定数量的土地、机器和其他投入上，劳动可使用的其他要素越来越少，土地变得更加拥挤，机器超负荷运转，所投入的劳动也变得较不重要了。

10. 经济学原理十：社会面临通货膨胀与失业之间的短期交替关系

如果通货膨胀这么容易解释，为什么决策者有时却在使经济免受通货膨胀之苦上遇到麻烦呢？一个原因是人们通常认为降低通货膨胀会引起失业暂时增加。通货膨胀与失业之间的这种交替关系被称为菲利普斯曲线。根据普遍的解释，这种交替关系的产生是由于某些价格调整缓慢。例如，假定政府减少了经济中的货币量。在长期中，这种政策变动的唯一后果是物价总水平将下降，但并不是所有的价格都将立即作出调整。在所有企业都印发新目录，所有工会都作出工资让步，以及所有餐馆都印了新菜单之前需要几年时间。这就是说，可以认为价格在短期中是粘性的。

由于价格是粘性的，各种政策都具有不同于长期效应的短期效应。例如，当政府减少货币量时，它就减少了人们支出的数量。较低的支出与居高不下的价格结合在一起就减少了企业销售的物品与劳务量。销售量减少又引起企业解雇工人，因此，对价格的变动作出完全地调整之前，货币量减少就暂时增加了失业。

通货膨胀与失业之间的交替关系只是暂时的，但可以持续数年之久。因此，菲利普斯曲线对理解经济中的许多发展是至关重要的。特别是决策者在运用各种政策工具时可以利用这种交替关系。短期中决策者可以通过改变政府支出量、税收量和发行的货币量来影响经济所经历的通货膨胀与失业的结合。

一、微观经济学

1. 什么是微观经济学

微观经济学（Microeconomics）研究在市场经济中个体决策单位，如消费者、资源拥有者和企业的经济行为。它的着眼点是“个体”的，而不是“总体”的。因此，微观经济学也被称为“个量经济学”。

微观经济学是以单个经济单位为研究对象，通过研究单个经济单位的经济行为和相应的经济变量单项数值的决定来说明价格机制如何解决社会的资源配置问题。

在理解微观经济学的定义时要注意以下几点：

（1）微观经济学研究的对象是单个经济单位的经济行为。单个经济单位是指组成经济的最基本的单位，包括个人、家庭、企业，其中，个人和家庭又称居民户，是经济中的消费者。企业又称为厂商，是经济中的生产者。微观经济学研究的主要经济变量是：效用、成本、价格、产量、收益等，这是与价格理论相联系的变量；工资、利润、利息、地租等，这是与分配理论相联系的变量。微观经济学通过研究单个经济单位的经济行为和相应的经济变量数值的决定，来说明价格机制如何解决社会的资源配置问题。

（2）微观经济学解决的问题是资源配置最优化。微观经济学从研究单个经济主体追求利益最大化的行为入手（即消费者要实现效用的最大化，生产者企业要实现利润的最大化），来解决社会资源的最优配置问题。如果每个经济主体都实现了利益最大化，整个社会的资源配置也就实现了最优化。

（3）微观经济学的中心理论是价格理论。在市场经济中，消费者和厂商的行为都要受价格的支配，生产什么、生产多少、如何生产，以及为谁生产均由价格决定。市场价格就像一只“看不见的手”调节着各经济主体的经济行为。通过价格的调节，社会资源的配置实现了最大化。微观经济学要说明的正是这一经济运行的全过程。因此，从这一意义上说，微观经济学的中心是价格理论，其他内容都是围绕这一中心问题展开的。

（4）微观经济学的研究方法是个量分析。个量分析研究经济变量的单项数值如何决定，如某企业的产量，就是产量这种经济的单项数值。微观经济学分析不同个量的决定、变动及其相互间的关系。

2. 微观经济学的基本假设

（1）市场出清。市场出清是指产品市场、劳动市场、金融市场在市场机制的作用下能迅速达到均衡的状态。在这种均衡的状态下，资源可以得到充分利用，不存在资源闲置或浪费问题。因此，微观经济学就是在假设资源充分利用的情况下，研究资源的配置问题。

（2）完全理性。在微观经济学中，每个消费者和厂商的行为都是最优的，使整个社会资源的配置实现最优。这一最优化的基础就是完全理性的假设。这一假设是指，消费者和企业都是以利己为目的的经纪人，他们自觉地按利益最大化的原则行事，既把最大化作为目标，又知道如何实现最大化，即他们是完全理性的。只有在这一假设的前提下，价格调节实现资源配置的最优化才是可能的。

（3）完全信息。消费者和企业可以免费且迅速地获得各种准确的市场信息，以及对价格信号做出反应，实现其行为的最优化。

3. 微观经济学的基本内容

（1）均衡价格理论。它主要研究需求、供给和价格的决定，研究均衡价格的形成。

（2）消费者行为理论。它研究消费者如何把有限的收入分配于各种物品的消费，以实现效用最大化。

（3）生产理论。它研究生产者如何把有限的资源用于各种物品的生产，以实现利润最大化。此理论包括研究投入的生产要素与产量间关系的生产理论，研究成本与收益的成本与收益理论。

（4）厂商均衡理论。它主要研究不同市场条件下厂商产量和价格的决定，以便实现利润最大化的理论。

（5）分配理论。它主要解决为谁生产的问题，即各生产要素所有者的收入如何决定，以及从社会角度来研究分配问题及收入分配平等化的有关政策。

（6）市场失灵与微观经济政策。它主要研究市场失灵产生的原因，以及政府干预解决市场失灵的方法。

二、宏观经济学

1. 什么是宏观经济学

宏观经济学（Macroeconomics）是研究宏观经济总量的一门学科。宏观经济总量或称宏观经济变量，主要包括国民收入及其增长、价格总水平、就业与失业、利率水平和国际收支等。微观经济学研究某个别商品的均衡价格及其产量的决定，而宏观经济学是以整个国民经济为研究对象，通过研究经济中各种有关总量的决定及其变化，来说明资源如何才能得到充分利用。

（1）宏观经济学研究的对象是整个经济。宏观经济学是以整个国民经济为研究对象，因而它考察的是社会的经济总量。它研究的变量包括国民生产总值、国民收入、总需求、总供给、总储蓄、总投资、总就业量、货币供给量及物价水平等。宏观经济学通过研究国民经济中各有关总量的决定及其变化，来说明资源如何才能得到充分利用。

（2）宏观经济学解决的问题是资源利用。研究现有资源不能得到充分利用的原因，达到充分利用的途径，以及如何保持经济增长等问题

（3）宏观经济学的中心理论是国民收入决定理论。在宏观经济领域中，国民收入是一个最基本的经济总量，它综合反映了其他的经济总量及变动状况。宏观经济学以国民收入的决定为中心来研究社会资源的充分利用问题，分析整个国民经济的运行。

（4）宏观经济学的研究方法是总量分析。总量是指能反映整个经济运行情况的经济变量。总量分析就是分析这些总量的决定、变动及相互关系，并通过这种分析说明经济的运行状况，制定经济政策。

2. *宏观经济学的基本假设*

（1）市场机制是不完善的。

（2）政府有能力调节经济，纠正市场机制的缺点。

3. *宏观经济学的基本内容*

（1）国民收入决定理论。这一理论从社会总需求与总供给的相互关系出发，分析国民收入的决定及其变动规律。通过对国民收入的决定及其变动的分析，说明一国经济资源的利用情况和整个国民经济运行的状况。

（2）失业与通货膨胀理论。失业与通货膨胀是各国经济中最主要的问题。宏观经济学把失业与通货膨胀和国民收入联系起来，从分析其原因及其相互关系中找出解决这两个问题的途径。

（3）经济周期与经济增长理论。这一理论把经济波动和增长结合起来，分析国民经济短期波动的原因、长期增长的源泉等问题，以期实现经济长期稳定发展。

（4）开放经济理论。这一理论分析一国国民收入的决定和变动如何影响别国，以及如何受别国的影响，同时，也考察在开发经济条件下，一国经济的运行和调节问题。

（5）宏观经济政策。宏观经济学为国家干预经济提供理论依据，宏观经济政策则为这种干预提供具体的措施。经济政策包括：政策目标，即通过政策的调节要达到什么目的；政策工具，即用什么具体手段来达到目的；政策效应，即经济政策对经济活动的作用。

三、微观经济学和宏观经济学的区别与联系

根据以上内容可以看出，微观经济学与宏观经济学在研究的对象、解决的问题、中心理论和分析方法上存在差别。它们之间的关系就好像森林与树木之间的关系一样。宏观经济学的研究好比研究一座森林，研究其构成、性质与变化，而不去考虑一棵棵树木。而微观经济学的研究，则是考察森林中的个别树木的性质和特点，在考察时并不考虑整个森林的构成及变化，或者是以森林的状态不变为假定前提。要想对整座森林有充分的认识，这两方面的研究缺一不可。作为不同的组成部分，它们之间又有着密切的联系，主要在于：①微观经济学与宏观经济学是互相补充，互相依存的，前者是后者的前提。②微观经济学在假定资源已实现充分利用的前提下分析如何达到最优配置的问题；宏观经济学在假定资源已实现最优配置的前提下分析如何达到充分利用的问题。它们从不同的角度分析社会经济问题。③微观经济学与宏观经济学的研究方法大都相同，两者都属于实证经济学，采用的都是实证分析方法，对经济数量变动的分析都采用边际分析的方法。

互动训练

要求小组讨论，并将活动成果以小组为单位提交作业

1. **岗位分配**

将全班学生分为 8 组，每组 5～8 人。

2. **目标要求**

整理相关资料，通过搜集一案例或举一例：讨论属于经济学十大原理的哪种情形，并解释。

3. **模拟步骤**

（1）各小组选题立项；

（2）通过多种途径搜集资料；

（3）各小组讨论、模拟；

（4）以小组为单位完成作业，并制作 PPT；

（5）利用课堂时间分小组进行作品展示活动，要求解说；

（6）教师进行评价，并和学生共同为各小组打分；

（7）共同为各小组打分。

4. **考评分表**

被考评人				
考评内容	整理相关资料，通过搜集一案例分析企业所投入的生产要素			
考评标准	具体内容	分值	得分	本组评语
	查阅整理资料内容	20		
	讨论积极度	20		
	PPT 电子作业制作情况	20		
	作业讲解情况	20		
	问题回答情况	20		
合　计		100		

学以致用

根据经济学的十大原理的含义，每一原理举一例来加深对原理的理解。

第三节　经济学的研究方法

导入案例

尽管经济学是一门社会科学，但经济学家都努力以科学家的客观性来研究经济问题。同任何一门科学一样，经济学也有自己的研究工具、研究方法和思考问题的方式，这些东西在普通人看来有些陌生，甚至还有点神秘，但在经济学的研究中是极为重要的。

每门科学都有自己的研究方法，经济学也如此。也就是说，经济学要运用一定的方法来研究“大炮与黄油的矛盾”所引起的资源配置与资源利用问题。具体来说，对这些问题既可以用实证的方法进行分析，也可以用规范的方法进行分析。用实证方法来分析经济问题为实证经济学，而用规范方法来分析经济问题称为规范经济学。

一、实证方法和规范方法

实证方法试图超脱、排除一切价值判断，只研究经济本身的内在规律，并根据这些规律，分析和预测人们经济行为的效果。实证经济学要回答“是什么”的问题。

规范方法以一定的价值判断为基础，提出某些标准作为分析处理经济问题的标准，树立经济标准的前提，作为制定经济政策的依据，并研究如何才能符合这些标准。 规范经济学要回答“应该是什么”的问题。

实证经济学与规范经济学所强调的是用不同的方法来研究经济问题。用实证的方法研究就是实证经济学，用规范的方法来研究则是规范经济学。微观经济学和宏观经济学都是用实证的方法进行研究，因此都属于实证经济学。

在区分实证方法与规范方法时，应从以下方面来理解：

（1）价值判断的含义。价值判断就是指对经济事物社会价值的判断，即对某一经济事物是好是坏的判断。价值判断属于社会伦理学范畴，具有强烈的主观性与阶级性。实证经济学为了使经济学具有客观科学性，避开了价值判断问题；而规范经济学要判断某一具体经济事务的好坏，则从一定的价值判断出发来研究问题。是否以一定的价值判断为依据，是实证经济学与规范经济学的重要区别之一。

（2）实证经济学与规范经济学要解决的问题不同。实证经济学要解决“是什么”的问题，即要确认事实本身，研究经济本身的客观规律与内在逻辑，分析经济变量之间的关系，并运用上述成果进行分析与预测。规范经济学要解决“应该是什么”的问题，即要说明事物本身是好是坏，是否符合某种价值判断，或者对社会有什么意义。这一点也就决定了实证方法可以避开价值判断，而规范方法必须以价值判断为基础。

（3）实证经济学的内容具有客观性，它所得出的结论可以根据事实来进行检验，也不会以人们的意志为转移。规范经济学本身则没有客观性，它所得出的结论要受到不同价值观的影响。对于不同阶级地位，具有不同价值判断标准的人，对同一事物的好坏会作出绝对相反的评价，谁是谁非没有什么绝对标准，从而也就无法进行检验。

尽管实证方法与规范方法有上述三大差异，但它们并不是绝对互相排斥的。规范方法要以实证方法为基础，而实证方法也离不开规范方法的指导。一般来说，越是具体的问题，实证的成分越多；而越是高层次、带有决策性的问题，越是具有规范性。

二、静态分析与动态分析

静态分析不考虑时间因素，即静态分析考察一定时期内各种变量之间的相互关系；而动态分析考虑时间因素，考察各种变量在不同时期的变动情况。静态分析主要是一种横断面分析，不涉及时间因素所引起的变动，而动态分析主要是一种时间序列分析，要涉及时间因素所引起的变动。或者说，静态分析研究经济现象的相对静止状态，而动态分析研究经济现象的发展变化过程。

三、定性分析与定量分析

定性分析说明经济现象的性质及其运动的规律性。定量分析则是分析经济现象之间的量的关系。许多经济现象是可以用某种标准来衡量的，可以表示为一定的数量，各种经济现象之间的量的关系可以更为精确地反映经济运行的内在规律。因此，实证经济学分析中特别注意定量分析。

四、均衡分析与非均衡分析

当一物体同时受到方向相反的两个外力作用，而这两种力恰好相等时，该物体处于静止状态，这种状态就是均衡。均衡分析又可分为局部均衡分析与一般均衡分析。局部均衡分析考察在其他条件不变时单个市场的均衡的建立与变动；一般均衡分析考察各个市场之间均衡的建立与变动，它是在各个市场的相互关系中来考察一个市场的均衡问题的。均衡分析偏重于数量分析，非均衡分析则认为经济现象及其变化的原因是多方面的、复杂的，不能单纯用有关变量之间的均衡与不均衡来加以解释，而主张以历史的、制度的、社会的因素来分析的基本方法，即使是量的分析，非均衡也不是强调各种力相等时的均衡状态，而是强调各种力不相等时的非均衡状态。微观经济学与宏观经济学中运用的主要分析工具是均衡分析。

互动训练

要求小组讨论，并将活动成果以小组为单位提交作业

1. **岗位分配**

将全班学生分为 8 组，每组 5～8 人。

2. **目标要求**

根据所学知识，用列表的方式比较经济学的研究方法的区别。

3. **模拟步骤**

（1）各小组选题立项；

（2）通过多种途径搜集资料；

（3）各小组讨论、模拟；

（4）以小组为单位完成作业，并制作 PPT 课件；

（5）利用课堂时间分小组进行作品展示活动，要求解说；

（6）教师进行评价，并和学生共同为各小组打分；

（7）共同为各小组打分。

4. **考评分表**

被考评人				
考评内容	整理相关资料，通过搜集一案例分析企业所投入的生产要素			
考评标准	具体内容	分值	得分	本组评语
	查阅整理资料内容	20		
	讨论积极度	20		
	PPT 电子作业制作情况	20		
	作业讲解情况	20		
	问题回答情况	20		
合　计		100		

学以致用

举例说明实证经济学和规范经济学的区别。

课 后 练 习

一、填空题

1. 经济学产生于___________的存在。

2. 相对于人类社会的无穷欲望而言，经济物品或者说生产这些物品所需要的资源总是不足的，这种资源的相对有限性称为______________。

3. 资源配置的三个问题是______________、______________、______________。

4. 人们对资源的用途作最佳选择的基本原则是______________必须是最小的。

5. 宏观经济学要解决的问题是______________。

二、单项选择题

1. 资源的稀缺性是指（　　）。

A. 世界上的资源最终会由于人们生产更多的物品而消耗光

B. 相对于人们的欲望而言，资源总是不足的

C. 生产某种物品所需要的资源绝对数量很少

D. 商品相对于人们的购买力不足

2. 微观经济学要解决的问题是（　　）。

A. 资源配置　　B. 资源利用

C. 单个经济单位如何实现最大化　　D. 国民收入决定

3. 一国生产可能性曲线以内的点表示（　　）。

A. 通货膨胀　　B. 该国资源存在浪费

C. 该国可被利用的资源最少　　D. 该国生产处于最佳状态

4. 宏观经济学的基本假设是（　　）。

A. 完全信息　　B. 完全理性　　C. 市场失灵　　D. 市场出清

5. 宏观经济学的中心理论是（　　）。
A. 失业与通货膨胀理论　　B. 价格理论
C. 国民收入决定理论　　D. 经济周期与经济增长理论

三、多项选择题

1. 经济学的研究对象是（　　）。
A. 资源的稀缺性问题　　B. 资源的配置问题
C. 资源的利用问题　　B. 资源的使用必须支付代价的问题
2. 资源配置问题主要包括（　　）几个方面。
A. 为什么资源得不到充分利用　　B. 生产什么和生产多少
C. 如何生产　　D. 为谁生产及如何分配
3. 市场经济制度的特征是（　　）。
A. 生产资料归国家、政府所有
B. 生产资料私有
C. 经济决策高度分散，由价格机制来解决资源的配置和利用
D. 用计划来解决资源的配置和利用
4. 微观经济学（　　）。
A. 以个体为研究对象　　B. 以经济总体中的行业为研究对象
C. 解决资源配置问题　　D. 解决资源利用问题
5. 微观经济学的基本假设条件包括（　　）。
A. 人都是合乎理性的　　B. 具有完全信息
C. 每个消费者的收入不变　　D. 市场出清

四、简答题

1. 什么是市场经济制度，它的特征是什么？
2. 微观经济学和宏观经济学的区别和联系是什么？
3. 实证经济学和规范经济学的区别和联系是什么？
4. 什么是选择？什么是机会成本？

五、论述题

1. 请分析在期末考试之前看电影的机会成本是什么？
2. 学习经济学的意义所在是什么？

第二章　供求、价格、弹性理论

学习目标

通过本章的学习，学生能“看”出市场上普通商品的供求变化，“听”懂商品的价格变动，“说”出商品的供求价格弹性，“读”懂普通商品供求、均衡的一般规律。

小故事

经济学来自于现实生活，它给我们提供了分析各种社会经济问题的方法。无论是个人还是企业，运用经济学的思维方式将有利于作出正确的决策，至少，它给我们分析问题提供了一个新的视角。

曾经是美国首富的保罗·盖蒂，年轻时家境贫寒，他所拥有的不过是一片贫瘠的旱田。有一次，他在田里挖水井时，从地下涌出了一些又黑又浓的液体，原来是石油。于是他把水井改成油田，农田变成了油田。他用心经营着自己的石油开采事业，但开始时却总是难有起色。他发现油田的监管工头都没有努力工作，随意散漫，浪费现象严重。他不明白为什么他们不尽心，于是请教了一位经济学家。经济学家的一句话提醒了他：“因为那是你的油田，而不是他们的。”保罗·盖蒂顿时明白了。他召来各位工头向他们宣布：“从今天起，油田交给你们负责经营，效益的25%由各位全权支配。”从此，油田欣欣向荣，财富滚滚而来，保罗·盖蒂也成了美国的石油大王。

另一个故事是说美国深山里的伐木工人长期在远离繁华都市的地方劳动和生活，老板希望工人们好好干活，自己也好多赚钱，但工人们就是多给工资也不愿意多干。老板弄不清楚为什么工人不想多挣钱。他也像保罗·盖蒂那样请教了一位经济学家，经济学家到那里一看就明白了：原来是那个深山老林里的工人们习惯了悠闲的生活方式，即使多挣了钱他们也不知怎么花，也没地方花，现在挣的钱已经足够了，所以，他们并不想多干活多挣钱。问题找到了，解决的办法很简单：经济学家从城里请来一些商人，他们带了许多现代化的高档消费品进山来，展示给山里的伐木工人看。大家看了都大开眼界，都想要买，而这就需要钱。于是他们都努力工作，拼命挣钱，山区的经济开始发展起来。

第一节 需求理论

导入案例

某著名大公司在各大报刊上刊登招聘广告，招聘一名营销经理。待遇十分优厚，年薪20万元，再按营销业绩提成。一时应聘者如云，经过几场角逐，最终挑选出10名优胜者，由总经理亲自面试。

上班时，总经理召见这10名优胜者，要求他们在下班前完成一项工作：到各寺庙向和尚推销木梳，下班前赶回本公司，谁拿到的订单最多谁就能留下当营销经理。十个人面面相觑，不得要领。心里想：和尚没有头发，要木梳干吗？当场就走了一半人。

请大家想一想，剩下的那些人会怎么来完成这个任务呢？

其中有三位应聘者是这样完成任务的：

（1）王先生对长老说："香客千里迢迢来庙里拜菩萨，走得累了，一定头发零乱。为了对菩萨表示尊敬，应该在寺庙门前摆放一面镜子，几把木梳，以供香客使用。于是长老订购了几十把木梳。

（2）刘小姐对长老说："香客送了很多香火钱给寺庙，寺庙也该回赠些小礼品表示谢意才对。"于是长老订购了几千把木梳，要求每把木梳上都烫上"功德梳××寺赠"的金字。

（3）张先生左思右想，终于想到宗教局的一位朋友，这人正好在宗教局当官，于是找上门去。这朋友也痛快，拿起电话，各大寺庙打了个遍。有了这几个电话，虽然还不知道买这些木梳有何用，但几万把木梳的订单张先生总算是拿到了。

思考：如果你是总经理，你会聘用谁？请说一说你的理由。

知识原理

一、需求理论

（一）需求

需求是指在一定时期内，在不同价格水平下消费者愿意并且能够购买的某种商品或劳务的数量。研究需求是我们研究所有经济问题的基础。

需求不同于人们的需要，它不仅要以人们客观存在的购买欲望为基础，而且受到人们支付能力的约束。如果没有购买欲望，即使具有很大的支付能力，也无法形成需求；如果仅仅只有对某种物品的欲望而缺乏货币的支付能力，也不能认为构成了需求。因此，我们在讲需求的时候，强调它必须具有三个基本要素：消费者、购买力和购买欲望。

上面的案例提到把木梳卖给和尚，木梳的价格很便宜，无论是和尚还是寺庙都有购买的能力，但问题是从表面上来看木梳对和尚是没用的，无法产生购买的欲望，结论自然是和尚对木梳没有需求。愚蠢的人只看到和尚无发不需要木梳，聪明的人则会想方设法刺激和尚的购买欲望。如何才能使和尚产生购买木梳的欲望，从而对木梳产生需求？

其实，需求可以是显性的，也可以是隐形的，关键在于能否把需求激发出来。上例中的三个人就是在把和尚对木梳的隐性需求激发出来。

（二）需求表与需求曲线

研究需求的基础是编制需求表和绘制出对应的需求曲线。

假定人们的偏好、收入、有关部门商品的价格和对未来的预期等影响因素都不变，反映价格与需求量之间的对应关系的统计表是需求表。

例如，表 2-1 就是一张反映猪肉价格与需求量之间对应关系的需求表。

表 2-1 猪肉的需求表

价格/（元/公斤）	需 求 量				
	个人需求量/公斤				市场需求量/吨
	甲	乙	丙	……	
6	2	1	4	……	2
5	3	2	5	……	3
4	4	3	6	……	4
3	5	4	7	……	5
2	6	5	8	……	6
1	7	6	9	……	7

将需求表中商品不同的价格—需求量的组合在平面坐标图上绘制成一条曲线，这条曲线称为需求曲线。需求曲线通常用字母 D 表示，如图 2-1 所示。

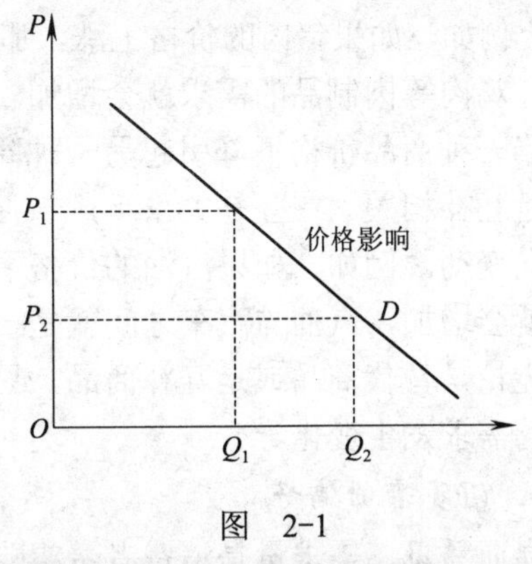

图 2-1

一般情况下，需求曲线由左上方向右下方倾斜，因此，它的斜率是负的。需要说明的是需求曲线有时是一条直线，但更多的时候是一条向原点凸出的曲线。

需求曲线也会有例外，例如：

（1）某些商品价格越高，需求就越大，价格越降低，需求反而越小。例如，钻石、古董等奢侈品。

为什么会这样？原因就在于如果价格下降，就不能代表一定的社会地位和身份，需求自然就会减少。这类商品的需求曲线由左下方向右上方倾斜，即价格越高需求量越大；价格越低需求量越小。

（2）某些商品小幅度升降价，需求按正常情况变动；大幅度升降价，人们就会采取观望的态度，需求将出现不规则的变化。

关于这一点，我们可以讨论一下目前中国许多大城市出现的商品房需求问题。

二、影响需求变化的因素

(一) 影响需求的因素

影响需求变化的因素很多，目前我们主要关注下面这几个主要影响因素：

1. *商品自身的价格*

商品本身的价格，对该商品的需求量影响是非常大的。一般情况下，需求会随价格上涨而减少，随价格下跌而增加，也就是说，需求与价格呈负相关。例如，鸡蛋、彩电、电脑……

2. *消费者的收入*

在价格水平不变的情况下，消费者的收入增加了，就意味着可用于消费的支出能力提高了。例如，原来一星期才能吃一次肉，现在天天都能吃，想什么时候吃就什么时候吃。

消费者的收入水平与商品需求量的变化分为两种情况：①消费者的收入水平与商品的需求量呈同方向变动。收入增加，需求增加；收入减少，需求减少。具有这种特性的商品为正常商品。②消费者的收入水平与商品的需求量呈反方向变动。收入减少，需求增加；收入增加，需求减少。这类商品为低档商品。

请大家分析一下以下商品分别是什么商品：①肉类；②低价蔬菜；③别墅。

3. *相关商品的价格*

一种商品的需求不仅取决于其自身的价格，而且还取决于相关商品的价格。这种相关商品分为两类：①替代商品；②互补商品。

通常当一种商品价格下降会减少另一种商品的需求时，这两种商品互称为替代品，替代品之间就是替代关系。在替代关系下，一种商品价格的变动，会引起其替代品的需求同方向变动。例如，如果猪肉的价格上涨，那么，人们就会多购买牛肉、鸡肉等同类产品，这时候，牛肉、鸡肉等肉制品的需求就会增加。

当一种商品价格下降引起另一种商品的需求增加时，这两种商品互为互补品，互补品之间就是互补相关。在互补关系下，一种商品价格的变动，会引起另一种作为互补品的需求按反方向变动。例如，如果汽油的价格下降，消费者就会增加对汽车的需求，这时候汽车的销售量就会增加，汽油与汽车之间就是一种互补关系。

无论是替代商品或是互补商品，只要其中任何一种商品的价格发生变化，都会引起相关商品的需求发生变化。

4. *消费者的偏好*

显而易见，需求量是消费者希望购买的商品数量，它必然受到消费者偏好的制约。简单来说，如果你喜欢吃苹果，那你就会多买苹果，苹果的需求就会增加，至于你为什么喜欢苹果，这就不是经济学研究的范围了。

5. *消费者的预期*

消费者对自己将来收入的预期和对商品将来价格、供给的预期都会对需求产生影响。例如，如果你预想到你的工资会增加，你就会想贷款买一套房子；如果你预想到二手房的价格会上涨，你就不会急着把你的房子卖出去。

（二）需求函数

需求函数表示一种商品的需求量和影响该商品需求量的各种因素之间的相互关系。如果把某种商品的需求量作为因变量，把影响人们对这种商品需求的各种因素作为自变量，就可以得出需求函数

$$Q_d=f(Y, X, P, H, \cdots)$$

式中，Q_d代表对商品的需求量：$(Y, X, P, H, \cdots)$代表影响需求的各种因素。这些因素中任何一个因素发生变动，都会引起因变量Q_d的相应变动。

由于一种商品的价格是决定需求量的最基本的因素，所以，我们往往假定其他因素保持不变，仅仅分析价格因素对该商品需求量的影响，这样需求函数可以用下式表示

$$Q_d=f(P)$$

式中，P为商品的价格：Q_d为商品的需求量。

三、需求定理

1. 需求定理的内容

在其他条件不变的情况下，某商品的需求量与价格之间呈反方向变动，商品价格上升，需求量减少；商品价格下降，需求量增加，经济学家称之为需求定理。

需求定理描述了在假定影响需求量的其他因素不变的条件下，商品本身价格与其需求量之间的关系。例如，如果收入大幅度增加，即使商品价格上升，需求量仍然会增加，但我们绝不能认为这反映出来的是价格与需求量之间的变动关系。

2. 需求定理的例外

需求定理是一般商品在一般情况下的规律，但这一定理也有例外。最常见的例外商品主要有两种：

（1）炫耀性商品。炫耀性商品是用来显示人的社会身份和地位，满足人的虚荣心的商品。例如，钻石、豪华轿车、高级时装等。这种商品只有在高价格时才能达到显示人的社会地位的作用，所以，当这类商品的价格下降时商品的需求反而会减少。

（2）吉芬商品。某些低档商品在特定条件下，当价格下降时需求量会减少，而价格上涨时需求反而会增加。这是英国经济学家吉芬发现的现象。1845年，爱尔兰发生灾荒，吉芬发现当时马铃薯的价格上涨得很快，然而人们的需求却没有下降，而是大量地增加。这种价格上升需求不减反增的情况被称为“吉芬之谜”，具有这种特点的商品被称为吉芬商品。通过研究发现导致这种现象发生的原因是灾荒造成爱尔兰人民实际收入急剧下降，不得不增加这类必需的低档食品的消费。

四、需求量的变动与需求的变动

当商品本身的价格不变时，由于消费者的收入、偏好等非价格因素引起的需求量的变化，称为需求的变动。

需求的变动在图形上表现为整条需求曲线在坐标图上向右或向左平行移动。向左移动表示非价格因素引起的需求减少；向右移动表示非价格因素引起的需求增加，如图 2-2 所示。

假定非价格因素不变，由商品本身的价格变动引起需求量的变化，称为需求量的变动。在图形上表现为在一条既定的需求曲线上点的位置移动，如图 2-3 所示。

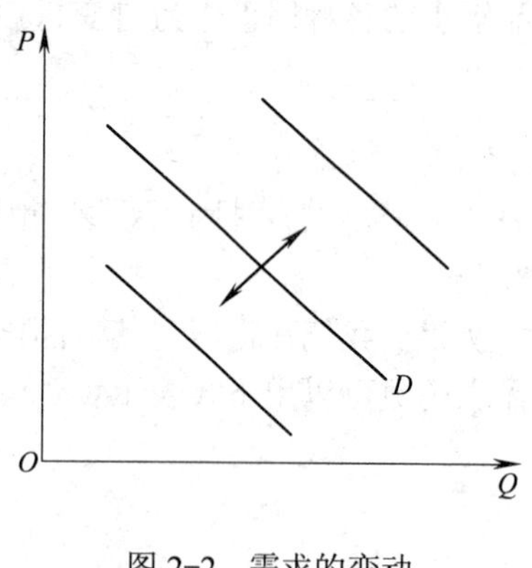

图 2-2　需求的变动

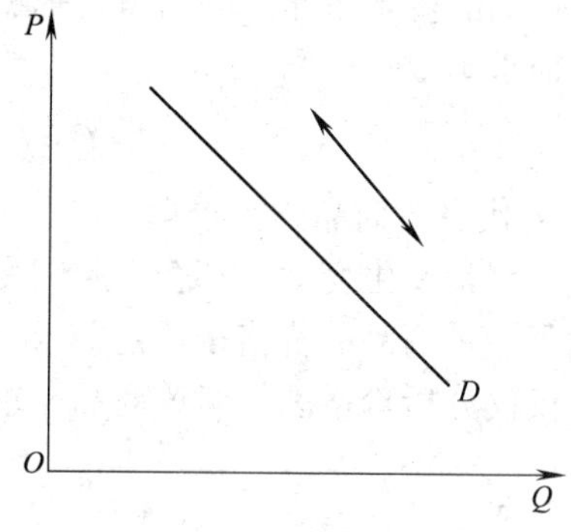

图 2-3　需求量的变动

五、供给理论

（一）供给

供给是指在一定时期内，在不同价格水平上，生产者愿意而且能够提供的某种商品或劳务的数量。

决定供给的两个基本要素：①供给欲望；②供给能力。若生产者对某种商品只有供给的愿望，没有供给的能力，则不能形成有效供给。例如，一位房地产开发商年生产商品房的能力为 100 万平方米，遇到商品房价格飙升，他想向市场提供 200 万平方米的商品房，这时我们说他只能实现 100 万平方米商品房的有效供给。

（二）供给表与供给曲线

研究供给的基础是首先编制供给表和绘制出对应的供给曲线。

供给表是表示商品价格与其供给量之间关系的表格。表 2-2 就是一张反映牛肉价格与供给量之间对应关系的供给表。

表 2-2　牛肉的供给表

价格（元/公斤）	供给量				
	个别供给量/公斤				市场供给量/吨
	甲	乙	丙	…	
6	8	7	11	…	12
5	7	6	10	…	10
4	6	5	9	…	8
3	5	4	8	…	6
2	4	3	7	…	4
1	3	2	6	…	2

将供给表所表示的价格与供给量之间的对应关系用平面坐标上的曲线表示，这条曲线称为供给曲线。供给曲线通常用字母 S 表示，如图 2-4 所示。

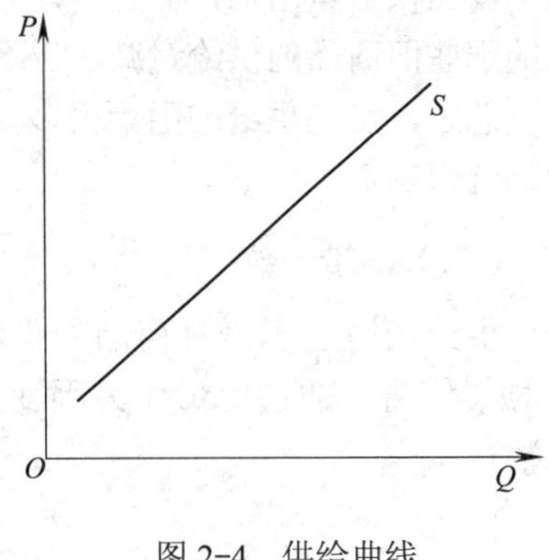

图 2-4　供给曲线

在正常情况下，供给曲线是向右上方倾斜的，斜率为正值。同样需要说明的是，供给曲线有时是一条直线，但更多的时候是一条凹向原点的曲线。

供给曲线也会有例外，例如：

（1）有的商品供给曲线先是递增，然后会变成一条垂直线，或是一条向后弯曲的线。例如，劳动者的工资。

（2）有些商品供给曲线会出现不规则变化。例如，证券、古董。

为什么会出现这样的例外，请大家自己分析一下。

六、影响供给变化的因素

（一）影响供给的因素

影响供给变化的因素很多，概括起来主要有以下几种：

1. **商品自身价格**

假定其他条件不变，特别是生产要素的成本和其他商品的价格不变，那么某种商品价格的上升将使单位商品的利润增大。这不但促使原厂商扩大生产，而且还将吸引别的厂商转而生产这种商品，结果这种商品的供给量将增加；反之，这种商品的供给量将减少。因此，供给随价格上涨而增加，随价格下跌而减少，供给与价格正相关。

2. **生产费用（成本）**

在商品价格不变的条件下，如果生产成本上升了，那么生产这种商品的利润就减少，因而这种商品的供给量也会减少；反之，则会引起这种商品供给量的增加。例如，鸡蛋的市场价格一定，那么生产鸡蛋的饲料、人工费等生产费用增加则必然会减少利润，从而降低供给鸡蛋的积极性，减少鸡蛋的供给量。

3. **相关商品的价格**

一种商品的供给量不仅随着自身价格的变化而变化，而且还随着其他商品价格的变化而变化，特别是替代品和互补品之间。假如某种商品的价格不变而其他商品的价格变化了，它的相对利润也将随之改变，结果社会资源重新配置，这种商品的供给量将受到影响。例如，鸡蛋的价格不变，猪肉的价格上涨，那么生产者就会把养鸡场改为养猪场，少养鸡多养猪，从而减少了鸡蛋的供给量。

4. **生产者预期**

请思考：如果你是养鸡专业户，当你预期未来鸡蛋的价格会上涨，你会怎么做？

结论其实显而易见，如果生产者对未来的预期看好，就会增加供给量；而如果生产者对未来的预期是悲观的，就会减少供给量。

5. **技术水平**

生产技术水平的提高不但降低了原有商品的生产成本，在其他条件不变的情况下会导致这些商品供给量增加，而且它还带来了新的商品，引起这些新商品供给量的增加和被它们替代的那些旧商品的供给量减少。

总之，影响供给的因素很多，在不同的时期、不同的市场上，供给会受到多种影响因素的综合影响。

（二）供给函数

供给函数表示一种商品的供给量与影响该供给数量的各种因素之间的依存关系。如果把对某种商品的供给量作为因变量，把影响供给量的各种因素作为自变量，可以得到供给函数

$$Q_s=f(A, B, P, G, \cdots)$$

式中，Q_s代表某商品的供给量，A，B，P，G，…，代表影响供给量的各种变量。

如果假定其他因素不发生变化，仅考虑商品的价格变化对其供给量的影响，即把一种商品的供给量只看成是这种商品的价格的函数，则供给函数就可以表示为

$$Q_s=f(P)$$

七、供给定理

在正常情况下，供给曲线是向右上方倾斜的，斜率为正值，即价格上升，供给量增加；价格下降，供给量减少。

供给定理描述了在假定影响供给量的其他因素不变的条件下，商品本身价格与其供给量之间的关系。

供给定理是一般商品在一般情况下的规律，但这一定理也有例外。最常见的例外主要有三种：

（1）某些科技含量高、更新换代快的产品，例如，数码产品，通常采用高价投放市场，但销量往往不大。当新一代产品研制成功后，旧产品就会大幅度降价，引起销量剧增。这种情况的供给曲线表现为向右下方倾斜，斜率为负。

（2）劳动力的供给有时也是例外。劳动力的价格（工资）增加时，劳动力的供给开始时会随着工资的增加而增加，但当工资增加到一定程度以后，无论工资怎样增加，劳动力的供给量反而减少。

（3）土地、古董、古玩、名贵邮票等，由于受到各种环境和条件的限制，其供给量一般情况下是固定的。

八、供给量的变动和供给的变动

当商品本身的价格不变时，由于生产技术、生产者预期等非价格因素变动引起的供给量的变化，称为供给的变动。供给的变动在图形上表现为整条供给曲线在坐标图上向右或向左平行移动。向左移动表示供给减少；向右移动表示供给增加，如图 2-5 所示。

假定非价格因素不变，由商品本身价格变动引起的供给量的变化，称为供给量的变动。在图形上表现为在一条既定的供给曲线上点的位置移动，如图 2-6 所示。

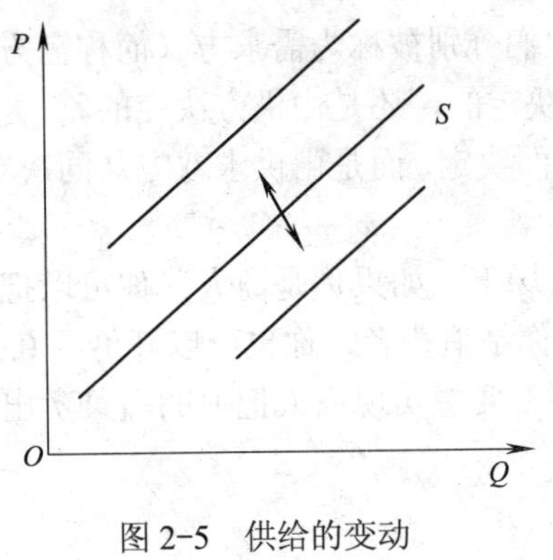

图 2-5 供给的变动

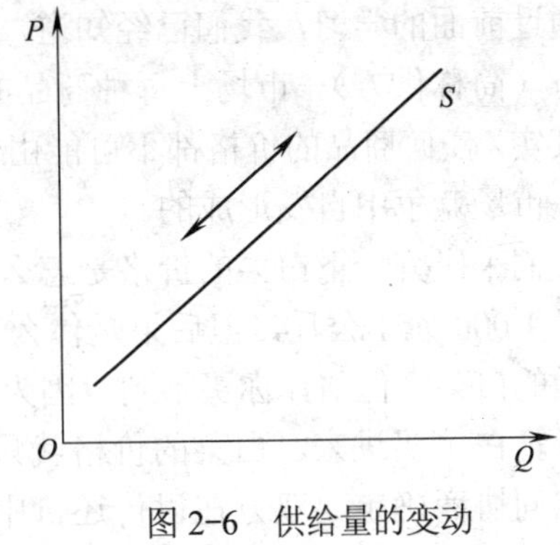

图 2-6 供给量的变动

互动训练

分组讨论：假如新生产出一种激素，它能使母鸡每天生两只蛋，对鸡蛋的供给会有什么影响？

学以致用

请同学们利用周末时间分组调查一下本市冰激凌的供求状况。

第二节 均衡价格

导入案例

我们每个人每天都会和市场上的商品打交道，我们的衣、食、住、行等所涉及的各类商品，不论你愿不愿意，你总要到市场上去购买。你是否思考过这样一个问题：这件商品为什么卖这个价？举个例子，如果今天你去菜市场买白菜，你了解到今天菜市场上的白菜是 1 元钱 1 公斤，可能不经意间你听到一旁的大婶说这种白菜昨天才卖 0.80 元 1 公斤，卖菜的商人却说明天会涨到 1.20 元 1 公斤，大婶反而说明天肯定会回到 0.8 元 1 公斤。他们是在拌嘴吗？你能解释一下这个关于白菜的价格问题吗？

知识原理

一、均衡价格

市场上任何一个交易行为的发生，都不能缺少两个行为主体：一个是买方，另一个是卖方。通过前面的学习，我们已经知道，在经济学中，他们分别被称为需求方（简称需方）和供给方（简称供方）。市场上每种商品的价格是由需方决定的，还是由供方决定的？

其实，任何商品的价格都不可能由供方或需方单方面决定，而是由供求双方共同决定的，这是在市场竞争中自发形成的。

我们来研究一下白菜的价格是怎么形成的。在菜市场上，如果你是商人，你可以把你的白菜卖1 000元1公斤，但后果是什么？没人买。如果你是消费者，你也可以开价买0.01元1公斤的白菜，但估计你买不到，因为没人卖。怎么办？要想实现商人把他的白菜卖出去，消费者把白菜买进来，白菜的价格就只能由买卖双方共同协商确定，双方在讨价还价中，一方努力把价格提上去，一方尽力把价格压下来，最终，如果白菜能实现交易，一定是买卖双方最终达成了双方都能接受的价格。

利用我们前面介绍过的知识，我们先来认识一下什么是均衡价格。假定供求状况既定，我们可以利用图2-7来说明这个问题。

从图2-7来看，市场需求曲线 D 与市场供给曲线 S 相交于 E 点，我们把 E 点称为“均衡点”；E 点所对应的价格 P^* 称为“均衡价格”；E 点所对应的数量 Q^* 称为“均衡数量”。

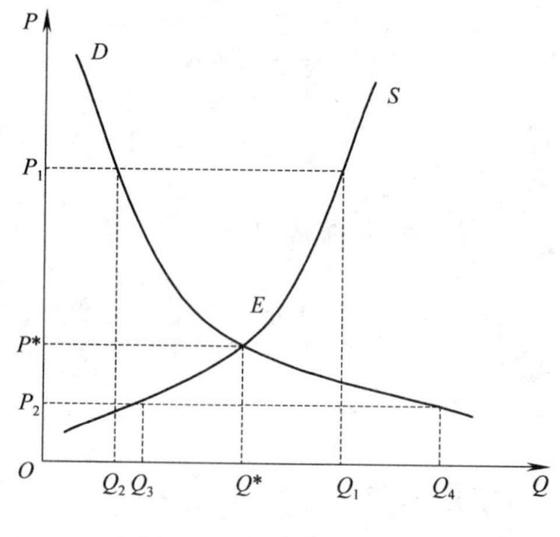

图2-7　均衡价格的形成

二、均衡价格和均衡数量的形成

（1）假定市场价格（P_1）高于均衡价格，这是生产者喜欢的价格，这样的价格生产者愿意多提供商品。如图2-7所示，在这一价格下，生产者的供给量将为 Q_1，而消费者的需求量仅为 Q_2，两者差额为 Q_2Q_1，形成生产过剩，需求不足。这时候，市场就会自动形成一个价格向下的压力，生产者竞相降价销售，市场价格不断下降，生产者开始减少市场供给。由于市场价格下降，消费者不断增加购买。这个增减运动的过程一直到消费者愿意并能购买的商品数量和生产者愿意并能够提供的商品数量相等为止，市场上价格向下的压力自动消失，这时的市场价格我们发现就是均衡价格。

（2）假定市场价格（P_2）低于均衡价格，这是消费者喜欢的价格，但是这样的价格生产者不愿意多提供商品。如图2-7所示，在这一价格下，生产者的供给量为 Q_3，消费者的需求量为 Q_4，两者差额为 Q_3Q_4，形成市场短缺，供给不足。这时候，市场又会自动形成一个价格向上的推力，消费者的部分需求得不到满足。消费者为了能买到想要的商品，就不惜提价抢购，促使市场价格上扬，上涨的商品价格使生产者看到了商机，增加对市场的供给量，反过来消费者看到价格上涨，纷纷减少需求，这种价格与供求的变动将一直调整到短缺消除为止，市场价格向上的推力自动消失，这时的市场价格我们发现还是均衡价格。

均衡价格就是在生产者之间、消费者之间、生产者与消费者之间的竞争中形成，由供给和需求共同决定的价格。在这个价格上，没有人愿意扩大供给量或需求量，也没有人愿意减少供给量或需求量，市场处于均衡状态。不难看出，只有均衡价格才是买方和卖方都能接受的价格，均衡数量是市场需求量与市场供给量相一致时的交易量。

现在请大家讨论分析：今天菜市场的白菜为什么是1元1公斤？明天的白菜会是什么价格？

均衡是市场经济下的一种动态的平衡。大家必须明确下面两点：①供求并不总是处于均衡状态；②即使处于均衡状态也不是永久的，当供给和需求条件发生变化时，均衡状态是要改变的，会出现新的均衡。

三、供求的变化对市场均衡的影响

1. 供给不变，需求变动

假定科学家研究发现多吃白菜可以预防禽流感。讨论一下这项研究成果会对菜市场上的白菜产生什么影响？如图2-8所示。

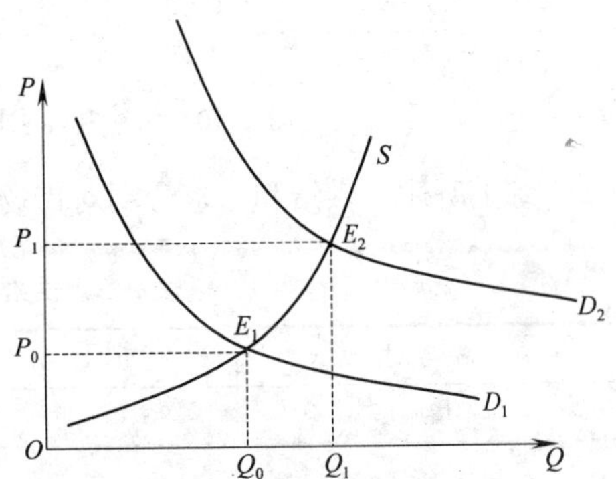

图2-8 需求变动对均衡数量和均衡价格的影响

由于白菜能预防禽流感，人们对白菜的需求一定会大大增加，需求曲线向右移动，当供给不变的情况下，大家会看到均衡点上移了，这时候的均衡价格提高，销售量也同时增加。

反过来，如果科学研究发现吃白菜对人的身体健康不利，那对白菜的需求又会产生什么影响？

结论：供给不变，需求增加，均衡点上移，均衡价格上升，均衡数量增加；供给不变，需求减少，均衡点下移，均衡价格下降，均衡数量减少。

2. 需求不变，供给变动

假定一项新技术能使白菜的单位产量增加一倍。请讨论这项新技术的使用能使白菜的供给量发生什么变化？对白菜原来的均衡价格和均衡数量产生什么影响？如图2-9所示。

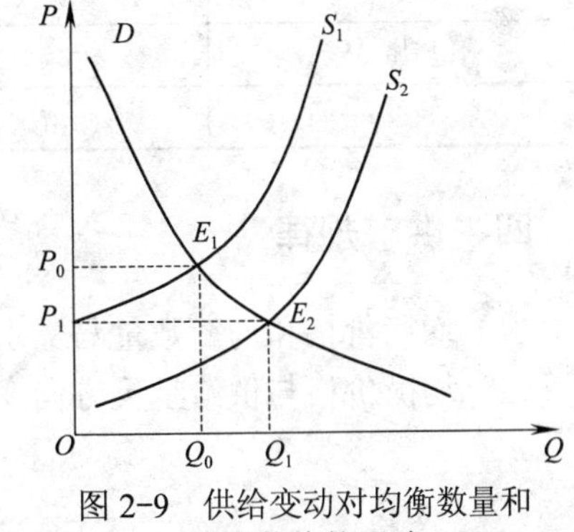

图2-9 供给变动对均衡数量和均衡价格的影响

不难看出，由于供给增加，而需求不变，供给曲线向右移动，均衡点下移，导致均衡价格下降，均衡数量增加。

反过来说，如果今年由于出现灾情，白菜大幅度减产，又会对白菜的供给产生什么影响？

图2-9显示，供给减少，需求不变的情况下，供给曲线向左移动，均衡点上移，均衡价格上升，均衡数量减少。

结论：需求不变，供给增加，供给曲线右移，均衡价格下降，均衡数量增加；供给减少，供给曲线左移，均衡价格上升，均衡数量减少。

3. 供给和需求同时变动

这个问题的讨论请大家自己分析解决，在这里，我们只把坐标图2-10给大家，希望大家根据坐标图2-10的提示进行思考。

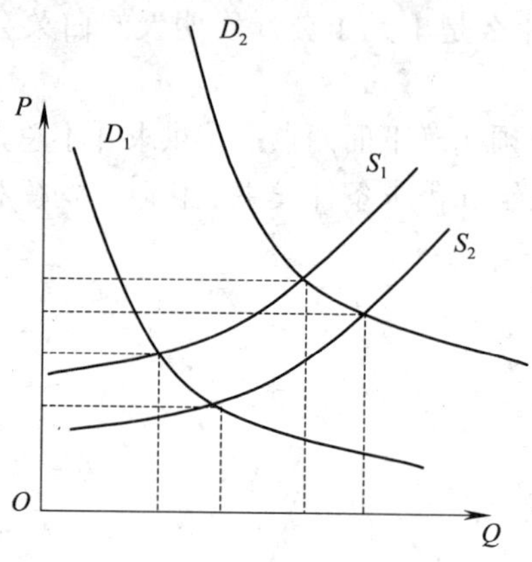

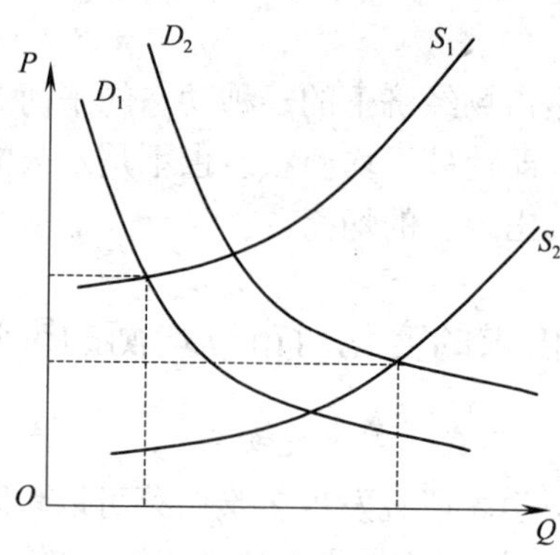

图 2-10 供给和需求同时变动对均衡数量和均衡价格的影响

综上所述，供给和需求变动对市场均衡的影响见表 2-3。

表 2-3 供给和需求变动对市场均衡的影响

需 求	供 给	均衡价格	均衡数量
增加	不变	上升	增加
减少	不变	下降	减少
不变	增加	下降	增加
不变	减少	上升	减少
增加	增加	不确定	增加
减少	减少	不确定	减少
增加	减少	上升	不确定
减少	增加	下降	不确定

四、供求规律

（1）均衡价格和均衡数量与需求呈同方向变动；

（2）均衡价格与供给呈反方向变动，均衡数量与供给呈同方向变动。

互动训练

从前有一个地方洪水泛滥，一次，洪水向一个村庄涌来，村民们争相夺路而逃。其中有两人慌忙着回家拿东西而被洪水困住了，情急之下，两人先后爬上了村里最高的一棵大树。洪水越涨越高，看情形一两天是退不了，两人陷入了困境。

在大树上坐了半天，肚子饿了。这时，张某拿出了他刚才忙着到家里拿的大饼，大口吃了起来。王某看着张某吃着大饼，口水直咽，肚子更饿了。看着自己舍命从家里拿出来的一大包金银财宝，却解不了当前的饥饿，无奈之下，他决定拿钱和张某换大饼。

王某对张某冷漠地说："喂，把你的大饼给我一个，我给你一两银子。"

想着平时一两银子可以买到10个带肉的大饼，而现在却只能换一个硬邦邦的干大饼，他想张某可是占了天大的便宜。他甚至为自己刚才的犯傻有点后悔，可没想到的是张某却把头一甩，轻蔑地说："不换。"王某一惊，刚想发火，大饼的香味扑了过来。他咽了一口口水，一狠心，咬着牙说："那给你一两黄金，换你一个大饼，总行了吧！""不换。"张某仍然斩钉截铁地说。王某急了，有点口吃地说："十两换不换？""不换。""一百两换不换？""不换。"

……王某绝望了。

请分组讨论：为什么一百两黄金换不来一个大饼？

学以致用

请分析"三聚氰胺"事件后，蒙牛牛奶的价格发生了怎样的变化？新的"均衡价格"将如何形成？

第三节 价格机制

导入案例

亚当·斯密在《国富论》(1776年)中宣布了"看不见的手"的原理。该原理宣称：当每个人在追求他自私自利的目标时，他好像被一只"看不见的手"引导着去实现公共的最好的福利。在这个所有可能世界中，政府对于自由竞争的任何干预几乎肯定是有害的。

你知道吗？在市场经济中，经济的运行不是靠政府的计划、命令，不是靠长官的意志，而是靠价格调节，价格被称为是一只"看不见的手"。这只"看不见的手"指挥人们的经济活动，使供给和需求达到均衡，这只手就是市场机制或价格机制。价格把众多的生产者和消费者吸引到市场上来，有秩序地进行商品生产和商品交换。

知识原理

"看不见的手"学说是一个概念，旨在解释为什么价格机制或市场机制的后果看起来是如此的有秩序。它能够自发地传递信息、调节供求、决定分配。

一、价格机制的作用

（一）传递信息

消费者需要什么商品，不需要什么商品？市场缺少什么商品，剩余什么商品？在市场经济中，没有政府会发布，没有人能告诉你。当某种商品的价格上升了，就表示这种商品是消费者最需要的，是市场最缺少的，指示生产者应该生产这种商品；而如果某种商品的价格下跌了，就表示这种商品是消费者不需要的，是市场过剩的，指示生产者不要生产这种商品。所以，价格就像“红绿灯”一样传递着市场的供求信息，指挥着厂商的生产。

（二）调节供求

当市场上某种商品供求不平衡时，价格这只无形的手就来调节，使它们趋向供求平衡。当某种商品供不应求时，该商品价格就上升，消费者就会减少购买，生产者就会增加生产，这时需求就会减少，供给就会增加，供求趋向平衡；反之，当某种商品供过于求时，该商品价格就下降，消费者就会增加购买，生产者会减少生产，这时需求就会增加，供给就会减少，供求趋向平衡。供求平衡也就意味着社会资源得到最合理的配置，消费者的效用达到最大化，生产者的利润达到最大化。

（三）决定分配

在市场经济中，一个人的收入分配多少，不是取决于领导的喜恶或个人的年龄、学历，而是取决于他向社会提供生产资源（例如土地、资本、才能、劳力等）的数量，以及这些生产资源的市场价格。如果提供的生产资源越多，而且这些资源的市场价格越低，那么收入分配就越少。

我们批评计划经济条件下，政府对经济的过度干预，但也绝不是走向另一极端，对经济活动过度放任，听任“看不见的手”的指挥。因为价格对经济的调节作用是在市场上自发进行的，但这种自发性并不十全十美，它带有盲目性，调节的结果可能对国民经济带来负面效应，不一定符合社会的整体利益和长远利益。

请讨论两个问题：

（1）自然灾害使农民减产，从而使农民遭受损失；而风调雨顺、农业丰收，又会导致农产品过剩、均衡价格下降，谷贱伤农，农民还是受到损失。这样的结果，农民还有生产积极性吗？整个国民经济还怎么稳定？怎么办？

（2）现在有一个热门话题，老百姓看不起病，为什么？怎么办？

这两个讨论问题其实只是想告诉大家，价格自发调节的不完整性。这种不完整性不可能靠价格本身来完善，只能靠政府的价格政策来纠正，政府的价格政策我们称为“看得见的手”，“看得见的手”可以纠正“看不见的手”的盲目性。

二、支持价格和限制价格

这里我们主要介绍价格政策的两种主要形式：支持价格和限制价格。

（一）支持价格

支持价格是指政府为了支持某一行业的生产而规定一个高于均衡价格的最低价格。主要是支持农业。

如图 2-11 所示，该行业产品由供求所决定的均衡价格为 OP_0，均衡数量为 OQ_0。政府为支持该行业生产而规定的支持价格为 OP_1，即支持价

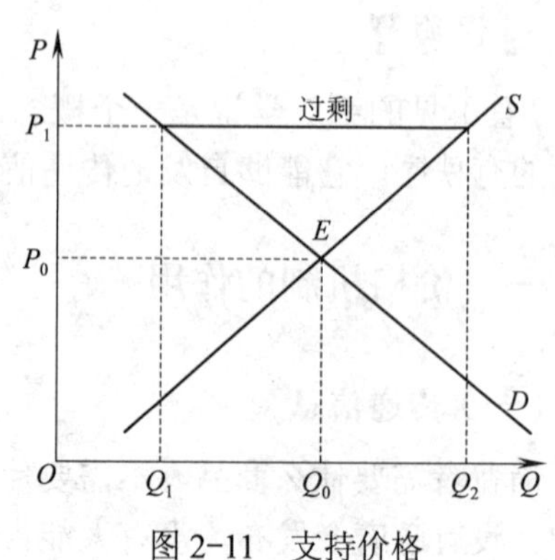

图 2-11　支持价格

格一定高于均衡价格。这时，需求量为 OQ_1，而供给量为 OQ_2，供给量大于需求量，存在过剩，过剩量为 Q_1Q_2。

为了实行支持价格，需要政府做到：①收购过剩商品，出口、援助、储备或者开发新用途；②对该产品生产实行产量限制。

从长期来看，支持价格确实有利于农业的发展，通过对不同农产品的不同支持价格，可以调整农业结构，使之适应市场需求的变动。正因为如此，实行农产品支持价格的国家，农业生产发展都较好。

但支持价格政策也有其副作用，主要是会使财政支出增加，使政府背上沉重的包袱。

（二）限制价格

限制价格是指政府为了限制某些生活必需品的物价上涨而规定的低于均衡价格的最高价格。

例如，看病的价格太高，对大多数老百姓来说生病看不起，政府为了让老百姓生病了看得起病，就得规定限制价格 OP_1，低于均衡价格 OP_2，这样才能保证老百姓的生活。但是，由于限制价格，就有 Q_1Q_2 的短缺，政府为了保证供应，就得实行凭证凭票定量供应的办法，如图 2-12 所示。

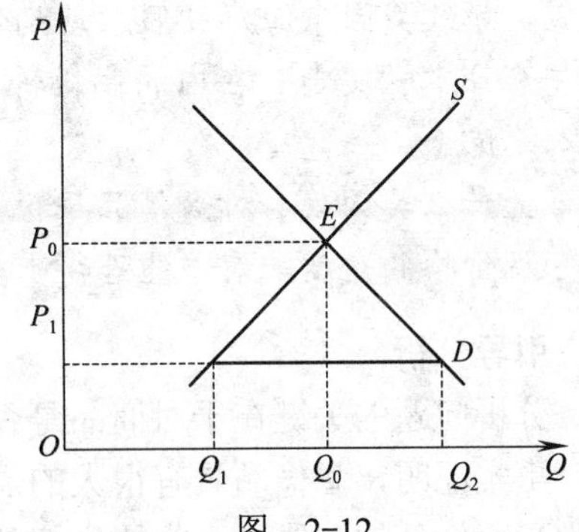

图 2-12

限制价格政策在战争或自然灾害等特殊时期应用得很广泛，但也有许多国家对某些生活必需品，长期实行限制价格政策。

限制价格政策有利于社会平等，有利于社会安定，但也会引起严重的不良后果。首先，不利于刺激生产，从而导致产品长期短缺；其次，不利于抑制需求，反而造成严重浪费；最后，还会引起社会风气败坏，黑市猖獗，官员腐败。所以，一般西方经济学家都反对长期采用限制价格政策。

互动训练

改革初期，我国香烟的价格曾大幅度涨价。某市商业局估计，提价 30%后，可增加收入 500 万元。各部门闻讯，纷纷前来商议，要求“利益均沾”，虽经数月的讨价还价，仍未能达成一致意见。正在会议议而不决之际，下面来报：由于香烟大幅度涨价，许多烟民决心戒烟，香烟销量大减，造成数万箱香烟积压。

请讨论：香烟的价格和“看不见的手”有什么关系？在“看不见的手”的指挥下，香烟的价格会发生怎样的变化？

学以致用

本周末，同学们的调查地点是“农贸市场”。请大家走进农贸市场，看一看有哪些农产品是完全听从“看不见的手”指挥的？

第四节　需求弹性理论

↘导入案例

1990 年，美国政府为了削减美国财政赤字，对价格昂贵的奢侈品征收 10%的奢侈品税。可征收的奢侈品很多，包括豪华游艇、私人飞机、高级轿车、珠宝首饰和皮革等。到了次年，也就是 1991 年年初，政府发现，为了逃避税收，很多有钱人前往邻国巴哈马等地购买游艇，导致美国东海岸度假胜地南佛罗里达地区的游艇销量迅速下降 90%。包括德国“奔驰”和日本“凌志”在内的高级轿车的销量也出现急剧下降的趋势……所有这些现象非常令人吃惊。

为什么美国政府对奢侈品征税会导致美国国内奢侈品的销量急剧下降？

从价格的角度来看，能否得出一个结论：商品价格上涨，商品价格肯定下降？

引导分析：

分析问题的关键在于对商品是否具有弹性，以及弹性大小的分析。

事实证明，奢侈品具有很大的需求弹性。通常情况下，所有的税收都会令人痛苦，但只对购买奢侈品的有钱人征收的税却是一个例外，原因很简单，就是其实没有几个人真的不得不上交这笔额外的税收。有钱人有选择是否交税的权利，他们可以选择是否购置奢侈品，从而选择自己是否需要为此交税。奢侈品需求的价格弹性很高，导致奢侈品的价格轻微上升，却可以带来奢侈品需求的大幅度下降。

奢侈品需求的高弹性为美国经济带来了两个不利影响：一是与美国政府的愿望背道而驰。原本预期由有钱人承担的税务负担最后落在有关产品的生产者和销售者身上，而这些人本身多半并不会富到可以支付奢侈品税的地步；二是这一新税项带来的收入远远小于预期的数额。美国国会预算办公室曾经估计这一税额可以在未来 5 年内为美国国库带来大约 15 亿美元的进账，平均每年应该达到 3 亿美元，然而，就在第一年，即 1991 年，有钱人总共才为购置奢侈品上交了 3 000 万美元的税金，只有预期平均值的 1/10。如果将在全国范围内设立和实施这一税项所消耗的费用计算在内，这 3 000 万美元很有可能入不敷出，美国政府实际上还倒赔了钱。1993 年美国政府不得不宣布撤销这一税项，使这一税项成为最短命的税项之一。

我们经常都会听到或看到商品价格变化的消息，例如，大米涨价了，车子降价了，猪肉涨价了，鸡蛋降价了等。老百姓都喜欢商品价格下降，听到商品降价也都喜欢去凑个热闹，排个长队什么的。可也有些人还喜欢商品涨价，只有商品涨价了才爱去凑热闹，比如说买名画、买古董等，为什么这样？

知识原理

上述经济现象我们需要一个新的经济学理论——弹性理论才能合理解释。

经济分析中的弹性，是指两个有函数关系的变量之间，自变量的相对变动所引起的因变量相对变动的程度。或者说，弹性表示因变量对自变量变动所作出的反应，它实际反映了因变量对自变量变动反应的敏感性的程度。通常，弹性的大小用“弹性系数”来表示，其表达公式为

弹性系数=因变量变动的百分比/自变量变动的百分比

一、需求弹性

商品的需求弹性是指商品需求量对影响其变动的各个变量变化的反应灵敏度。在影响商品需求量的各种因素中，价格、收入和相关商品的价格与需求量之间的函数关系是研究的重点，研究这三种函数关系的需求弹性分别被称为需求的价格弹性、需求的收入弹性和需求的交叉弹性。

（一）需求价格弹性

需求价格弹性通常被简称为需求弹性，它是指需求量对商品自身价格变动的反应程度。不同的商品，当它们的价格变动时，引起的购买量的变化会有所不同。

例如，我们可以考察以下商品的变动情况：大米、住房、新鲜水果。我们会发现，当每种商品的价格都下降10%时，三种商品销售量的变化是不一样的。大米的销售量变化很少，增长小于10%，住房的销售量增长几乎也是10%，而新鲜水果销售量的增长却远远大于10%。这就是因为每一种商品的需求弹性不同。

我们通常用弹性系数来表示商品弹性的大小。需求弹性系数等于需求量变动的百分比除以价格变动的百分比。用 E_d 表示需求弹性系数，用 Q 和 ΔQ 分别表示需求量和需求量的变动量，用 P 和 ΔP 表示商品自身价格和价格的变动量，那么

$$E_d=\frac{\text{需求量变动的百分比}}{\text{价格变动的百分比}}=\frac{\Delta Q/Q}{\Delta P/P}=\frac{\Delta Q}{\Delta P}\times\frac{P}{Q}$$

由于价格和需求量之间在正常情况下是一种反向变化的关系，所以需求的价格弹性系数总是负值，通常情况下，为便于比较，在公式中加一个负号，即 $E_d=-\frac{\Delta Q}{\Delta P}\times\frac{P}{Q}$。

（二）需求价格弹性的类型

不同商品的需求价格弹性是不同的，通常用弹性系数来划分它的类型，根据这一划分，需求价格弹性分为五类：

（1）$E_d=0$，需求完全无弹性，如图 2-13 所示。这类商品无论价格怎样变动，需求量都不会有任何变化。例如，棺材等。

（2）$E_d=\infty$，需求完全弹性，如图 2-14 所示。需求量的变动对于价格变动的反应非常敏感，如果价格稍有下降，需求量便为无穷大，而如果价格稍有上升，需求量就会减少到零，这类商品通常就是需求完全弹性的商品。例如，邮电通信产品等。

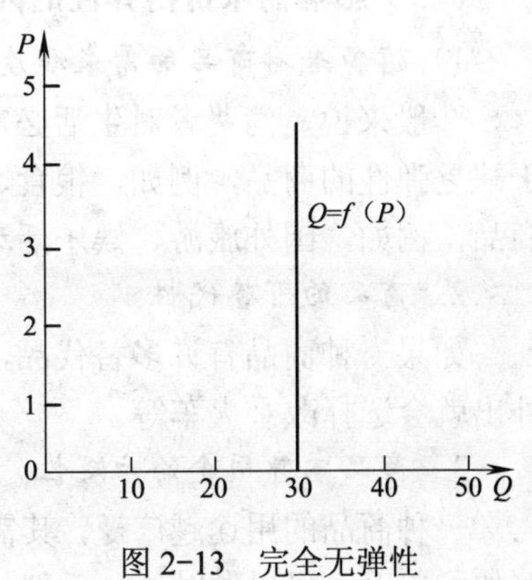

图 2-13　完全无弹性

（3）E_d=1，需求单位弹性，如图 2-15 所示。如果需求量变动的百分点恰好等于价格变动的百分点，即价格上涨 1 个百分点，需求就会下降 1 个百分点，这类商品是需求量单位弹性的商品。例如，住房、公共教育等。

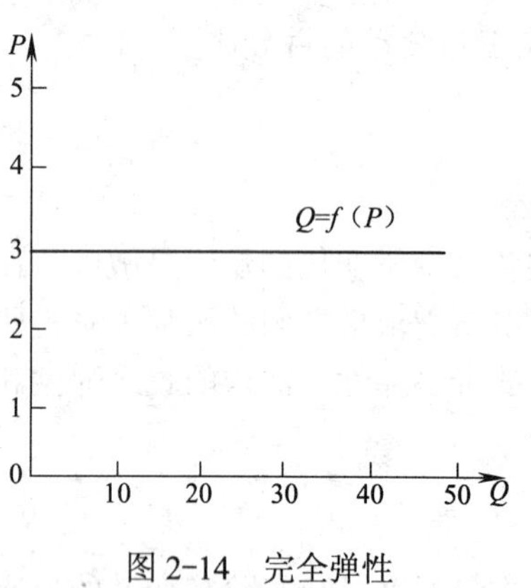

图 2-14　完全弹性

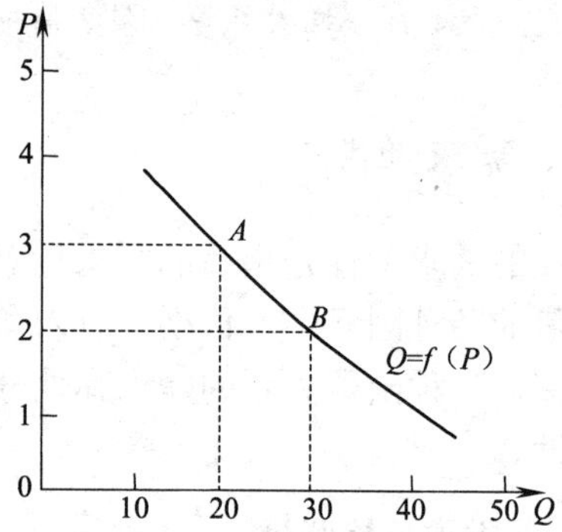

图 2-15　单位弹性

（4）E_d<1，需求缺乏弹性，如图 2-16 所示。如果价格变动 1 个百分点引起需求的变动不足 1 个百分点，这种商品就是缺乏弹性的商品。例如，大米、食用油等。

（5）E_d>1，需求富有弹性，如图 2-17 所示。如果价格变动 1 个百分点引起需求的变动超过 1 个百分点，这种商品就是富有弹性的商品。例如，新鲜水果、国外旅行等。

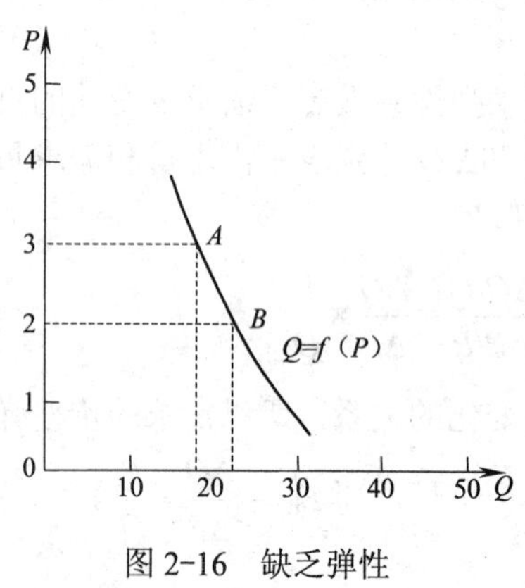

图 2-16　缺乏弹性

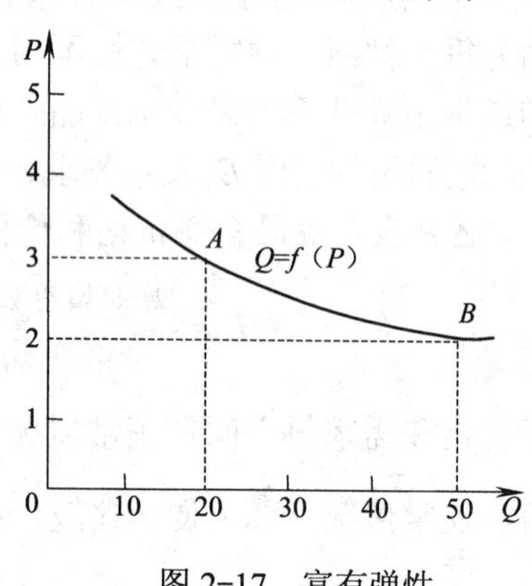

图 2-17　富有弹性

（三）影响需求价格弹性的因素

1. 消费者对商品的需求程度

一般来说，消费者对生活必需品的需求强度大而且比较稳定，受价格变化的影响小，属于缺乏弹性的商品，例如，粮食、衣服。而非必需品受价格变化的影响大，属于富有弹性的商品，例如，国外旅游、娱乐活动。

2. 商品的可替代性

如果一种商品有许多替代品，那么这种商品的弹性就较大。例如，飞机票涨价了，我们外出就会选择改乘火车等。

3. 商品本身用途的广泛性

一种商品的用途越广泛，其需求弹性就越大；相反，用途越狭窄，需求弹性可能就越小。例如，羊毛，可以做绒线、毛料、羊毛衫、地毯等，一旦羊毛的价格上涨，那么毛纺厂、羊毛衫厂、地毯厂等就会同时减少进货，从而使羊毛的需求量大大减少。因而，羊毛这样的商品它的需求弹性就很大。

4. 商品在家庭总支出中所占的比重

一般来说，在家庭总支出中所占比重大的商品需求弹性大，比重小的商品弹性小。大家可以比较一下冰箱和盐的需求弹性。

（四）需求价格弹性的应用

例 1 电视机是富有弹性的商品，假设 E_d=2。

（1）当 P_1=500 元时，Q_1=100 台，则

$$总收入=P_1 \times Q_1=500 \times 100=50\,000（元）$$

（2）如果电视机的价格下降 10%，即 P_2=450 元，由于 E_d=2，所以销售量增加 20%，即 Q_2=120 台，则总收入=$P_2 \times Q_2$=450×120=54 000（元）

（3）如果电视机的价格上升 10%，即 P_3=550 元，由于 E_d=2，所以销售量减少 20%，即 Q_3=80 台，则总收入=$P_3 \times Q_3$=550×80=44 000（元）。

不难看出，富有弹性的商品，收入随着价格的上升而减少，随着价格的下降而增加。

例 2 大米是缺乏弹性的商品，假设 E_d=0.5。

（1）当 P_1=0.2 元时，Q_1=100 公斤，则

$$总收入=P_1 \times Q_1=0.2 \times 100=20（元）$$

（2）当大米的价格下降 10%，即 P_2=0.18 元，由于 E_d=0.5，所以销量增加 5%，即 Q_2=105 公斤，则

$$总收入=P_2 \times Q_2=0.18 \times 105=18.9（元）$$

（3）当大米的价格上升 10%，即 P_3=0.22 元，由于 E_d=0.5，所以销量减少 5%，即 Q_3=95 公斤，则

$$总收入=P_3 \times Q_3=0.22 \times 95=20.9（元）。$$

显然，缺乏弹性的商品，收入随着价格的上升而增加，随着价格的下降而减少。

需求弹性与总收入的关系见表 2-4。

表 2-4 需求弹性与总收入的关系

E_d	P	Q	总 收 入
E_d>1	上升	下降更多	下降
	下降	上升更多	上升
E_d<1	上升	下降较少	上升
	下降	上升较少	下降
E_d=1	上升	同比例下降	不变
	下降	同比例上升	不变

学习这些对我们有什么用呢？我们通常会运用弹性的知识作出相关的决策。

对于富有弹性的商品，其价格与其收入呈反方向变动，生产者就可以对这些商品采取降价的策略，薄利多销，总收入反而能提高；但决不能采取提价的策略，因为提价后销售量下降更多，总收入反而减少。

对于缺乏弹性的商品，其价格与其收入呈同反向变动，生产者可以采取适当的提价手段，提价后，销售量下降不多，总收入能增加；但决不能采取降价的策略，因为降价后，销售量上升不多，总收入反而下降。

二、其他需求弹性

（一）需求收入弹性

需求收入弹性，是指一种商品的需求量对消费者收入变动的反应程度，是需求量变动的百分比与收入变动的百分比之比。通常用 E_M 表示收入弹性系数，M 为收入，ΔM 为收入变动量，Q 为需求量，ΔQ 为需求变动量，那么

$$E_M=\frac{\Delta Q/Q}{\Delta M/M}=\frac{\Delta Q}{\Delta M}\times\frac{M}{Q}$$

根据 E_M 的大小，能够测定消费者收入变动对需求量变动的影响程度，通常可以将商品分为以下两类：

1. **正常品**

一般来说，当消费者收入提高时，会增加各种产品的需求量。当某种产品的需求量随收入的提高而增加，即需求量与收入成正向变动时，这种商品叫正常品。正常品的 $E_M>0$，根据 E_M 是否大于 1，又把正常品分为两种：

（1）奢侈品。$E_M>1$，说明收入发生相对变动时，需求量变动更大。

（2）必需品。$0<E_M<1$，说明收入发生相对变动时，需求量变动较小。

2. **劣等品**

有些产品，当消费者收入增加时，需求量反而减少。需求量随收入增加而减少的产品，就叫劣等品。

德国统计学家恩格尔在统计工作中发现：低收入家庭的食品支出在全部支出中所占的比例大，随着收入的提高，食品支出在全部家庭支出中所占的比例越来越小。这一发现被称为恩格尔定律，食品支出与家庭全部支出的比值称为恩格尔系数。

国际上用恩格尔系数来反映一个国家或一个家庭的富裕程度与生活水平。一般地说，恩格尔系数在 50%以上为“温饱型”，40%为“小康型”，30%以下为“富裕型”。

（二）需求交叉弹性

需求交叉弹性，是指一种商品的需求量对另一种商品的价格变动的反应程度，其弹性系数是一种商品需求量变动的百分比除以另一种商品价格变动的百分比，通常用 E_{xy} 表示交叉价格弹性系数，x、y 分别表示两种商品，那么

$$E_{xy}=\frac{\Delta Q_x/Q_x}{\Delta P_y/P_y}=\frac{\Delta Q_x}{\Delta P_y}\times\frac{P_y}{Q_x}$$

E_{xy} 的值可以是正值，也可以是负值。正值说明两种商品是互补品，负值说明两种商品是替代品。

（1）如果 $E_{xy}>0$，表示随着 y 商品价格的提高（降低），x 商品的需求量也随着增加（减

少），说明这两种商品是替代品，具有竞争性，其弹性系数越大，替代性就越强。

（2）如果 $E_{xy}<0$，表示随着 y 商品价格的提高（降低），x 商品的需求量会随着减少（增加），说明这两种商品是互补品，其弹性系数的绝对值越大，互补性就越强。

（3）如果 $E_{xy}=0$，说明 x 的需求量并不随着 y 的价格变动而变动，这两种商品既不是替代品也不是互补品，它们没有相关性，是相对独立的两种商品。

互动训练

请分析“谷贱伤农”。

引导要点：谷物是生活必需品，缺乏弹性。丰收后谷价下跌，但销售量上升不多，从而导致农民总收入减少，影响了农民的生产积极性。所以，政府应当对农产品实行支持价格来提高农民的收入，保护农民的生产积极性。

学以致用

本周末实习地点选择电器城。请大家分组调查电视机、电冰箱、电吹风、电饭煲、电剃须刀等电子产品的需求弹性，分析弹性的差异。

第五节　供给弹性理论

导入案例

大家都知道梵高是一位伟大的画家，每当传出他的某幅画作被发现，总是能引起全世界的震动。他有一幅最著名的画叫做“向日葵”，当这幅画被拍卖时，价格一涨再涨，许多人露出了惊奇的表情，为什么一幅画就能卖出这么高的价钱？

我们将用经济学中的一个理论——供给价格弹性来进行解释。

知识原理

一、供给价格弹性

供给价格弹性，是指一种商品的供给量对其价格变动的反应程度，简称供给弹性。如果供给量对价格变动的反应很大，则这种商品的供给富有弹性；如果供给量对价格变动的反应很小，则这种商品的供给缺乏弹性。

供给弹性通常也是用供给弹性系数来反映其大小的。供给弹性系数是供给量变动的百分比除以价格变动的百分比，用 E_s 表示

$$E_s = \frac{\Delta Q/Q}{\Delta P/P} = \frac{\Delta Q}{\Delta P} \times \frac{P}{Q}$$

因为商品供给量与价格一般呈同方向变动，所以供给弹性系数一般为正值。

二、供给价格弹性的类型

根据弹性系数的不同，供给价格弹性分为五种类型：

（1）E_s=0，供给完全无弹性，如图 2-18 所示。表示价格无论怎样变化，其供给曲线是一条与纵轴平行的直线，极其稀缺、珍贵、艺术品等属于这一类型。

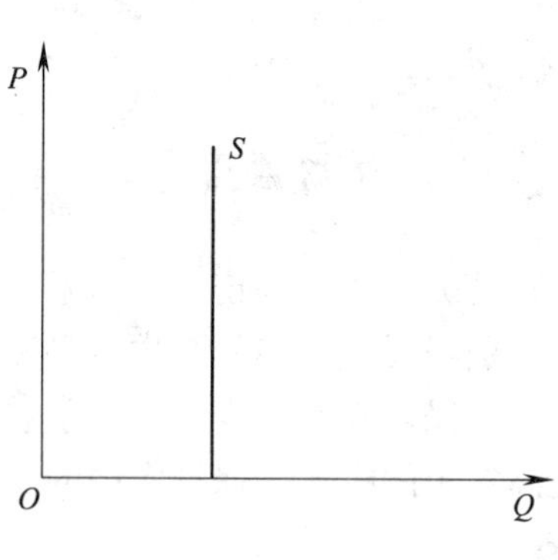

图 2-18 完全无弹性

（2）E_s=∞，供给弹性无穷大，或称完全弹性，如图 2-19 所示。表示在既定的价格水平上，供给量是无限的，其供给曲线是与横轴平行的一条直线。一般只有在商品严重过剩时，才可能出现类似情况。

（3）E_s<1，供给缺乏弹性，如图 2-20 所示。表示供给量变动的比率小于价格变动的比率，其供给曲线的形状比较陡峭。

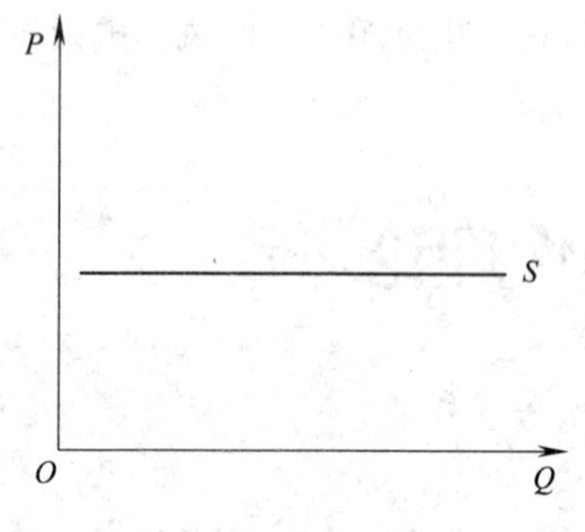

图 2-19 完全弹性

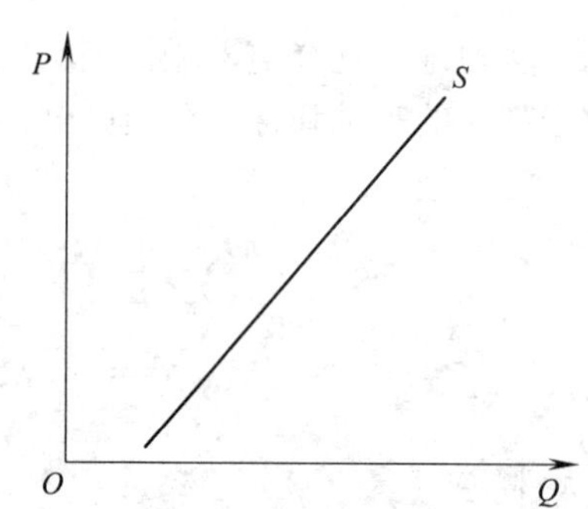

图 2-20 缺乏弹性

（4）E_s>1，供给富有弹性，如图 2-21 所示。表示供给量变动的比率大于价格变动的比率，其供给曲线的形状比较平缓。

（5）E_s=1，供给单位弹性，如图 2-22 所示。表示供给量与价格按同一比率发生变动。其供给曲线 45° 角线。

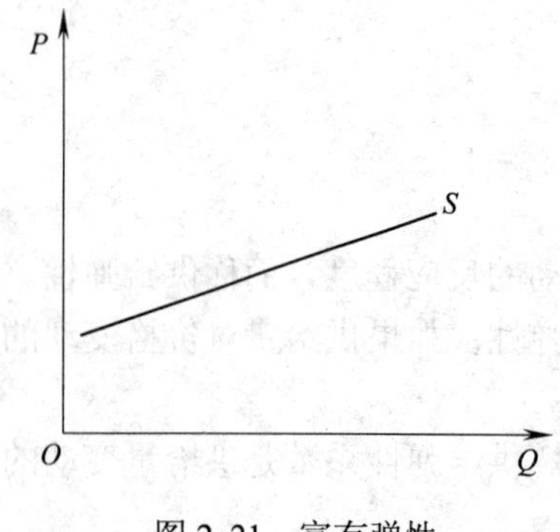

图 2-21 富有弹性

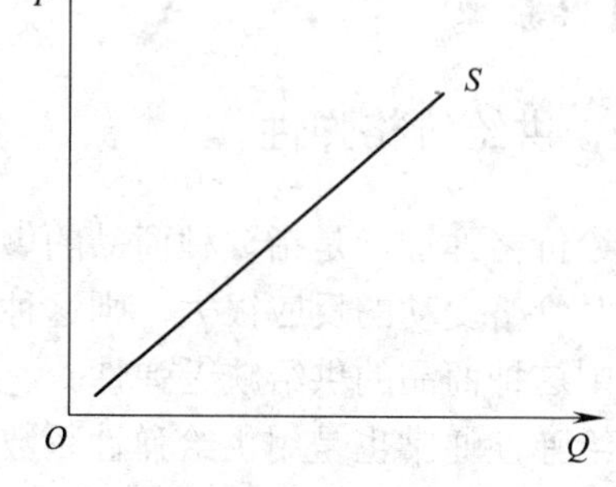

图 2-22 单位弹性

三、影响供给价格弹性的因素

影响供给价格弹性的因素有很多，概括起来通常有以下几点：

（1）生产时间的长短。时间长弹性小，时间短弹性大。

（2）生产的难易程度。生产容易弹性大，生产困难弹性小。

（3）生产规模大小。规模大弹性小，规模小弹性大。

（4）生产所采用的技术。资本密集型产品供给弹性小，劳动密集型产品弹性大。

（5）重工业产品供给弹性小，轻工业产品供给弹性大，农产品缺乏弹性。

互动训练

现在我们来讨论一下“梵高的画”为什么会卖那么贵？

引导要点：

因为梵高先生已经去世了，所以他的画就变成了供给完全无弹性的商品，这就是它升值巨大的基础。

学以致用

本单元的实习地点选择各大商场的珠宝柜台。请大家去看一看钻石的价格，比较一下为什么钻石值钱而水不值钱？

课后练习

一、填空题

1. 需求具有三个基本要素，分别是：__________、__________和__________。

2. 供给的两个基本要素是：__________和__________。

3. 商品之间通常有__________和__________两种相关关系。

4. 需求量的变动在图形上表现为____________________移动；供给量的变动在图形上表现为____________________移动。

5. 市场需求曲线 D 和市场供给曲线 S 的交点称为___________，对应的价格称为__________，对应的数量称为__________。

二、单项选择题

1. 一般情况下，需求曲线是一条（　　）。

A. 由左上方向右下方倾斜的曲线　　B. 由左下方向右上方倾斜的曲线

C. 由右上方向左下方倾斜的曲线　　D. 由上右方向左下方倾斜的曲线

2. 一般情况下，供给曲线是一条（　　）。

A. 由左上方向右下方倾斜的曲线　　B. 由左下方向右上方倾斜的曲线

C. 由右上方向左下方倾斜的曲线　　D. 由上右方向左下方倾斜的曲线

3. 按市场经济规律，当市场价格高于均衡价格，由于生产过剩，需求不足，市场价格会（　　）。

A. 向上移动　　B. 向下移动　　C. 保持不变

4. 按市场经济规律，当市场价格低于均衡价格，由于市场短缺，供给不足，市场价格会（　　）。

A. 向上移动　　B. 向下移动　　C. 保持不变

三、多项选择题

1. 影响需求变化的主要因素有（　　）。

A. 商品本身的价格　B. 消费者的收入　C. 相关商品的价格
D. 消费者的偏好　E. 消费者的预期　F. 生产者的预期
G. 广告　H. 生产费用　I. 技术水平

2. 影响供给变化的主要因素有（　　）。

A. 商品本身的价格　B. 消费者的收入　C. 相关商品的价格
D. 消费者的偏好　E. 消费者的预期　F. 生产者的预期
G. 广告　H. 生产费用　I. 技术水平

3. 经济学中，商品弹性分为（　　）。

A. 需求价格弹性　B. 需求收入弹性　C. 需求交叉弹性
D. 需求弹性　E. 供给弹性　F. 供给价格弹性

四、简答题

1. 简单绘制需求曲线、供给曲线示意图。
2. 简述需求规律、供给规律、供求规律。
3. 简述需求价格弹性的类型（配简图）。
4. 简述供给价格弹性的类型（配简图）。

五、论述题

1. 分析需求的变化和供给的变化。
2. 分析供求的变化对市场均衡的影响。
3. 用商品的需求价格弹性分析酱油和家庭轿车有什么不同。

第三章　消费者行为理论

学习目标

通过本章的学习，学生应该了解和掌握边际效用和无差异曲线理论，并能运用这两种理论方法，解释和说明消费者的消费行为，了解和掌握消费者均衡的条件，弄清需求规律的理论基础。

小故事

有一天，兔子和猫争论世界上什么东西最好吃。兔子说："世界上萝卜最好吃，萝卜又脆又甜又解渴，我一想起萝卜就流口水。"猫不同意，说："世界上最好吃的东西是小鱼，鱼肉嚼起来又鲜又嫩又爽口，味道好极了！"兔子与猫争论不休，相持不下，跑去找猴子评理。猴子听了，不由得哈哈大笑起来："瞧你们这两个傻瓜，连一点常识都不懂，我告诉你们，世界上最好吃的东西是桃子，我做梦都想吃桃子！"兔子和猫听了全都直摇头。那么，世界上到底什么东西最好吃？学了本章的消费者行为理论之后你就会知道：物品的效用很大程度上只是自己的一种心理感受，不同的偏好决定了人们对同一种物品效用大小的不同评价。

第一节　基数效用论

导入案例

有一个著名的笑话：有个商人装了一船葱到海外去贩卖，遇上风暴，船被吹到了一个偏远的海岛上，那个海岛的居民从来没有见过葱，一尝之下，美味无比，立即把葱当成了宝贝，结果用一船金子换了商人的一船葱。商人回到家后，有个邻居看着眼红，他想，那个海岛的人也一定没有见过蒜，于是就运了蒜去那个海岛，也准备换回一船金子。结果，海岛的居民确实也没有见过蒜，他们认为蒜比葱还美味，于是换给了他一船葱。所以说，效用是主观的，是一种心理感觉，它因时、因地、因人而异，例如，渴的时候水的效用大，累的时候床的效用大。

知识原理

一、欲望与效用

1. 欲望

欲望是人们进行经济活动的根本动力，人的大部分欲望是靠物品的效用来满足的。人们的收入有限，但欲望无限。一种欲望满足之后又会产生其他欲望，永远也没有完全满足的时候。

人的欲望尽管是无限的，但有不同的欲望层次。美国著名心理学家马斯洛将人的欲望分为五个层次：生理需要、安全需要、社交需要、尊重需要和自我实现需要。他认为当低层次的需要得到满足之后，才会开始追求更高一层的需要，而驱使人们不断追求最高层次需要的动力就是人们无限的欲望。

2. 效用

效用是一种心理感受，是指消费者通过消费或者享受闲暇等使自己的需求、欲望等得到满足的一个度量。消费者消费某种物品获得的满足程度高则效用大，满足程度低则效用小，若从消费某种物品中感受到痛苦，则是负效用。

效用与欲望不同之处在于，欲望存在于消费之前，效用产生于消费之后。效用取决于消费者对消费的主观评价。因此，效用本身既没有客观标准也没有伦理学含义。对于不同的人而言，同样的物品所带来的效用是不同的。同样的物品对同一个人在不同的时间和地点，效用也不同。

效用也不同于使用价值。使用价值是物品本身所具有的属性，它由物品本身的物理或化学性质所决定，使用价值是客观存在的，不以人的主观感受为转移。

二、边际效用分析

1. 总效用与边际效用的含义

在运用边际效用分析法来分析消费者行为时，首先要了解两个重要概念：

（1）总效用。消费者消费一定量的物品所得到的总满足程度，用 TU 表示

$$\text{TU}=\text{U}(X, Y)$$

总效用是消费者从消费 X、Y 这两种物品所得到的效用之和。

（2）边际效用。每增加 1 单位的某物品消费量所增加的满足程度，用 MU 表示

$$\text{MU}=\Delta\text{TU}/\Delta X$$

$$\text{MU}=d\text{TU}/dX$$

边际的含义是指两种增量的比值，是指自变量增加所引起的因变量的增加量。在边际效用中，自变量是某物品的消费量，而因变量是消费物品的满足程度。

总效用与边际效用的关系，见表 3-1。

表 3-1 总效用和边际效用的关系

消费数量（Q）	总效用（TU）	边际效用（MU）
0	0	0
1	30	30
2	50	20
3	50	0
4	40	−10

由表 3-1 可得出结论：当边际效用为正数时，总效用是递增的；当边际效用为零时，总效用最大；当边际效用为负数时，总效用递减。

2. *总效用与边际效用的关系*

如图 3-1 所示，横轴表示商品的数量，纵轴表示效用，曲线 TU 反映的是总效用的变动情况，曲线 MU 反映的是边际效用的变动情况。总效用的变动趋势是随着消费商品数量的增加，先递增后递减，边际效用的变动趋势是随着消费物品数量的增加而递减。

从图 3-1 中可以看出总效用和边际效用变动的对比关系是：

（1）当 MU>0 时，TU 上升；

（2）当 MU=0 时，TU 达到最高点，此时总效用最大；

（3）当 MU<0 时，TU 下降。

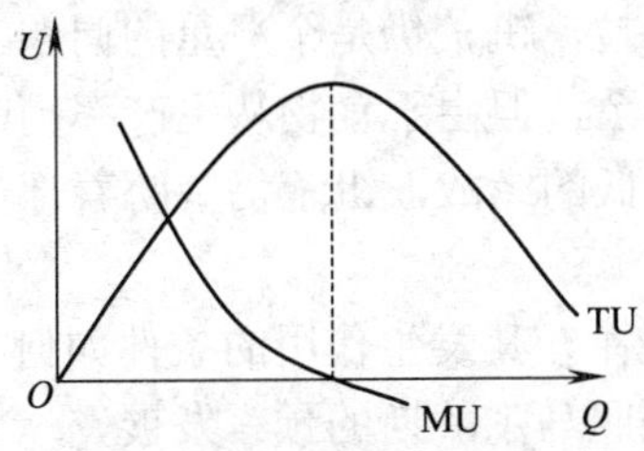

图 3-1 边际效用与总效用的关系

3. *边际效用递减规律*

随着所消费的商品量的增加，消费者得到的总效用是增加的，但是消费者从连续消费每单位商品中所得到的满足程度却随着这种商品的消费量的增加而减少。这种普遍存在的现象被称为边际效用递减规律，如图 3-2 所示。

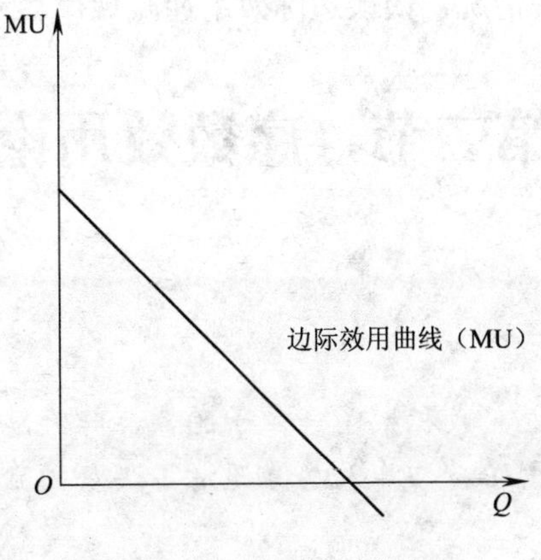

图 3-2 边际效用曲线

互动训练

经济学家马尔萨斯（1766～1834）的人口论的一个主要依据便是报酬递减定律。他认为，随着人口的膨胀，越来越多土地被耕种，地球上有限的土地将无法提供足够的食物，最终劳动的边际产出与平均产出下降，但又有更多的人需要食物，因而会产生大的饥荒。幸运的是，人类的历史并没有按马尔萨斯的预言发展（尽管他正确地指出了“劳动边际报酬”递减）。

20 世纪技术发展突飞猛进，改变了许多国家（包括发展中国家，如印度）的食物的生产方式，劳动的平均产出上升。这些进步包括更高产的抗病良种，更高效的化肥，更先进的收割机械等。

粮食产量增长的源泉之一是农用土地的增加。例如，1961～1975 年，非洲农业用地所占的百分比从 32%上升至 33.3%，拉丁美洲则从 19.6%上升至 22.4%，在远东地区，该比值则从 21.9%上升至 22.6%。但同时，北美的农业用地则从 26.1%降至 25.5%，西欧由 46.3%降至 43.7%。显然，粮食产量的增加更大程度上是由于技术的改进，而不是农业用地的增加。

在一些地区，如非洲的撒哈拉，饥荒仍是个严重的问题。劳动生产率低下是原因之一。虽然其他一些国家存在着农业剩余，但由于食物从生产率高的地区向生产率低的地区的再分配的困难和生产率低地区收入也低的缘故，饥荒仍威胁着部分人群。

讨论：

（1）什么是边际报酬递减规律？其发生作用的条件如何？

（2）人类历史为什么没有按照马尔萨斯的预言发展？

（3）既然马尔萨斯的预言失败，你认为边际报酬递减规律还起作用吗？

（4）请你谈谈“中国人口太多，将来需要世界来养活中国”或“谁来养活中国”的观点。

学以致用

小论文：结合自己的消费情况，谈谈边际效用递减规律。

第二节　序数效用论

导入案例

一位年迈的中国老太太说，我积累了一辈子的钱，昨天总算买了一套房。一位年迈的美国老太太说，我住了一辈子的房，昨天总算还清了买房的贷款。你说哪一位老太太聪明些？为什么呢？

知识原理

一些经济学家认为基数效用论的观点有种种缺点，比如物品的效用很难用数字准确表示，即使知道了某一物品对甲的效用量，也并不知道对乙的效用量，因为同一物品对不同的人来说，效用大小是不同的。还有，某一物品的效用不仅仅决定于这种物品的数量还同时受相关物品数量变化的影响。正因这种种缺陷，一些经济学家又提出了序数效用论，其基本观点是：效用作为一种心理现象无法计量，也不能加总求和，只能表示出满足程度的高低与顺序，因此，效用只能用序数（第一，第二，第三……）表示，序数效用论采用无差异曲线分析法。

一、消费者的最佳购买量

（一）无差异曲线

无差异曲线是用来表示两种商品的不同数量组合给消费者所带来的效用完全相同的一条曲线。在这样一条曲线上，它上面的每一点，商品的组合是不同的，但是，它表示人们从中得到的满足程度却是相同的。所以无差异曲线是用来表示消费者偏好相同的两种商品的所有组合，或者说它是表示能够给消费者带来相同的效用水平或满足程度的两种商品的所有组合。

假设现在有两种商品，它们有 A、B、C、D 四种组合方式，这四种组合方式能给消费者带来同样的效用，见表 3-2。

1. *无差异表*

对消费者可以产生相同满足度（总效用）的两种物品组合的一览表，见表 3-2。

假设有两种物品桃和橙，它们在数量上可以有多种组合，这些组合所代表的效用都是相等的。

表 3-2 无差异表

物品组合	桃/公斤	橙/公斤	总效用
A	7	2	100
B	5	3	100
C	3	4	100
D	2	5	100

2. *无差异曲线*

无差异曲线是在一定收入和价格水平下得出的，它代表某一特定的消费水平或满足水平。如图 3-3 所示，横轴代表 X 商品的数量，纵轴代表 Y 商品的数量，L 为无差异曲线。

所谓无差异曲线就是表示能给消费者带来同等程度满足的两种商品的不同数量组合的点的轨迹。因为同一条无差异曲线上的每一个点所代表的商品组合所提供的总效用是相等的，所以无差异曲线也叫做等效用线。不同消费者的无差异曲线图，反映着他们不同的偏好。如果消费者 A 的无差异曲线相对于消费者 B 的无差异曲线来说比较陡峭，这意味着若

同样减少一单位商品 X，要保持原来的满足程度不变，消费者 A 需要增加的商品 Y 的数量要大于消费者 B。从这一点来看，相对于商品 X 而言商品 Y 对于消费者 A 不如对于消费者 B 重要，或者说，在 X 与 Y 两种商品之间，消费者 A 比消费者 B 更偏爱商品 X，消费者 B 比消费者 A 更偏爱商品 Y。

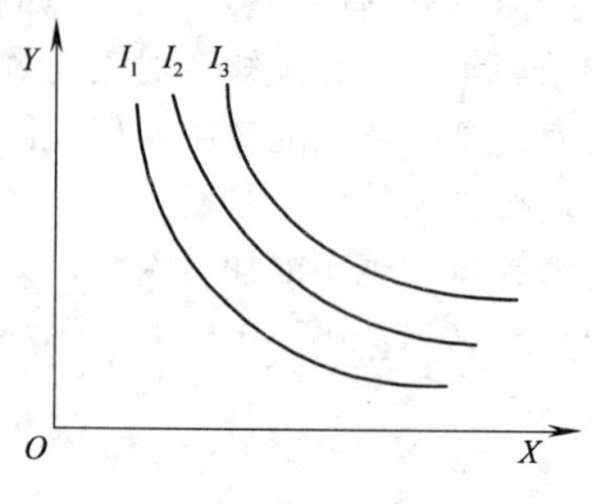

图 3-3　无差异曲线图

3. *无差异曲线的特点*

（1）无差异曲线是一条向右下方倾斜的线，斜率是负的。表明为实现同样的满足程度，增加一种商品的消费，必须减少另一种商品的消费。

（2）同一条无差异曲线代表相同的效用，不同的无差异曲线代表不同的效用。距离原点越远的无差异曲线所代表的效用越大；距离原点越近的无差异曲线所代表的效用越小。由于通常假定效用函数是连续的，所以在同一个坐标平面上的任何两条无差异曲线之间，可以有无数条无差异曲线。

（3）任何两条无差异曲线不能相交。这是因为两条无差异曲线如果相交，就会产生矛盾。只要消费者的偏好是可传递的，无差异曲线就不可能相交。

（4）无差异曲线通常是凸向原点的。这就是说，无差异曲线的斜率的绝对值是递减的，这是由于边际替代率递减规律所决定的。

（二）消费者预算线

1. *消费者预算线的含义*

消费者预算线是一条在消费者收入和商品价格既定的条件下，消费者所能购买到的两种商品数量最大组合的线。

消费者预算线表明了消费者消费行为的限制条件，即购买物品所花的钱不能大于收入也不能小于收入。大于收入是无法实现的，小于收入则无法实现效用最大化。这种限制条件可以写为

$$M=P_XQ_X+P_YQ_Y$$

或

$$Q_Y=\frac{M}{P_Y}-\frac{P_X}{Y_Y}Q_X$$

预算线是一条直线，其斜率为 $-P_X/P_Y$。由此可见，预算线的斜率等于两种商品价格之比。如图 3-4 所示。

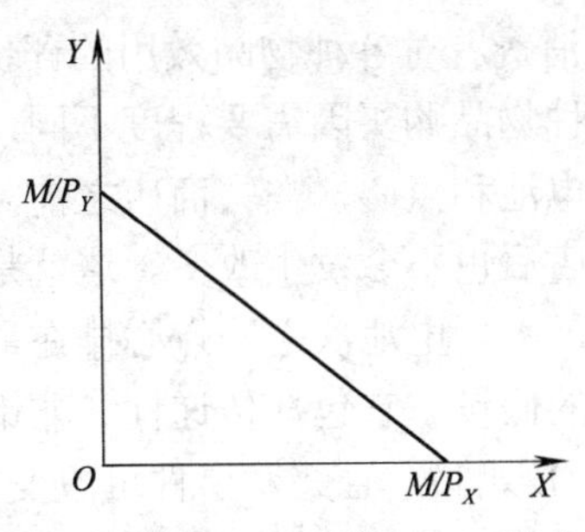

图 3-4　预算线

2. *消费者预算线的变动*

如果消费者的收入或商品价格改变，则消费者预算线就会变动。

当消费者收入变动而商品价格不变（或收入不变而两种商品的价格同比例上升或下降）时，消费者预算线平移，如图 3-5a 所示。当消费者收入不变，而商品 X 价格变动时，预算线如图 3-5b 所示；当消费者收入不变，而商品 Y价格变动时，预算线如图 3-5c 所示。

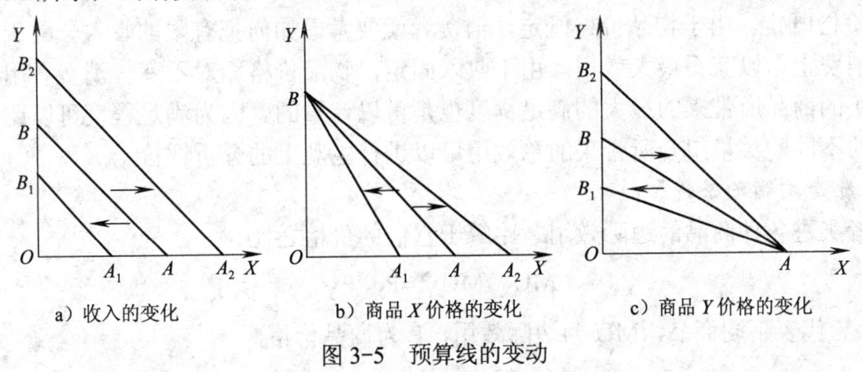

图 3-5　预算线的变动

3. *特点*

（1）在预算线图上，有无数条预算线，每条线代表一种支出水平。

（2）在价格既定的条件下，同一平面上的预算线不可能相交。

（3）预算线是一条斜率为负的直线。

二、消费者选择的原则

由于边际效用递减规律的作用，人们对一种商品的消费并不是越多越好。在收入一定的条件下，消费者如何才能花费一定数量的收入使购买各种商品所获得的总效用达到最大？

（一）消费者均衡

消费者均衡是研究单个消费者在既定收入条件下实现效用最大化的均衡条件。

1. *消费者均衡*

在既定的收入和既定的价格条件下，购买各种商品和劳务一定数量的消费者所能获得的效用达到最大值的状态。

假设条件：

（1）偏好既定。这就是说，消费者对各种物品效用的评价是既定的，不会发生变动。也就是消费者在购买物品时，对各种物品购买因需要程度不同，排列的顺序是固定不变的。比如一个消费者到商店中去买盐、电池和点心，在去商店之前，对商品购买的排列顺序是盐、电池、点心，这一排列顺序到商店后也不会发生改变。这就是说先花第一元钱购买商品时，买盐在消费者心目中的边际效用最大，电池次之，点心排在最后。

偏好，是微观经济学最基本的假设，它包括传递性、非饱和性、完全性三部分。偏好生成的原因表现为示范效应（环境的影响），且突发事件可改变或加强偏好。偏好受文化因素、经济因素、社会因素等多种因素影响。偏好的重要性质是偏好的有序化，即消费者对于商品组织的偏好程度是有顺序的。

（2）收入既定。由于货币收入是有限的，货币可以购买一切物品，所以货币的边际效用不存在递减问题。因为收入有限，需要用货币购买的物品很多，但不可能全部都买，只能买自己认为最重要的几种。因为每一元货币的功能都是一样的，在购买各种商品时最后多花的每一元钱都应该为自己增加同样的满足程度，否则消费者就会放弃不符合这一条件的购买量组合，而选择自己认为更合适的购买量组合。

（3）价格既定。由于物品价格既定，消费者就要考虑如何把有限的收入分配于各种物品的购买与消费上，以获得最大效用。由于收入固定，物品价格相对不变，消费者用有限的收入能够购买的商品所带来的最大的满足程度也是可以计量的。因为满足程度可以比较，所以对于商品的不同购买量组合所带来的总效用可以进行主观上的分析评价。

2. *消费者均衡的条件*

消费者买进各种商品的边际效用之比等于它们的价格之比。

$$MU_X / MU_Y = P_X / P_Y$$

式中，X、Y 代表不同商品，MU 为边际效用，P 为商品价格。

（二）消费者剩余

消费者剩余是指消费者购买某种商品时，所愿支付的价格与实际支付的价格之间的差额。

消费者剩余可以用需求曲线下方、价格线上方和价格轴围成的三角形的面积表示，如图 3-6 所示。

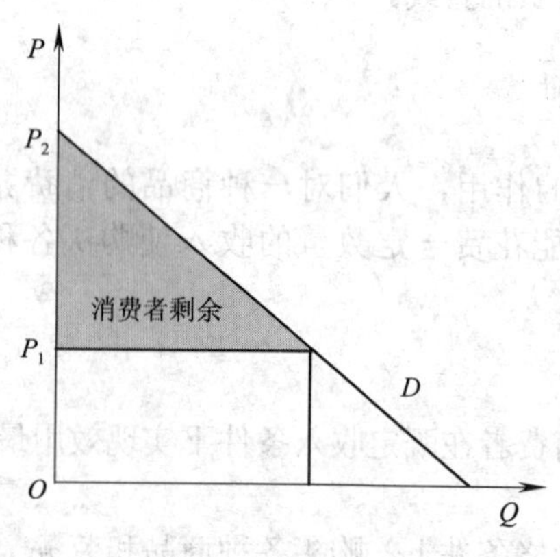

图 3-6　消费者剩余

消费者剩余的存在是因为消费者购买某种商品所愿支付的价格取决于边际效用，

而实际付出的价格取决于市场上的供求状况，即市场价格。产生差额的原因在于：除最后一单位外，该商品用货币表示的边际效用（以美元表示）都大于其价格。

任何人付出货币，无外乎希望达到两个目的：①满足需要，花钱买个称心如意；②买个合算，不光使用遂心，而且可以发挥更大效能。

三、消费者均衡

序数效用论把无差异曲线与消费预算线结合起来。

由于不同的水平数量组合，决定了在同一平面上可以有无数条无差异曲线。同时，在消费者收入和商品价格既定条件下，消费者预算线只有一条，那么一个消费者在面临一条预算线和无数条无差异曲线时，如何决策才能获得最大的效用？把无差异曲线与消费预算线结合在一个图上，那么消费预算线必定与无数条无差异曲线中的一条相切于一点，在这个切点上，就实现了消费者均衡，如图 3-7 所示。

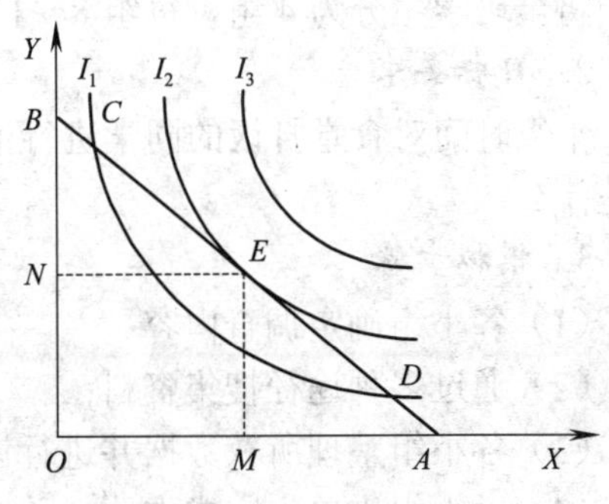

图 3-7 消费者均衡

（1）所谓“消费者选择最佳”，就是当预算线与其中一条无差异曲线相切时，才是消费者获得最大效用的均衡点。

（2）消费者效用最大化的均衡条件：$MRS_{XY}=MU_X/MU_Y=P_X/P_Y$

由图 3-7 可以看出：

（1）预算线 AB 与无差异曲线 L_1 相交于 AB 上的两点 C，D。这两点虽然代表消费者一定的满足程度，但它们没有达到最大值，因为 L_3，L_2 比 L_1 离原点更远，它们代表着更高的消费水平。

（2）预算线 AB 与无差异曲线 L_3 相离，虽然代表着较高的消费水平，但超越了消费者的财力许可。

（3）预算线 AB 与无差异曲线 L_2 相切于 E 点，意味着既在消费者的财力许可范围内，又能给消费者带来最高水平的满足，因此，预算线与无差异曲线相切之点称为消费者均衡点，即消费者最佳购买点。

互动训练

班级计划周末组织一次郊游，在采购物品的过程中，小张和小李对购买零食，还是 CD 碟片产生了不同看法。喜欢吃零食的小张认为应该多带些吃的，一边欣赏着美丽的郊外风景，一边吃着美味佳肴，这滋味……若买 CD 碟片又要带上 CD 机，太麻烦了。而喜欢音乐的小李则提出另外看法，郊外比较安静，带一些流行音乐的 CD 碟片，可以打破寂寞，并且法国流行歌曲和郊外的风景融在一起，其效果那真是……况且，带上一大堆水果等零食又很重，还是 CD 碟片的效用较大。

问题：（1）到底哪种选择的效用最大呢？

（2）什么因素会影响最终的决定？

学以致用

要求小组讨论，并将活动成果以小组为单位提交作业。

1. **岗位分配**

将全班学生分为 4 组，每组 8～12 人。

2. **目标要求**

午饭时间对食堂打饭的同学进行消费调查，根据调查结果整理数据并得出影响消费的因素是什么？

3. **模拟步骤**

（1）各小组确定调查内容；

（2）通过多种途径搜集资料；

（3）各小组整理所获数据并进行讨论；

（4）以小组为单位完成作业，并制作 PPT；

（5）利用课堂时间分小组进行作品展示活动，要求解说；

（6）教师进行评价，并和学生共同为各小组打分；

（7）共同为各小组打分。

4. **考评分表**

被考评人				
考评内容	整理相关资料，通过搜集一案例：讨论目前我国或我省收入分配的现状			
考评标准	具体内容	分值	得分	本组评语
	查阅调查数据	20		
	讨论积极度	20		
	PPT 电子作业制作情况	20		
	作业讲解情况	20		
	问题回答情况	20		
合　计		100		

第三节　消费者行为理论的运用

↘小故事

一对年轻的中国夫妇经过几年的努力积累了一笔钱，对于这笔钱的使用夫妇二人有了不同的意见：老婆认为应该买一套房，而老公去认为应该存起来。两人产生了激烈的争吵。你支持哪一位的决策？为什么呢？

知识原理

一、消费者行为与需求定理

需求定理反映商品本身价格和商品需求量之间的关系。对于正常商品来说，在其他条件不变的情况下，商品价格与需求量之间存在着反方向的变动关系，即一种商品的价格上升时，这种商品的需求量减少，相反，价格下降时需求量增加，这就是需求定理。某商品的需求量与价格之间呈反方向变动，即需求量随着商品本身价格的上升而减少，随商品本身价格的下降而增加。这里将用消费者行为理论来进一步解释需求定理。

1. 边际效用递减规律与需求定理

根据边际效用递减规律，消费者为购买一定量某物品所愿意付出的货币价格取决于他从这一定量物品中所获得的效用。效用大，愿意付出的价格高；效用小，愿意付出的价格低。随着消费者购买的某物品数量的增加，该物品给消费者所带来的边际效用是递减的，而货币的边际效用是不变的。这样，随着物品的增加，消费者所愿付出的价格也在下降。因此，需求量与价格必然呈反方向变动。

2. 无差异曲线和消费预算线与需求定理

用无差异曲线和消费预算线分析来解释需求定理。

假定消费者的偏好和收入为一定，那么其消费预算线及无差异曲线也随之确定，消费者为获得最大的满足而购买的商品数量也随之确定，即消费者达到了均衡。

二、消费政策

如果只强调消费物品的增加，有时不仅不能给消费者带来幸福，反而会引起环境污染、自然资源受到破坏、社会风尚败坏等问题。面对社会消费者权利意识的觉醒，企业管理者应采取一些相应对策。同时，为了指导消费者的消费行为，并保护消费者利益，就需要建立各种保护消费者的政策。

1. 建立消费者咨询委员会

可由来自社会各界的顾客组成，定期负责了解顾客对企业运作、产品开发和定价方面的看法，给顾客以反映意见的机会，倾听他们对产品和决策的意见等。

2. 设立消费者事务机构

这是重视消费者权利的组织保证。它的职责是负责与顾客联系与沟通；向使用本公司产品和服务的顾客提供有用的信息；与消费者组织联系。

3. 倾听消费者的意见并圆满地解决问题

对消费者的意见、不满和投诉，企业绝不能置之不理，而应遵循着“顾客永远是对的”的方针，把它们当做财富。具体办法可包括在产品中附设意见回馈表；设立免费或被叫主付费电话；经常性地开展消费者调查等。

4. 开展消费者教育

企业应向消费者提供他们所需的知识和信息，使之成为一个聪明的有能力的消费者。这样做，不仅对消费者、对社会有利，对企业也是十分有利的。它能帮助消费者形成对产品、服务的合理评价和预期，从而减少对企业的不满；能提高消费者的满意度，提升企业印象，从而扩大企业销售量。

三、消费决策分析

消费者除了购买商品外，还要享受闲暇、旅游和提高未来的福利水平。在收入分配项目选择与比例安排上，要在劳动供给、储蓄、投资等方面作出合理的决策。

（一）劳动供给决策

一个家庭所拥有的时间是有限地，每个人一天最多有 24 小时，那么每个人每天用于劳动的时间有多少。每个人的时间可以分为工作和闲暇两部分。在工作中支出劳动，是有报酬的；闲暇中不支出劳动，是无报酬的。一个人把多少时间用于工作、多少时间用于闲暇取决于工资水平的高低。工资水平较低时，劳动者倾向于多劳动、少休息，以牺牲闲暇时间来赚取更多的收入；工资水平较高时，劳动者倾向于多休息、少劳动，尽可能节省劳动时间来换取更多的闲暇。

工资的变动对劳动供给的影响可通过替代效应和收入效应来进行说明。闲暇时是没有收入的，享受闲暇就必须放弃工作所能得到的工资，所放弃的工资就是享受闲暇的机会成本。替代效应是指工资增加引起的工作对闲暇的替代。因此，随着工资的增加，替代效应使劳动供给增加。另一方面，随着工资增加，人们的收入增加，物品与劳务的需求增加。闲暇也是一种正常物品，因此，随着收入增加，人们对闲暇的需求也增加，增加闲暇必定减少劳动时间，这就是工资增加引起的收入效应。收入效应使劳动供给随工资增加而减少。

工资增加引起的替代效应和收入效应对劳动供给起着相反的作用。如果替代效应大于收入效应，则随着工资增加，劳动供给增加；如果收入效应大于替代效应，则随着工资增加，劳动供给减少。劳动者对于劳动供给的决策取决于劳动的价格，即工资水平的高低。工资水平比较低，增加工资，劳动供给会增加，但工资水平高于一定程度时，再增加工资，劳动供给反而会减少。

（二）消费与储蓄决策

消费可说是人们经济活动中最重要的一环，我们甚至可以说，经济活动的最终目的是为了消费。从这个角度看，消费是经济活动中最主要的推动力，没有消费就没有生产。

1. 自发（性）消费和储蓄

自发（性）消费和储蓄是指一个人最基本的消费数量，此数量大小与其所得无关。对一个国家来说，即使没有任何生产与收入，消费也不可能完全停止，至少需要有能够维持生命的最低生活水平的消费，即存在正的自发消费。为自发性消费而必须动用过去的储蓄，存在负的自发储蓄。

2. 引致（或诱致性）消费和储蓄

由于人们的欲望是无穷的，只要能力可及，一个人的消费会随所得增加而上升，以使自己的效用更高。换句话说，当一个人所得增加时，其消费也会增加，而增加的消费是被所得增加而诱发，故称为引致或诱导性消费。随着国民收入的增加而引起的消费与储蓄，都是国民收入的递增函数。

3. 计划与实现的消费与储蓄

计划的消费与储蓄是指事先打算进行的消费和储蓄。实现的消费与储蓄是指已经进行的消费与储蓄。

4. 储蓄的动机

一般而言，人们储蓄的动机有两个：①预防的动机，因为虽然现在有很多所得可供消费，但不一定表示未来一定也有所得可供消费，因此，为预防及避免未来没有所得可以购买，所以现在先保留一些所得供以后消费支用。②获利的动机。储蓄的第二个动机是为未来赚取更多的所得。储蓄可以让人们累积未来消费的所得，人们可以把这部分钱放在银行中收取利息，或拿去投资赚取利润。无论如何，储蓄不但可以使消费延后，还可以借以在未来享有更多的消费。

（三）投资决策

消费者决定以什么形式和规模进行投资也是消费者决策的主要内容，如购买股票与债券的金融资产投资，购买房地产、艺术品等的实物资产投资，以及用于教育等的人力资本投资。

家庭进行投资的目的是为了实现未来的收入最大化，以及从这种收入中得到的效用最大化。消费者的决策结果常常是不确定的，所以，消费者在作出决策时总要冒不同程度的风险。风险感知是指当消费者不能预测购买决策的后果时所面临的不确定性。消费者感知到的风险程度，以及他们对风险的耐受力是影响消费策略的重要因素。需要强调的是影响消费者购买决策的是意识到的风险而非风险本身，如果一种产品没有风险，可消费者认为有风险，他就会慎重考虑；相反一种产品有风险，可消费者没有意识到，可能就不会影响其购买决策。

哪一种投资的未来预期收益率高，人们就会投资于哪一种项目。所以，决定人们采取什么投资形式的决定性因素是每种投资形式的未来收益率。

互动训练

分析案例　中产家庭如何投资理财

32 岁的代先生经过几年的打拼已经成为单位骨干，管理着一个百来人的部门，每月薪水税后 5 000 多元，妻子收入也不错，月薪 4 000 元左右。家庭每月固定收入就是两人工资共 9 000 元，同时有 10 万元存款，一套已经付清房款的 80 平方米商品房自住。而家庭主要支出主要是日常生活和 2 岁的儿子。“现在养孩子不像过去那么随便了，什么都要给他最好的。”代先生表示，每个月用在孩子身上的钱至少在 1 500 元。如今，代先生希望给孩子准备一些教育金，其他钱投资低风险的项目。

问题：请你为代先生量身定制一份家庭投资理财方案。

学以致用

要求小组讨论，并将活动成果以小组为单位提交作业

1. **岗位分配**

将全班学生分为4组，每组8～12人。

2. **目标要求**

对大学生购买电脑的情况进行消费调查，根据调查结果整理数据并得出消费者是如何做出购买决策的？

3. **模拟步骤**

（1）各小组确定调查内容：如购买动机、个人资源、如何获得信息、如何评价分析、地点选择等；

（2）通过多种途径搜集资料；

（3）各小组整理所获数据应进行讨论；

（4）以小组为单位完成作业，并制作PPT；

（5）利用课堂时间分小组进行作品展示活动，要求解说；

（6）教师进行评价，并和学生共同为各小组打分；

（7）共同为各小组打分。

4. **考评分表**

<table>
<tr><td>被考评人</td><td colspan="4"></td></tr>
<tr><td>考评内容</td><td colspan="4">整理相关资料，通过搜集一案例：讨论目前我国或我省收入分配的现状</td></tr>
<tr><td rowspan="6">考评标准</td><td>具体内容</td><td>分值</td><td>得分</td><td>本组评语</td></tr>
<tr><td>查阅调查数据</td><td>20</td><td></td><td rowspan="6"></td></tr>
<tr><td>讨论积极度</td><td>20</td><td></td></tr>
<tr><td>PPT 电子作业制作情况</td><td>20</td><td></td></tr>
<tr><td>作业讲解情况</td><td>20</td><td></td></tr>
<tr><td>问题回答情况</td><td>20</td><td></td></tr>
<tr><td colspan="2">合　计</td><td>100</td><td></td></tr>
</table>

课 后 练 习

一、填空题

1. 边际效用是指____________________________。

2. 无差异曲线是____。

3. 在价格既定的条件下，同一平面上的预算线______________________。

4. 预算线是一条____________________的直线。

5. 消费者选择最佳，就是当预算线与其中一条无差异曲线______________才是消费者获得最大效用的均衡点。

二、单项选择题

1. 保持所有其他因素不变，某商品价格下降会导致（　　）。

A. 需求增加　　B. 需求减少　　C. 需求量增加　　D. 需求量减少

2. 最近，你正打算花 7 万元买一辆私人轿车，恰巧该轿车生产商宣布该车降价至 5 万元，作为消费者的你的消费者剩余为（　　）。

A. 7 万元　　B. 5 万元　　C. 2 万元　　D. 12 万元

3. 假定某商品的价格从 3 元降到 2 元，需求量将从 9 单位增加到 11 单位，则该商品卖方的收益将（　　）。

A. 保持不变　　B. 增加　　C. 减少　　D. 无法确知

4. 某消费者想要一单位 X 商品的欲望高于想要一单位 Y 商品欲望的原因是（　　）。

A. 商品 X 有更多的效用　　B. 商品 X 的价格较低

C. 商品 X 紧缺　　D. 商品 X 是满足精神需要的

5. 假定 X、Y 的价格 P_X，P_Y 已定，当 $MRS_{XY}>P_X/P_Y$ 时，消费者为达到最大满足，他将（　　）。

A. 增购 X，减少 Y　　B. 减少 X，增购 Y

C. 同时增购 X，Y　　D. 同时减少 X，Y

6. 无差异曲线上任一点上商品 X 和 Y 的边际替代率等于它们的（　　）。

A. 价格之比　　B. 数量之比

C. 边际效用之比　　D. 边际成本之比

7. 无差异曲线的形状取决于（　　）。

A. 消费者偏好　　B. 消费者收入

C. 所购商品价格　　D. 商品效用水平的大小

8. 同一条无差异曲线上的不同点表示（　　）。

A. 效用水平不同，但所消费的两种商品组合比例相同

B. 效用水平相同，但所消费的两种商品组合比例不同

C. 效用水平不同，所消费的两种商品组合比例也不相同

D. 效用水平相同，所消费的两种商品组合比例也相同

9. 预算线的位置和斜率取决于（　　）。

A. 消费者的收入　　B. 消费者的收入和商品的价格

C. 消费者的偏好、收入和商品的价格　　D. 消费者的偏好

10. 预算线反映了（　　）。

A. 消费者的收入约束　　B. 消费者的偏好

C. 消费者人数　　D. 货币的购买力

三、简答题

1. 有人说，气候不好对农民不利，因为农业会歉收。但也有人说，气候不好对农民有利，因为农业歉收后谷物要涨价，收入会增加。你如何评价？

2. 一位大学生即将参加三门功课的期末考试，他能够用来复习功课的时间只有 6 小时，设每门功课占用的复习时间和相应会有的成绩如下表，请问他应如何分配时间才能使总分最高？

小时数	0	1	2	3	4	5	6
经济学分数	30	44	65	75	83	88	90
数学分数	40	52	62	70	77	83	88
统计学分数	70	80	88	90	91	92	93

3. 已知某君每月收入120元，全部花费于X和Y两种商品，他的效用函数为$U=XY$，X的价格是2元，Y的价格是3元，求：

（1）为使获得的效用最大，他购买的X和Y各为多少？

（2）假如X的价格提高44%，Y的价格不变，为使他保持原有的效用水平，收入必须增加多少？

第四章　生产函数理论

学 习 目 标

通过本章的学习，使学生了解和掌握生产理论和成本理论，为后面的市场理论奠定基础。

小故事

期终考试就要开始了，同学们都进入了温课迎考的阶段。周晓雯平时学习很努力，但成绩一般，尤其是数学成绩很不好，于是她开始主攻数学，每天早上起来就做数学题，不休息，连续做十几个小时，本想数学考个好成绩，结果数学成绩虽有所提高，却提高不多，只有 70 分，其他学科由于复习时间少，成绩也只有 70 多分。周晓雯心里很纳闷，我这样努力学习，结果却不理想，是不是自己的智商不高？成绩永远提不高？

像周晓雯一样的同学很多，他们的学习不可谓不努力，花了很多时间，成绩却没有成比例提高，这是什么原因？让我们先学习本章，从中一定会找到答案的。

第一节　生产与生产函数

导入案例

前几年，可口可乐公司的老板们为了扩大可口可乐的销售量，异想天开的修改了可口可乐的配方，本想用新口味刺激销售量，不料新配方的可乐一上市，就遭到老顾客的强烈反对，这些消费者甚至上街游行，抗议老板们修改老配方，他们拒绝购买新配方可乐，迫使老板们不得不收回修改配方的命令，恢复老配方，才平息了一场危机。可口可乐配方修改后为什么会引起消费者抗议？这就要从生产函数理论说起。

知识原理

厂商尽管组织形式不同，但为了实现利润最大化，都要以某种组合方式投入生产要素，使其转化为产品或社会服务，以实现经营目标。

一、生产与生产要素

生产是指厂商把各种生产要素进行组合以制成产品的行为，也就是把投入变为产出的过程。简单地说，厂商进行生产的过程就是从生产要素的投入到最终产品产出的过程，所以说，生产要素的合理投入是生产过程的第一步。

生产区分为：①满足人们衣、食、住、行等必需的物质资料生产；②使人类自身世代延续的人的自身的生产，即繁衍后代；③满足人们必需的文化生活的精神生产（见物质生产与精神生产）。动物不进行物质资料的生产，它仅仅利用外部自然界，单纯地以自己的存在来改变自然界，也没有精神生产。只有人类才进行物质和精神生产。

生产要素是指进行物质生产所必需的一切要素及其环境条件。一般而言，生产要素至少包括人的要素、物的要素及其结合因素，劳动者和生产资料之所以是物质资料生产的最基本要素，是因为不论生产的社会形式如何，它们始终是生产不可缺少的要素，前者是生产的人身条件，后者是生产的物质条件。但是，当劳动者和生产资料处于分离的情况，它们只在可能性上是生产要素，而要成为现实的生产要素就必须结合起来。劳动者与生产资料的结合，是人类进行社会劳动生产所必需具备的条件，没有它们的结合，就没有社会生产劳动。

生产要素包括劳动、资本、土地和企业家才能四大类：

（1）劳动，是指生产过程中的人力耗费，包括体力劳动与脑力劳动。

（2）资本，是指生产过程中使用的各种物质资料，包括实物形态的资本与货币形态的资本，如厂房、设备、原材料、现金和银行存款等。

（3）土地，是指生产中所使用的各种自然资源，包括土地自身，以及地上、地下的一切资源，如土地、海洋、湖泊和自然状态的矿藏、森林等。

（4）企业家才能，是指生产过程中所必需的经营整个企业的组织能力、管理能力和创新能力。经济学家特别强调企业家才能这个要素，因为要由企业家来进行有效的组织，才可以把劳动、资本和土地这三种要素充分的利用起来，进行生产和经营并获取利润。同样的生产要素由不同的企业家来经营，结果往往会有很大的差别。

二、生产函数

1. 生产函数的概念

生产一定数量的产品或劳务所需的生产要素可以有多种不同的组合方式，在生产中要取得产品产出，就必须进行要素投入。要素投入与产品产出之间存在着依存关系，可以用函数形式表示，这就是生产函数。

生产函数可以用一个数理模型、图表或图形来表示。换句话说，就是一定技术条件下投入与产出之间的关系，在处理实际的经济问题时，生产函数不仅是表示投入与产出之间关系的对应，更是一种生产技术的制约。例如，在考虑成本最小化问题时，必须要考虑到技术制约，而这个制约正是由生产函数给出的。另外，在宏观经济学的增长理论中，在讨论技术进步的时候，生产函数得到了很大的讨论。

2. 生产函数的公式

生产函数是表明在技术水平不变情况下，生产中所使用的各种生产要素的数量与所能生产的最大产量之间的对应关系。

以 Q 表示产量，L 表示劳动，K 表示资本，N 表示自然资源，E 表示企业家管理才能，生产函数的公式可记为

$$Q=f(L, K, N, E)$$

式中，Q 是因变量，L、K、N、E 为自变量。

在分析生产要素与产量之间的数量关系时，一般把土地作为固定要素，而企业家才能难以估算，为了方便分析，就经常假定只使用劳动和资本两种生产要素。这一函数表明，在一定的技术水平时，生产 Q 的产量，需要一定数量的劳动与资本的组合。同样，生产函数也表明，在劳动与资本的数量与组合为已知时，就可以推算出最大的产量。

生产函数存在的前提条件是一定时期内既定的生产技术水平，一旦生产技术水平变化，原有生产函数就会变化，从而形成新的生产函数。

3. 生产函数的种类

生产函数给定了厂商为了达到某个产量可采取的各种生产要素投入的组合。但是，有时候并不是所有的组合都可供厂商自由选择。如某服装厂订单突然激增，需要在下个月将产量增加一倍，此时厂商多半只能采用多雇佣工人，加班加点的方法，因为在一个月内增建厂房并增加一倍的机器是不太现实的，而且厂商也不知道这种订单的增加时长期现象还是暂时现象。因此经济学中把厂商的短期生产决策和长期生产决策进行区分，并形成了短期生产理论和长期生产理论。

短期生产函数表示在短期内，资本的投入量不变，而劳动的投入量可变，产量随着劳动投入量的变动而变动。由经验可知，在较短时期内，厂商的机器、设备、厂房、管理等元素是不容易改变的。在这种情况下，如果市场景气，厂商就多投入劳动、原料等，从而使产量增加；如果市场萧条，厂商就减少劳动、原料等的投入量，使产量减少。在产量的这些变动中，生产能力固定，从而生产规模没有改变。短期生产函数正是这一现象的描述。对厂商而言，短期生产函数意味着生产规模既定条件下的产量决策。短期生产函数的主要特点就是既包含固定因素，又包含变动要素。

长期生产函数表示在长期，全部生产要素的投入量都可变动。从一个较长时期看，在短期中的固定要素的投入量都可变动，如厂房可以扩大、机器设备可以添置、资金可以筹集等。这样一来，生产能力提高了，换言之，生产规模扩大了。当然，在短期中的变动成本，在长期中仍然是可以变动的。因为在生产规模变动的序列中，在每一个既定的生产规模上，都还有一个决策产量的问题，即变动要素随产量变动的问题。在较长时期内，厂商的生产规模会发生变动，而这正是长期生产函数与短期生产函数的本质区别。长期生产函数的显著特点是没有固定要素和变动要素的区别，全部要素都是变动要素。

4. 常见的生产函数

（1）固定替代比例生产函数。固定替代比例生产函数是指在每一产量水平上任何两种要素之间的替代比例都是固定的。函数的通常形式是

$$Q=aL+bK$$

式中，Q 代表产量，L、K 分别表示劳动和资本，常数 a、$b>0$。

（2）固定投入比例生产函数（也被称为里昂剔夫生产函数）。固定投入比例生产函数是指在每一个产量水平上任何一对要素投入量之间的比例都是固定的。函数的通常形式为

$$Q=\min\{cL，dK\}$$

式中，Q 代表产量，L、K 分别表示劳动和资本，常数 c、d>0。

（3）柯布-道格拉斯生产函数。柯布-道格拉斯生产函数是由数学家柯布和经济学家道格拉斯于20世纪30年代提出来的，该生产函数被认为是一种很有用的生产函数，因为该函数以其简单的形式具备了经济学家所关心一些性质，它在经济理论的分析和应用中都具有一定意义。函数的通常形式是

$$Q=AL^{\alpha}K^{\beta}$$

式中，A、α、β 为三个参数，且 $0<\alpha$、$\beta<1$。

互动训练

几年前，上海一位下岗女工组建了一个净菜公司，从事蔬菜加工与配送，相当成功。但创办者以安排下岗工人为目标，不想赚钱。结果工人工资高效率低，赔进几十万贷款后垮台了，下岗工人再次下岗。

问题：分析会出现这样的状况的原因。

学以致用

调查报告：在学校周围确定一家汽车销售4S店，分析这家企业的生产要素构成。

第二节　短期生产函数分析

导入案例

大家小时候都看过动画片《三个和尚》，也都知道“一个和尚挑水吃，两个和尚抬水吃，三个和尚没水吃”的道理，那部动画片讽刺了生活中人浮于事，吃大锅饭的弊端。但是还可以说明经济学上的一个规律：边际报酬递减规律。

知识原理

关于短期生产函数，西方经济学假定，厂商在短期内只有一种要素（如劳动）的投入是可变的，其余的生产要素（如资本）的投入是固定的。在这一假定条件下，我们先分析一种要素的变动引起的产量变动规律，然后找出生产要素的合理投入区域。

生产函数 $Q=f(L，K)$ 中，假定资本投入量是固定的，用 $\bar{K}$ 表示，劳动投入量是可变的，用 L 表示，则短期生产函数可以写成

$$Q=f(L，\bar{K})$$

根据短期生产函数 $Q=f(L,\bar{K})$，可以得到劳动的总产量、劳动的平均产量和劳动的边际产量等概念。

一、总产量、平均产量和边际产量

1. 概念

总产量（TP），是指一定的生产要素投入量所提供的全部产量，即生产出来的用实物单位衡量的产出总量。公式为

$$TP_L=f(L)$$

平均产量（AP），是指总产量或总产出除以一种投入品的数量所得的值，即每单位投入生产的产出。因此，劳动的平均定义为总产量除以劳动投入量。公式为

$$AP_L=TP/L$$

边际产量（MP），是指增加一个单位的劳动投入所带来的总产量的增加量。当增加一个单位产量所增加的收入（单位产量售价）高于边际成本时，是合算的；反之，就是不合算的。所以任何增加一个单位产量的收入不能低于边际成本，否则必然会出现亏损。只要增加一个产量收入能高于边际成本，即低于总的平均单位成本，也会增加利润或减少亏损。因此，计算边际成本对订产品策略具有重要的作用。微观经济学理论认为，当产量增至边际成本等于边际收入时，为企业获得其最大利润的产量。公式为

$$MP_L=\Delta TP_L/\Delta L$$

$$MP_L=dTP_L/dL$$

2. 总产量、平均产量与边际产量的关系

短期生产中，在资本投入不变的情况下，随着劳动投入的变化，总产量、平均产量和边际产量也相应地发生变化，把这种变化描述成曲线，就可以得到总产量曲线、平均产量曲线和边际产量曲线。

表 4-1 表示劳动投入量与产量之间的关系。

表 4-1　总产量、平均产量和边际产量

劳动投入量（L）	总产量（TP）	平均产量（AP）	边际产量（MP）
0	0	0	0
1	38	38	38
2	94	47	63
3	162	54	72
4	236	59	75
5	310	62	72
6	378	63	63
7	434	62	48
8	472	59	27
9	486	54	0
10	470	47	−33

根据表 4-1，可以绘出总产量、边际产量和平均产量三条曲线，如图 4-1 所示。

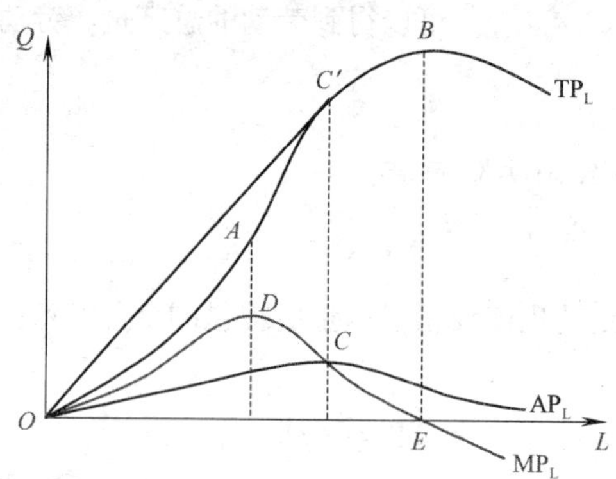

图 4-1　总产量、平均产量、边际产量关系图

图中横坐标表示可变要素劳动的投入数量 L，纵坐标表示产量 Q，TP、AP 和 MP 三条曲线分别表示总产量曲线、平均产量曲线和边际产量曲线。

从图 4-1 可以看出，总产量、边际产量和平均产量的变动特征如下：

（1）总产量曲线和平均产量曲线的关系。连接 TP_L 曲线上任一点和坐标原点的线段的斜率，可以表示为该点上的 AP_L 值。

在图 4-1 中，当 AP_L 曲线在 C 点达最大值时，TP_L 曲线必然有一条从坐标原点出发的最陡的切线，相切 TP_L 曲线于相应的 C 点。

（2）总产量曲线和边际产量曲线的关系。过 TP_L 曲线上任一点的切线的斜率，可以表示为该点上的 MP_L 值。

在图 4-1 中，在总产量的上升段（B 点以前），MP_L 为正值。当 TP_L 曲线在 B 点达最大值时，MP_L 为 0。在总产量的下降段（B 点以后），MP_L 为负值。进一步地，当 TP_L 曲线先以递增的速率增加时，MP_L 曲线上升，当 TP_L 曲线的斜率在拐点 A 达最大值时，MP_L 曲线在 D 点达最大值；当 TP_L 曲线在 A 点后以递减的速率继续增加时，MP_L 曲线在 D 点后下降。直至 TP_L 曲线的斜率在 B 点降为 0 时，MP_L 曲线在 E 点与坐标横轴相交。

（3）平均产量曲线和边际产量曲线的关系。

平均产量曲线和边际产量曲线相交于平均产量曲线的最大值点。MP_L 曲线的变动快于 AP_L 曲线的变动。原因在于边际量与平均量之间存在着如下关系：对于任何两个相应的边际量和平均量而言，只要边际量小于平均量，边际量就把平均量拉下；只要边际量大于平均量，边际量就把平均量拉上。当边际量等于平均量时，平均量必然达到其自身的极值点。

二、边际产量递减规律

边际产量递减规律是指对只有一种可变生产要素的生产函数来说，边际产量表现出的先上升而最终下降的规律。在技术水平不变的情况下，当把一种可变的生产要素投入到一种或几种不变的生产要素中时，每单位可变要素带来的产量先是递增，当它的增加超过一定限度时，每单位要素带来的产量会逐渐减少。

$$d(MP)/dL=f''(L)<0$$

边际报酬递减规律成立的原因在于：在任何产品的生产过程中，可变生产要素与不变生产要素之间在数量上都存在一个最佳组合比例。开始时由于可变生产要素投入量小于最佳组合比例所需要的数量，随着可变生产要素投入量的逐渐增加，生产要素的组合越来越接近最佳组合比例。在这一过程中，可变生产要素的边际产量是呈递增的趋势。一旦生产要素的组合达到最佳组合比例时，再增加可变生产要素的投入，可变生产要素的边际产量便呈递减趋势。

三、生产的三个阶段及合理的投入区域

根据短期生产的总产量、平均产量和边际产量的特征和相互之间的关系，可将短期生产划分为三个阶段，如图 4-2 所示。

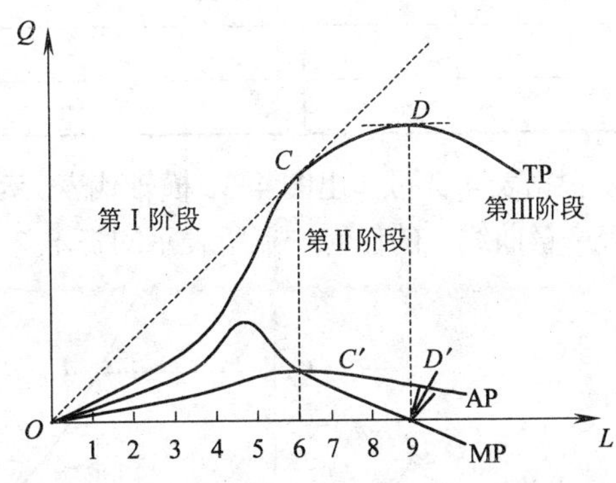

图 4-2 一种可变生产要素的生产函数的产量曲线

1. **三个区间的划分**

以劳动这一可变生产要素的投入量变化为基础，劳动投入在 0～6 之间为生产要素投入的第一阶段，用Ⅰ表示；劳动投入在 6～9 之间为生产要素投入的第二阶段，用Ⅱ表示；劳动投入大于 9 后为生产要素投入的第三阶段，用Ⅲ表示。

2. **最佳区间的确定**

第Ⅰ阶段：收益递增阶段，生产者不应停留的阶段。在这一阶段中，平均产量和边际产量均上升，边际产量始终大于平均产量。说明在这一阶段，可变生产要素投入量不足，可变生产要素和不变生产要素之间的配置比率没达到最佳的程度。因此，这一阶段生产者应继续增加生产要素投入量，把生产扩大到第Ⅱ阶段。

第Ⅱ阶段：收益递减阶段。在这一阶段，边际产量相交于平均产量的最高点，接下来边际产量小于平均产量，边际产量以较快速度下降，从而使平均产量递减，但边际产量仍大于零，总产量仍然在增加，虽然增加的速度递减。说明在这一阶段，继续投入可变生产要素还可以增加产量。在第Ⅱ阶段末，总产量达到最大。

第Ⅲ阶段：负收益阶段，生产者不能进入的阶段。在这一阶段，平均产量继续下降，边际产量变为负值，总产量开始下降。这说明，可变生产要素的投入量相对于不变生产要素来说已经太多，生产者减少可变生产要素的投入量是有利的。因此，理性的生产者应减少可变生产要素的投入量，把生产退回到第Ⅱ阶段。

四、两种可变生产要素的投入与最佳组合

（一）等产量曲线

等产量曲线是指在技术水平不变的条件下，生产同一产量的两种生产要素投入量的各种不同组合的轨迹。等产量曲线是在技术水平不变的条件下生产一种商品在一定产量下的两种生产要素投入量的各种不同组合的轨迹，在这条曲线上的各点代表投入要素的各种组合比例，其中的每一种组合比例所能生产的产量都是相等的。与等产量曲线相对应的生产函数是

$$Q=f(L,K)=Q^{\circ}$$

式中，Q° 代表常数，表示既定的产量水平。

假设资本与劳动这两种生产要素有以下四种组合，通过这四种组合方式都可以达到相同的产量，见表 4-2。

表 4-2 等产量表

组合方式	劳动（L）	资本（K）	产量（Q）
1	1	6	100
2	2	3	100
3	3	2	100
4	6	1	100

根据表 4-2 可作出图 4-3。横轴代表劳动投入量，纵轴代表资本投入量，曲线为等产量曲线。在等产量曲线上的任何一点所表示的资本与劳动的不同数量组合都能生产出相等的产量。

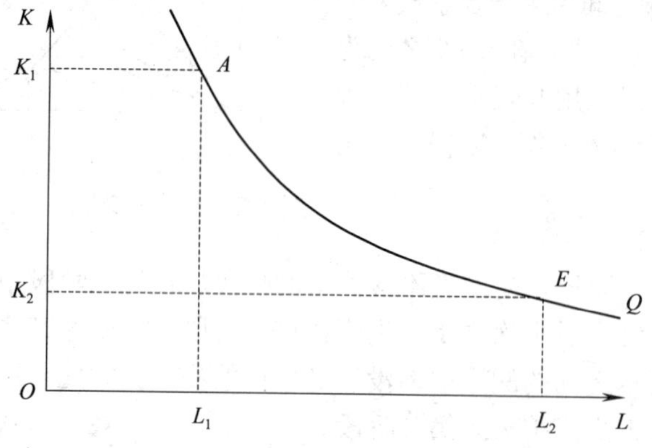

图 4-3 等产量曲线

1. **等产量曲线的特点**

（1）一个平面图中有无数条曲线，距离原点较远的等产量曲线代表较大的产出；反之，则较小。因为，一般投入较多的要素，厂商就能得到较大的产出。

（2）同一平面坐标上的任意两条等产量曲线不能相交。因为，每一条等产量线代表不同的产量水平。

（3）等产量曲线凸向原点，且斜率为负。因为，等产量曲线上的每一点都代表能生产一定产量的各种要素的有效组合。因此，要增加某种要素的投入量并保持产量不变，就必须相应地减少另一种要素的投入量。如果生产一定的产量，需要同时增加劳动和资本的投入，或者不减少劳动的同时却要增加资本的数量，那么原先的生产组合就是无效的。

2. **等产量曲线的类型**

按照投入要素之间能够相互替代的程度，可以把等产量曲线划分为三种类型：

（1）投入要素之间完全可以替代。例如，在发电生产中，如果发电厂的锅炉燃料既可全部用煤气又可全部用石油（当然也可以部分用煤气、部分用石油），我们就称这两种投入要素是完全可以替代的，这种等产量曲线的形状是一条直线。在这里，煤气替代石油的比例，即替代率为 1:1 是个常数。

（2）投入要素之间完全不能替代。如生产自行车，在投入要素车架和车轮之间是完全不能替代的。这种等产量曲线的形状是一条直角线。完全不能替代的投入要素之间的比例是固定的，如车架与车轮之间的比例为 1:2。

另外，这种等产量曲线有一种变型，即如果企业可以同时用几种生产方法生产同种产品，尽管每种生产方法的投入要素比例都是固定的（即投入要素之间不能替代），但企业通过生产方法之间的不同组合，仍可以改变整个企业投入要素之间的比例。这种变型的等产量曲线的形状是一条折线。

（3）投入要素之间的替代是不完全的。例如，在生产中，设备能够代替劳力，但设备不可能替代所有的劳力，就属于这种情况。这种等产量曲线的形状一般为向原点凸出的曲线。会出现这种形状是因为对不能完全替代的投入要素来说，它们的等产量曲线的斜率一般随着投入要素的量的增加而递减。

（二）等成本线

在现实生活中，各种生产要素都是有价的。例如：雇佣工人，需要支付工人的工资；到银行贷款，需要支付银行的利息；办工厂，需要租用土地，支付地租等。厂商要想购买这些生产要素，就必须有一定的货币支出，这种货币支出构成了厂商的生产成本。一个厂商若想追求最大利润，就必须考虑成本。

等产量曲线告诉我们，生产一定数量的某种产品可以采取多种要素组合方式，生产一定数量的要素组合还要受到生产者支付要素总的预算开销和要素价格的限制。即要受到总成本和要素价格的制约。为此，需要引入等成本线这一概念。

1. 等成本线的定义

生产理论中的等成本线也叫企业预算线，是在既定的成本和生产要素价格条件下生产者可以购买到的两种生产要素的各种不同数量组合的轨迹。如图 4-4 所示。等成本线表明了厂商进行生产的限制，即它所购买生产要素所花的钱不能大于或小于所拥有的货币成本。大于货币成本无法实现的，小于货币成本则无法实现产量最大化。

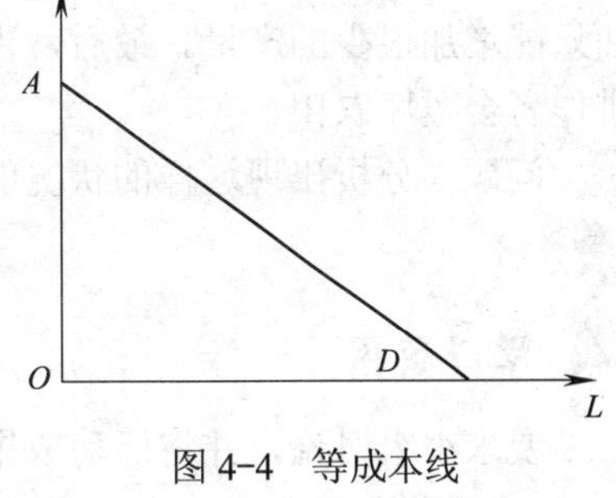

图 4-4 等成本线

2. 等成本线的三个特点

（1）在同一直角平面图上有无数条等成本线，每条线代表一种支出水平，离原点越远的等成本线代表的支出越高。

（2）同一平面上的不同等成本线不可能相交。

（3）等成本线是一条斜率为负的直线，表明厂商在一定支出水平条件下，要多投入一种生产要素，就必须同时减少另一种生产要素，两种生产要素之间是可以互相替代的，替代比例是由他们的价格比例决定的。

（三）生产要素的最佳组合点

生产要素的最佳组合点是指产量一定时成本最低的要素组合，或成本一定时产量最高的要素组合。

（1）等成本线 AB 与等产量曲线 Q_1 相交于 C、D 两点。这两点虽然代表着一定的产量，但这产量没有达到最大值，因为 Q_2 和 Q_3 比 Q_1 离原点更远，它们代表更高的产量。

（2）等成本线 AB 与等产量曲线 Q_3 相离，虽然 Q_3 代表更高的产量，但超越厂商的财力许可，也就是厂商的成本开支达不到 Q_3 这样高的产量。

（3）等成本线 AB 与等产量曲线 Q_2 相切于 E 点。这个点既在厂商财力许可范围内，又能给厂商带来更高产量。因此，等成本线与等产量曲线的切点就是生产要素的最佳组合点，如图 4-5 所示。

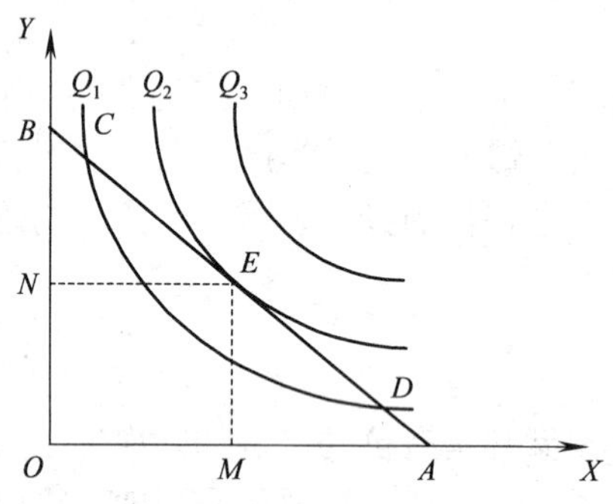

图 4-5　既定成本条件下的产量

互动训练

在耕种农田时，我们经常看到，当增加劳动后，田地更加精细耕作，产量会大大增加。但是，持续增加的劳动带来的产量却越来越少。一天中的第三次除草和第四次给收割机器上油只能增加很少的产量。最后，当大量劳动力涌向农场，产量几乎不会增加。甚至，过多的耕作者会毁坏农田。

问题：分析出现这样的状况的原因。

学以致用

要求小组讨论，并将活动成果以小组为单位提交作业。

1. 岗位分配

将全班学生分为 4 组，每组 8～12 人。

2. 目标要求

搜集学校汽车实训中心的相关生产信息，整理并讨论，分析目前实训中心具有哪些生产要素，经营情况如何？好或不好的原因是什么？

3. 模拟步骤

（1）各小组确定调查内容；

（2）通过多种途径搜集资料；

（3）各小组整理所获数据应进行讨论；

（4）以小组为单位完成作业，并制作 PPT；

（5）利用课堂时间分小组进行作品展示活动，要求解说；

（6）教师进行评价，并和学生共同为各小组打分。

4. **考评分表**

被考评人				
考评内容	整理相关资料，通过搜集一案例讨论目前我国或我省收入分配的现状			
考评标准	具体内容	分值	得分	本组评语
	查阅调查数据	20		
	讨论积极度	20		
	PPT 电子作业制作情况	20		
	作业讲解情况	20		
	问题回答情况	20		
合　计		100		

第三节 规模经济

导入案例

一位裁缝每天做一件衣服，那么十位裁缝每天能做几件衣服呢？同学们看到这个题也许会脱口而出，当然是十件衣服。且慢，待我们学习完生产的规模报酬理论后再来回答。

知识原理

一、生产的规模报酬概念

生产规模报酬是指在生产技术水平不变的条件下，当所有生产要素的投入量都同比例增加时的产量变动状况。

当企业生产规模扩大时，产量的增加会大于、小于或等于生产规模的变动。

规模报酬分析的是企业的生产规模变化与所引起的产量变化之间的关系。企业只有在长期内才能变动全部生产要素，进而变动生产规模，因此，企业的规模报酬分析属于长期生产理论问题。

二、生产的规模报酬类型

在经济学中，将长期中厂商的规模变化定义为所有生产要素的同比例变化。假定某厂商的生产过程中只需要投入劳动和资本两种生产要素，其投入量分别为 L 和 K，这时，当两种要素的投入量同时增加一倍，即增加到 2L 和 2K 时，称之为厂商的生产规模扩大了一倍。规模报酬是要说明，当生产要素同时增加了一倍，那么产量会如何变化？是增加一倍，增加多于一倍，还是增加少于一倍。如果产量的增加正好是一倍，称之为规模报酬不变；如果产量增加多于一倍，则称之为规模报酬递增，进而，如果产量增加少于一倍，就称为规模报酬递减。所以企业的规模报酬变化可以分规模报酬递增、规模报酬不变和规模报酬递减三种情况：

1. **生产规模报酬递增**

如果产量增加比率大于生产规模扩大的比率这就是规模报酬递增。

2. **生产规模报酬递减**

如果产量增加的比率小于生产规模扩大的比率这就是规模报酬递减。

3. **生产规模报酬不变**

如果产量增加的比率等于生产规模扩大的比率这就是规模报酬不变。

例如，假设一座月产量化肥10万吨的工厂所使用的资本为10个单位，劳动为5个单位。现在将企业的生产规模扩大一倍，即使用20个单位的资本，10个单位的劳动，由于这种生产规模的变化所带来的收益变化可能有如下三种情形：

（1）产量增加的比例大于生产要素增加的比例，即产量为20万吨以上，这种情形叫做规模收益递增。

（2）产量增加的比例小于生产要素增加的比例，即产量为小于20万吨，这种情形称为规模收益递减。

（3）产量增加的比例等于生产要素增加的比例，即产量为20万吨，这种情形称为规模收益不变。

规模报酬递增主要源于四个方面：

（1）劳动分工使生产的专业化程度提高，从而提高劳动生产率。

（2）资源的集约化使用。同时集中使用数量较多且性能相似的机器设备，可以使厂商提高机器的使用效率，如因故障停工的概率降低，相同工种的劳动力集中在一起使统一的培训成本降低等。

（3）生产要素的不可分性。不可分性意味着某些生产要素只有在一定的限度和范围内才能发挥最大的生产能力，生产规模较大的生产者比小规模的生产者能更有效地利用这些生产要素。

（4）大规模厂商较强的讨价还价能力。生产规模大的厂商往往在原材料采购、分销渠道、产品运输等方面有着较强的讨价还价能力，可以以较低的价格购买原材料，建立分销渠道能力较强，单位分销成本也较低。

规模报酬递减的主要特征是当生产要素按相同比例同时增加时，产量增加的比例小于投入要素的变化比例。造成规模报酬递减的原因主要有两个，①生产要素可得性的限制。随着厂商生产规模的逐渐扩大，由于地理位置、原材料供应、劳动力市场等多种因素的限制，可能会使厂商在生产中需要的要素投入不能得到满足。②生产规模较大的厂商在管理上效率会下降，如内部的监督控制机制、信息传递等，容易错过有利的决策时机，使生产效率下降。

三、规模报酬的变动

生产规模的扩大之所以会引起产量的不同变动，可以用规模经济与规模不经济来解释。

规模经济又称规模利益，是指在一定的产量范围内，随着产量的增加，平均成本不断降低的事实。规模经济是由于一定的产量范围内，固定成本可以认为变化不大，那么新增的产品就可以分担更多的固定成本，从而使总成本下降。

规模经济包括部门规模经济、城市规模经济和企业规模经济。在西方经济学里，规模经济主要用来研究企业经济。但作为生产力经济学的重要范畴，规模经济的含义则更为广泛，它包括从宏观到微观的能获得经济利益的各个层次的经济规模。

造成规模经济的内在因素如下：

（1）可以使用更加先进的机器设备。

（2）可以实行专业化生产。

（3）可以提高管理效率。

（4）可以对副产品进行综合利用。

（5）可以增加竞争地位。

造成规模经济的外在因素包括个别厂商可以从整个行业的扩大中得到更加方便的交通辅助设施，原料基地，以及更多的信息和更好的人才。

规模不经济指一个企业本身生产规模过大而引起产量或收益的减少。

造成规模不经济的内在因素如下：

（1）管理效率降低；

（2）生产要素价格和销售费用增加。

造成规模不经济的外在因素主要包括：

（1）自然条件，如石油储量决定油田规模；

（2）物质技术装备，如化工设备和装置能力影响化工企业的规模；

（3）社会经济条件，如资金、市场、劳力、运输、专业化协作对企业规模的影响；

（4）社会政治历史条件等；

（5）造成环境污染而增加治理费用。

当规模经济大于规模不经济时，生产规模报酬就递增；当规模经济等于规模不经济时，生产规模报酬就不变；当规模经济小于规模不经济时，生产规模报酬就递减。

四、适度规模

企业规模的扩大可以使生产者从很多方面获得规模经济，从而获得递增的规模收益，但是生产规模也不是越大越好。如果一个厂商不断地扩大工厂规模，到了一定程度，会因管理机构过于庞大而出现管理漏洞，管理效率下降。也可能因产品销售困难，使销售费用增加。生产规模扩大后，对生产要素的需求加大，可能使生产要素的价格上升，增加生产成本等。从而，规模收益将会出现递减的趋势。如果一个企业由于本身生产规模过大而引起产量或收益减少，就是规模不经济。

因此，企业规模的扩大既可能带来好处，也可能引起不利的影响。在长期中，企业调整各种生产要素时，要实现适度规模。

适度规模是指各种生产要素的增加，即生产规模的扩大正好使收益递增到最大。

在技术不变的条件下，规模报酬会随着生产规模的变化而处于不同的变化阶段。一般生产规模较小时，扩大生产规模会导致规模报酬递增；生产规模达到适度规模，扩大生产规模会导致规模报酬不变；超过适度规模，扩大生产规模会导致规模报酬递减。适度规模也叫最优规模。在适度规模上，厂商获得了扩大规模带来的效率增加的全部好处，又避免了继续扩大规模带来的效率下降所造成的损失。

对于不同行业的企业来说，适度规模的大小是不同的，并没有统一的标准。在确定适度规模时应考虑的因素主要是：

（1）本行业的技术特点。一般来说，投资越大，所用的设备越复杂、越先进的行业，适度规模也越大，如冶金、汽车制造等重工企业；相反，投资越小，所用的设备相对简单的行业，适度规模也越小，如服装。

（2）市场条件。一般来说，生产市场需求量大、标准化程度高的企业，适度规模也应该大，这也是重工业行业适度规模大的原因。相反，生产市场需求量小、标准化程度低的企业，适度规模也应该小，所以，服装行业适度规模要小些。

互动训练

在经济繁荣时期，当人们的着眼点放在市场竞争力的比较时，人们认为美国的IBM、微软、通用、波音、AT&T、可口可乐、摩托罗拉，日本的松下、本田、丰田、索尼、尼桑，韩国的三星和中国的海尔、TCL等大企业好；在萧条时期，当大企业陷入短期的困境时，人们又认为中国台湾，中国温州的中小企业好。

问题：联系以上内容解释怎么样的企业规模才具有竞争力。

学以致用

查阅台湾台塑集团的相关资料，结合王永庆本人的成长历程，谈谈自己对规模报酬的理解。

课后练习

一、填空题

1. 生产要素包括____________________四大类。
2. 生产函数存在的前提条件是________________。
3. 任意两条等产量曲线____________。
4. 规模经济又称规模利益，是指____________________。
5. 如果产量增加的比率小于生产规模扩大的比率这就是____________。

二、单项选择题

1. 边际收益递减规律发生作用的前提条件是（　　）。

   A. 连续地投入某种生产要素而保持其他生产要素不变

   B. 生产技术既定不变

   C. 按比例同时增加各种生产要素

   D. A和B

2. 在某一生产活动中，投入X与Y时的产量为Q，投入$2X$和$2Y$时产出为$3Q$，这表明（　　）。

   A. 规模收益递增

B. 可变投入边际收益递增

C. 规模收益递减

D. 规模收益不变

3. 当劳动力价格较资本价格上升得快时，公司（　　）。

A. 找不到在短期内改变其资本—劳动投入组合的优点

B. 将以资本替代劳动维持其短期产出率，继续实现其最低成本投入组合

C. 将发现使用同样的资本投入和较少的劳动投入时利润更大

D. 将不得不削减其产出率以维持其利润幅度

4. 生产函数表示（　　）。

A. 一定数量的投入，至少能生产多少产品

B. 生产一定数量的产品，最多要投入多少生产要素

C. 投入与产出的关系

D. 以上都对

5. 等产量曲线（　　）。

A. 表明了为生产一个给定的产出量而可能的各种投入要素的组合

B. 除非得到所有要素的价格，否则不能画出该曲线

C. 表明了投入与产出的关系

D. 表明了无论投入数量怎样变化，产出量都是一定的

6. 在总产量、平均产量和边际产量的变化过程中，下列首先发生的是（　　）。

A. 边际产量下降

B. 平均产量下降

C. 总产量下降

D. B 和 C

三、简答题

1. 下表为提供等量产出的不同投入组合，计算边际技术替代率，并就其中一个解释其含义。

组合	X	Y
A	10	100
B	15	80
C	30	40
D	50	21
E	70	10

2. 设生产函数为 $Q=120L-140K-5L^2-2K^2$，其中 Q 为产出，L 为劳动投入，K 为资本投入，求出价格 $P_L=5$，$P_K=10$，总预算 TC=180 时，使 Q 最大的 L、K 为多少？

3. 讨论生产函数的规模收益特点。

（1）$Q=1.1L^{0.5}K^{0.5}$。

（2）$Q=2L^2+3K^2$。

第五章　成本与收益理论

学 习 目 标

通过本章的学习，学生应该了解和掌握生产成本和收益及其关系，并能通过对成本和收益的细分了解如何实现对生产的决策。

小故事

经济学家乔治与妻子玛吉每年都会逛逛州航空博览会。每年乔治都会说："玛吉，我很想坐一下那边的飞机。"每年玛吉也都会回答说："我知道，乔治，但坐一下要花 10 美元，10 美元毕竟是 10 美元啊。"

今年，乔治和玛吉又都来到了州航空博览会上。乔治说："玛吉，我都 71 岁了，如果我今年再不坐一次飞机，以后可能再也没有机会了。"玛吉回答说："乔治，坐那架飞机要花 10 美元，10 美元毕竟是 10 美元啊。"飞机驾驶员再也受不了每年都听到他们的争执，于是说："朋友，我跟你们做个交易，我让你们俩坐一次飞机，如果你们能在这个飞行过程中保持沉默，一声不吭，我就不收你们的钱，但如果你们说了一个字，就得付 10 美元。"

乔治和玛吉都答应了，坐上了飞机。飞行员让飞机做各种翻滚、旋转、俯冲动作，但没有听到两个人说一个字，飞行员又把以上动作重复做了一遍，还是一片静默。

飞机着陆了，飞行员转身对乔治说："天啊，我想尽办法要让你们喊出声来，但你们就是没喊。"乔治回答说："其实，当玛吉从飞机上掉下去的时候，我本来想喊的，但 10 美元毕竟是 10 美元啊。"

上面这个趣闻虽然有些夸张，但也让我们了解到，经济学和经济学家对成本多么重视。在市场经济条件下，竞争日趋残酷，谁成本低，谁能坚持到底，谁就能笑到最后。无论是微软、福特这样的跨国公司还是个体小企业，对计算成本、控制成本、减少成本都非常关心，因为企业获得的利润等于收入减去成本，成本越低意味着利润越高，就如富兰克林说的："节约了一个铜板，就等于挣了一个铜板。"

第一节 短期成本与长期成本

导入案例

2006年3月17日早晨有媒体报道称，可口可乐公司在全国范围内调整价格，产品涉及可口可乐、雪碧和芬达，而涨价幅度平均为8%。成都、上海的经销商均已证实涨价消息。在上海市场，2升装的这三种饮料涨价幅度最大，达到17%左右。与此同时，百事可乐下属碳酸饮料也在几天前悄然涨价，涨价幅度约为8%～10%。这一涨价也同样由各地装瓶厂根据各地情况调整。是什么原因导致两大可乐公司不约而同地提高旗下产品的价格呢？

知识原理

成本是厂商从事产品生产必须支付的各种费用或者代价。厂商从事经营活动不仅只有自身的费用开支，还必须从社会角度考虑生产成本。因为资源具有用途多样性的特点，进行生产决策时还要考虑投资的机会成本。生产过程可以分为短期和长期两种，短期生产和长期生产的成本构成有很大的区别，成本与收益分析的要求与方法也不同。

一、成本类型

（一）沉没成本

沉没成本是指由于过去的决策已经发生的，不能由现在或将来的任何决策改变的成本。人们在决定是否去做一件事情的时候，不仅是看这件事对自己有没有好处，而且也要看过去是不是已经在这件事情上有过投入。我们把这些已经发生不可收回的支出，如时间、金钱、精力等称为沉没成本。

举例来说，如果预订了一张电影票，已经付了票款且假设不能退票。此时付的价钱已经不能收回，就算不看电影，钱也收不回来，电影票的价钱算作沉没成本。

当然有时候沉没成本只是价格的一部分。比方说买了一辆自行车，骑了几天后低价在二手市场卖出。此时原价和卖出价中间的差价就是沉没成本。而且这种情况下，沉没成本随时间而改变，自行车骑的时间越长，一般来说你的卖出价就会越低。

大多数经济学家们认为，如果你是理性的，那就不该在作决策时考虑沉没成本。比如在前面提到的看电影的例子中，会有两种可能结果：付钱后发觉电影不好看，但忍受着看完；付钱后发觉电影不好看，退场去做别的事情。两种情况下你都已经付钱，所以应该不考虑这件事情。如果后悔买票了，那么当前的决定应该是基于是否想继续看这部电影，而不是为这部电影付了多少钱。此时的决定不应该考虑到买票的事，而应该以看免费电影的心态来做判断。经济学家们往往建议选择后者，这样只是花了点冤枉钱，而选择前者还要继续受冤枉罪。

沉没成本产生的原因：

（1）策划或决策失误。

（2）前期调研、评估、论证工作准备不足，造成中途出问题而无法进行下去。

（3）有良好的策划、计划，但执行中偏离轨道，造成事与愿违。

（4）执行中发现存在问题，但没有及时调整策略、方案而是一意孤行。

（5）危机处理能力不足或措施不当，使事态扩大及蔓延。

（二）机会成本

机会成本是指生产者利用一定的资源获得某种收入时所放弃的在其他可能用途中所能够获得的最大收入。

一种资源可能有多种用途，而各种用途所能取得的收益又不尽相同，当把某种资源用于一种用途时，就失去了其用于其他用途可能获得的收益。机会成本的存在是与资源的稀缺性紧密联系的。在资源稀缺性这一前提下，当企业用一定的经济资源生产一定数量的一种或几种产品时，这些经济资源就不能同时被使用在其他的生产用途上。也就是说，这个企业所获得的一定数量的产品收入，是以放弃用同样的经济资源来生产其他产品时所获得的收入为代价的。比如农民在获得更多土地时，如果选择养猪就不能选择养其他家禽，养猪的机会成本就是放弃养鸡或养鸭等的收益。假设养猪可以获得 9 万元，养鸡可以获得 7 万元，养鸭可以获得 8 万元，那么养猪的机会成本是 8 万元，养鸡的机会成本为 9 万元，养鸭的机会成本也为 9 万元。

在理解机会成本时应注意以下几个问题：

（1）机会成本不同于实际成本，它不是做出某项选择时实际支付的费用或损失，而是一种观念上的成本或损失。在厂商作出投资决策时，充分估计各种可行方案未来的获利机会和风险损失，达到经济决策结果最优化是实现资源科学合理配置的前提条件。

（2）机会成本是做出一种选择时所放弃的其他若干种可能的选择中受益最好的一种。因为资源稀缺，企业就必须根据市场行情变化做出正确的选择。一种生产方向的确定要以放弃其他生产方向为代价，这种代价的最小化是企业实现利润最大化的基本保证。

（3）机会成本并不全是由个人选择引起的。其他人的选择也会给你带来机会成本，你的选择也会给其他人带来机会成本。

在我们作出任何决策时，都要使受益大于或至少等于机会成本，如果机会成本大于收益，则这项决策从经济学的观点看就是不合理的。这就是说，在作出某项决策时，不能只考虑获利的情况，还要考虑机会成本，这样才能使投资最优化。当然，在运用机会成本这一概念时要考虑这样两个条件：①有多种投资的可能性；②投资到任何地方都不受限制。如果这两个条件不具备，机会成本这个概念就没有意义了。

（三）显性成本与隐性成本

显性成本是指厂商会计账目上作为成本项目记入账上的各项支出费用，在账目上一目了然，包括工资、原料、材料、燃料、动力和运输等所支付的费用，以及为借入资金支付的利息。可以看出，显性成本就是所有由厂商支付并记录在账目上的支出。

隐性成本是指厂商使用自有资源所应该支付的费用，但这些费用并没有在会计成本账目上表现出来。隐性成本包括两部分：①厂商使用自有生产要素应得的报酬，如自有资金的利息，所有者自身管理企业应得到的薪金等；②固定设备折旧费。从会计的计算方法看，前一项被作为正常利润。从经济学分析来看，它们应该是成本，即厂商由于提供了自有生产要素和劳务所理应得到的正常报酬。

显性成本和隐性成本之间的区别说明了经济学家和会计师分析经营活动之间的主要不同。经济学家研究企业如何作出生产和定价决策，因此，当他们衡量成本时就包括了隐性成本，而会计师的工作是记录流入和流出企业的货币，他们只是衡量显性成本而忽略了隐性成本。

（四）会计成本与经济成本

经济学中的成本与会计学中的成本概念是不同的，会计成本就是显性成本，是指厂商在生产过程中按市场价格直接支付的一切费用，这些费用在会计账面上直接反映。而经济成本是指生产过程中所使用的所有资源的价值，等于显性成本和隐性成本之和。

二、厂商的生产成本

厂商的生产成本是指厂商为生产一定数量的产品而相应消耗掉的生产要素的价值。

厂商的生产成本是一种经济成本，不仅包括厂商会计账目上实际发生支付的显性成本，还包括会计账目不予反映的隐性成本。

从厂商在一定时间内能否调整或改变其投入的全部生产要素的角度，可以把成本分为短期成本和长期成本。短期成本用于企业的日常经济决策，以确定最佳产量；长期成本用于企业长期规划，确定企业最佳生产规模。

（一）短期成本

在短期内，厂商不能根据生产规模变动而对所有要素投入进行调整，有些生产要素可以调整，而有些生产要素不可以调整。或者说，短期是指在一个时期内，企业能够通过改变可变要素，但不能改变固定要素来调整生产。

在短期中，由于生产要素分为固定投入和可变投入，因此短期中的成本相应地分为总成本、固定成本、可变成本。

1. 总成本

总成本（TC）是指厂商在一定时期内生产所有产品耗费的成本总和。总成本是固定成本与可变成本之和。即在一定时期内（财务、经济评价中按年计算）为生产和销售所有产品而花费的全部费用。

根据成本核算的不同方法，按照其费用的归集和分配程序，产品总成本是生产某种品种或数量的产品所耗费的生产资料和人工费用的总和。

通过总成本的计算和分析，可以了解掌握计算期的总支出，将总成本与收入、利润、净利润等比较，能获得有意义的分析指标。总成本的节约或超支，往往对于分析成本计划的完成情况有重要意义。将总成本和单位成本相结合，便能进行全面的成本分析。

2. 固定成本

固定成本（FC）是指不随着产量变动而变动的成本。如厂房和设备的折旧、设备租金、债务利息、管理人员的工资等。

3. 可变成本

可变成本（VC）是指随着产量变动而变动的成本。在短期内可以调整的生产要素的费用，当产量为 0 时，可变成本为 0；随着产量的增加，可变成本也增加。如原料、燃料的支出和工人的工资等。

固定成本与可变成本的区别是：固定成本不随产量的变动而变动，可变成本随产量的变动而变动。在短期内，总成本等于固定成本与可变成本之和。

4. 边际成本

边际成本（MC）是指企业每增加一单位的产量所产生的成本增加量。由定义得知边际成本等于总成本（TC）的变化量（ΔTC）除以对应的产量上的变化量（ΔQ），即总成本的变化量/产量变化量。

$$MC(Q)=\Delta TC(Q)/\Delta Q$$

从理论上讲，边际成本表示当产量增加 1 个单位时，总成本的增加量（这个总成本包括不变成本和可变成本）。随着产量的增加，边际成本会先减少后增加。

例如，生产某种产品 100 个单位时，总成本为 5 000 元，单位产品成本为 50 元。若生产 101 个时，其总成本 5 040 元，则所增加一个产品的成本为 40 元，即边际成本为 40 元。当实际产量未达到一定限度时，边际成本随产量的扩大而递减；当产量超过一定限度时，边际成本随产量的扩大而递增。因为，当产量超过一定限度时，总固定成本就会递增。由此可见，影响边际成本的重要因素就是产量超过一定限度（生产能力）后的不断扩大所导致的总固定费用的阶段性增加。

当增加一个单位产量所增加的收入（单位产量售价）高于边际成本时，是合算的；反之，就是不合算的。所以，任何增加一个单位产量的收入不能低于边际成本，否则必然会出现亏损；只要增加一个产量的收入能高于边际成本，即使低于总的平均单位成本，也会增加利润或减少亏损。因此计算边际成本对制订产品决策具有重要的作用。微观经济学理论认为，当产量增至边际成本等于边际收入时，为企业获得其最大利润的产量。

5. 平均成本

平均成本是指生产每一单位产品所耗费的成本，用符号 AC 表示，平均成本=总成本/产量。

$$AC=TC/Q$$

由于总成本是由固定成本和可变成本构成的，所以平均成本可以表示为平均固定成本（AFC）与平均可变成本（AVC）之和。平均固定成本等于固定成本除以产量，平均可变成本等于可变成本除以产量，用符号表示

$$AC=FC/Q+VC/Q=AFC+AVC$$

（二）短期成本曲线及其形状

1. 总成本与可变成本、固定成本曲线

（1）总成本曲线（TC）是由固定成本和可变成本加总得来的。因此，总成本曲线是由固定成本曲线和可变成本曲线纵向相加而成。总成本曲线同可变成本曲线的形状是一样的。

总成本、可变成本与固定成本曲线的形状，以及它们之间的关系如图 5-1 所示。

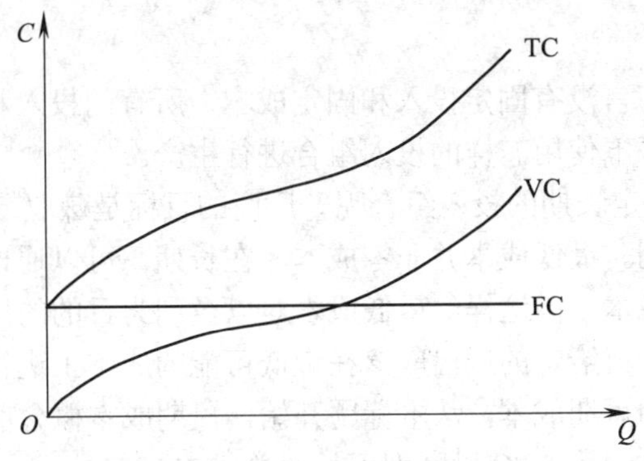

图 5-1 总成本、可变成本、固定成本曲线

（2）固定成本曲线（FC）在短期内是不变的，因此，固定成本也是个常数。

（3）可变成本曲线（VC）一直呈上升趋势，例如，在烧饼店使用的煎锅、烘烤炉的数量既定的情况下，更高的产量需要投入更多的劳动从而支付更高的劳动力成本，因此，随着产量的增加，可变成本相应也会增加。

2. **边际成本与平均成本曲线**

边际成本曲线与平均成本曲线的形状，以及它们之间的关系如图 5-2 所示。

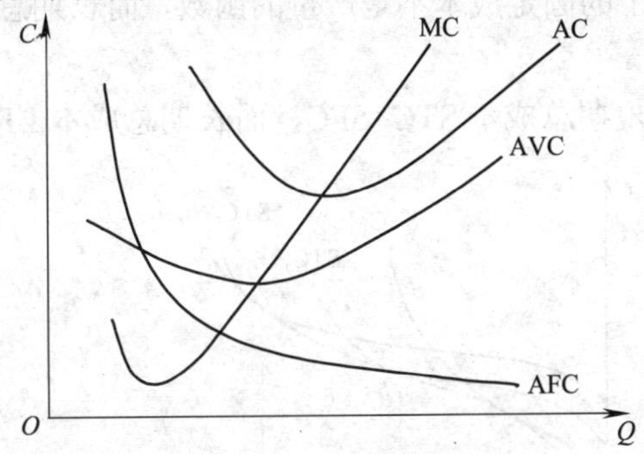

图 5-2 边际成本与平均成本曲线

（1）平均可变成本曲线（AVC）是一条先下降后上升的 U 形曲线。

（2）平均固定成本曲线（AFC）随着产量的增加而减少，这是因为固定成本总量不变，产量增加，分摊到每一单位上的固定成本也就减少了。变动规律是起初减少幅度很大，以后减少幅度越来越小。

（3）平均总成本曲线（AC）和平均可变成本一样，随着产量的增加先降后增，它的曲线也呈 U 型。

平均总成本由平均固定成本和平均可变成本构成，因此，平均总成本曲线与平均可变成本曲线之间的垂直距离就是平均固定成本。由于平均固定成本随产量增加而下降，所以曲线越往右，平均总成本曲线与平均可变成本曲线会变得越来越靠近，但始终不可能相交。

（4）边际成本曲线（MC）的变化趋势也呈 U 形，随着产量的提高先下降后上升。边际成本曲线的形状也反映了边际收益递减的规律。

边际成本曲线在平均成本曲线的最低点与之相交。只要边际成本小于平均成本，平均成本就下降；只要边际成本大于平均成本，平均成本就上升。

（三）长期成本

在长期中，对厂商而言没有固定投入和固定成本，所有的投入和成本都是可变的，厂商必须决定在各种产出水平下使用怎样的投入组合进行生产。

那么，厂商该如何决定长期的投入组合呢？厂商的目标是赚取最高利润，要做到这一点，就必须遵循最低成本原则。最低成本并非零成本，在长期，可以通过不使用任何投入，生产零单位的产出来达到零成本，但这样的最低成本对以盈利为目的的厂商而言是没有意义的。

最低成本原则是指任何给定的产出应该在最低可能的成本上进行生产。

为了区分长期成本和短期成本，从本标题开始，短期成本概念前加“S”，长期成本概念前加“L”，如短期总成本记为 STC 以区别于长期总成本 LTC。

1. 长期总成本

长期总成本是长期中生产一定量产品所需的成本总和。长期总成本随产量的变动而变动，当产量为 0 时，长期总成本为 0；随着产量的增加，长期总成本增加。

长期总成本函数反映的是各种产量水平与最低总成本之间的依存关系，即

$$\mathrm{LTC}=f(Q)$$

长期总成本函数与短期总成本函数的区别：

（1）短期总成本函数中的固定成本不是产量的函数，而长期总成本与长期总可变成本均为产量的函数。

（2）当产量为零时，短期总成本 STC=SFC，而长期总成本 LTC=0，如图 5-3 所示。

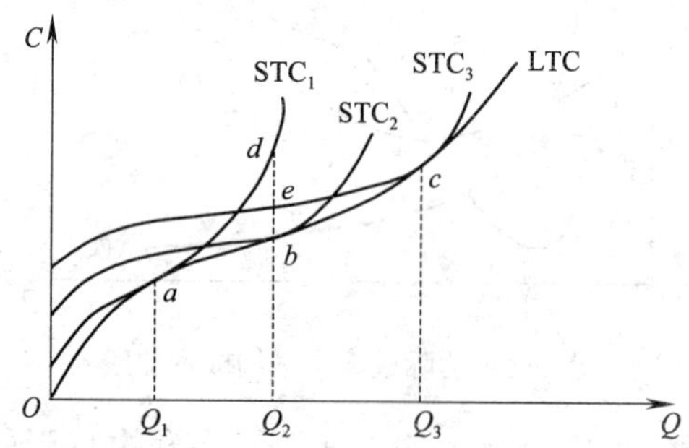

图 5-3　长期总成本与短期总成本曲线

在生产的不同时期，长期总成本的变化是不同的。根据生产要素投入所带来的产量变化，把生产分为初期、中期和末期三个阶段，具体分析长期总成本在不同阶段的变化。在生产初期，要投入厂房、机器设备等大量生产要素，而产量少时，这些生产要素无法得到充分利用，因此，成本增加的比率大于产量增加的比率。在生产中期，当产量增加到一定程度后，生产要素开始得到充分利用，这时成本增加的比率小于产量增加的比率，这就是规模经济效益。在生产末期，由于规模收益递减的作用，成本的增加比率又大于产量增加的比率。

2. 长期平均成本

长期平均成本就是长期中平均每单位产品的成本。长期成本函数可写成

$$\mathrm{LAC}=\frac{\mathrm{LTC}}{Q}$$

它告诉我们，当厂商改变其投入组合，以及总是选择成本最小的投入组合时，单位产量所耗费的成本。

在长期中企业可以根据短期平均成本来调整长期平均成本，因此可以从短期平均成本曲线推导出长期平均成本曲线。长期平均成本曲线位于所有的短期成本曲线之下，是比短期平均成本曲线平坦得多的U形曲线，如图5-4所示。

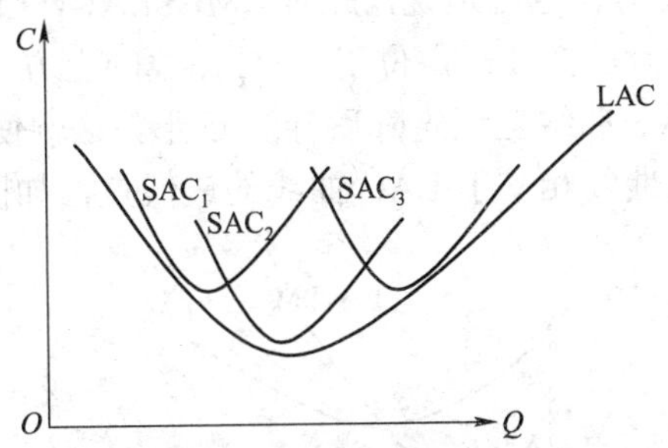

图5-4 长期平均成本与短期平均成本

长期平均成本曲线把各条短期平均成本曲线包络起来，因此，长期平均成本曲线又称为包络曲线。从图5-4中可看出长期平均成本曲线也是一条先下降后上升的U形曲线，这说明，长期平均成本变动的规律也是随着产量的增加，先减少而后增加，这也是由于随着产量的增加，规模收益递增，平均成本减少；随着产量的增加，出现规模收益递减，平均成本增加。这与短期平均成本相同。

长期平均成本曲线与短期平均成本曲线也有区别，这就在于长期平均成本曲线无论在下降时还是上升时都比较平坦，这说明在长期中平均成本无论是减少还是增加变动都较慢，这是由于在长期中全部生产要素可以随时调整，从规模收益递增到规模收益递减有一个较长的规模收益不变阶段。而在短期中，规模收益不变阶段很短，甚至没有。

不同行业的长期平均成本有以下几种情况：

(1)成本不变的行业。这种行业中，各厂商的长期平均成本不受整个行业产量变化的影响，无论产量如何变化，长期平均成本是基本不变的。这些行业成本不变的原因主要有两种：①这类行业在国民经济中所占的比重很小，也就是说，与其他行业相比，它是非常微小的，从而它的产量变化不会对生产要素的价格发生影响。②这类行业所使用的生产要素的种类与数量与其他行业呈反方向变动。成本不变的行业并不多见，一般是一些小商品生产或特殊行业。

(2)成本递增行业。这种行业中，各个厂商的长期平均成本要随整个行业产量的增加而增加。这些行业成本递增的原因是由于生产要素是有限的，所以整个行业中产量的增加会使生产要素价格上升，从而引起各厂商的长期平均成本增加。也就是前面所说的由于外部因素，一个行业扩大给一个厂商所带来的外在不经济。这种情况在以自然资源为主要生产要素的行业中表现的比较突出。

(3)成本递减的行业。这种行业中，各个厂商的长期平均成本要随整个行业产量的增加而减少，也就是规模经济中的外在经济现象。在长期中，外在经济必然会由于行业生产规模过大转变为外在不经济，因此，一个行业内的成本递减无法长期维持下去。

3. 长期边际成本

厂商在长期内增加一单位产量所引起的最低总成本的增量。如果用ΔQ 表示产量的增

加，ΔLAC 表示长期总成本的增加量，则有

$$LMC=\Delta LAC/\Delta Q$$

长期边际成本也是先下降后上升的。它与长期平均成本曲线相交于长期平均成本曲线的最低点。其原因在于：根据边际量和平均量之间的关系，当 LAC 曲线处在下降阶段时，LMC 曲线一定处于 LAC 曲线的下方，也就是说，此时 LMC<LAC，LMC 将 LAC 拉下；反之，当 LAC 曲线处于上升阶段时，LMC 曲线一定位于 LAC 曲线的上方，也就是说，此时 LMC>LAC，LMC 将 LAC 拉上。由于 LAC 曲线呈现先降后升的 U 形，这就使得 LMC 曲线也必然呈现先降后升的 U 形，并且，两条曲线相交于 LAC 曲线的最低点，如图 5-5 所示。

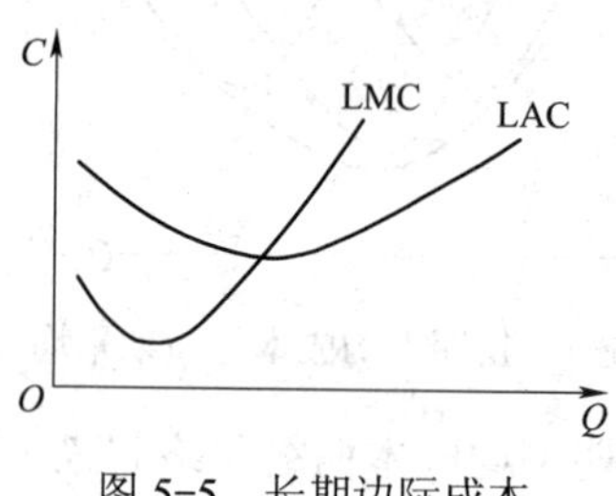

图 5-5　长期边际成本

互动训练

你在旺市居所的楼底开了一家小面馆。一家三口辛苦了一个月，算算账，税后净赚了人民币 5 000 元，你感到很高兴，似乎勤劳致富的路就在眼前。而有人却说你这是吃力不讨好，做的是亏本生意。

问题：你同意他的说法吗？为什么？

学以致用

要求小组讨论，并将活动成果以小组为单位提交作业。

1. **岗位分配**

将全班学生分为 8 组，每组 5～8 人。

2. **目标要求**

对昆明实行 24 小时营业的火锅店进行调查，根据调查情况分析火锅选择进行全天营业的经济依据。

3. **模拟步骤**

（1）各小组确定调查内容；

（2）通过多种途径搜集资料；

（3）各小组整理所获数据应进行讨论；

（4）以小组为单位完成作业，并制作 PPT 课件；

（5）利用课堂时间分小组进行作品展示活动，要求解说；

（6）教师进行评价，并和学生共同为各小组打分；

（7）共同为各小组打分。

4. **考评分表**

被考评人				
考评内容	整理相关资料，通过搜集一案例，讨论目前我国或我省收入分配的现状			
考评标准	具体内容	分值	得分	本组评语
	查阅调查数据	20		
	讨论积极度	20		
	PPT 电子作业制作情况	20		
	作业讲解情况	20		
	问题回答情况	20		
	合　计	100		

第二节　收益最大化

导入案例

2003 年 7 月，全球五大手机制造商中国分部的季度财务报告都描述了一个黯淡的手机行业的现状：价格战愈演愈烈，收益增长缓慢。同时，根据有关数据显示，2002 年手机行业出售 4.23 亿部手机，而预计 2003 年手机出售量也就在 4.4 亿部左右，为什么全球手机厂商的收益增长微乎其微呢？

手机价格的下降，出售量的缓慢增长，是导致手机厂商收益增长微乎其微的主要原因。

知识原理

收益是厂商销售产品所得到的全部收入，包括成本和利润，它是产品销售价格和销售量的乘积。收益分为总收益、边际收益和平均收益。

一、总收益

总收益是指企业售出产品得到的全部收入，即价格与销售量的乘积，用公式表示为

$$TR=P\times Q$$

二、边际收益

边际收益是指每增加销售一单位产品所增加的收入，是收入的增量和销售增量的比，用公式表示为

$$MR=\Delta TR/\Delta Q$$

三、平均收益

平均收益是企业销售每一单位产品平均所得到的收入，等于总收入与销售数量的比，用公式表示为

$$AR=TR/Q$$

在理解收益的概念时要注意以下问题：

（1）收益并不等于利润。收益不是出售产品所赚的钱，而是出售产品所得到的钱。所得到的钱中，既有为购买各种生产要素而支出的成本费用，也有除去成本费用后所余下的利润。还要强调的是，用于企业家才能的成本费用本来就是正常利润。按经济学的分析，正常利润是成本的一种。

（2）收益与产量的关系。收益是产量与价格的乘积。所以，如果不考虑价格的因素，收益就是产量。

（3）在不同的市场结构中，收益变动的规律并不完全相同，边际收益曲线与平均收益曲线的形状也并不相同。

互动训练

据 2003 年 3 月 21 日《中国经济时报》报道，美国航空协会发布的一份报告显示：自“9·11”之后，尽管美国政府给予了美国航空业重大支持，但美国航空业仍损失了 180 亿美元，而美国全美公司和美国联合航空公司都已宣告破产。而德国汉沙航空公司虽因受“9·11事件”的影响，乘客大量减少，且价格屡屡下降，可该航空公司依然坚持营业。

问题：请说明其经济原因，并分析在什么情况下，该航空公司才会终止营业。

学以致用

要求小组讨论，并将活动成果以小组为单位提交作业。

1. **岗位分配**

将全班学生分为 4 组，每组 8～12 人。

2. **目标要求**

对学校的几个小卖部进行调查，根据调查情况分析小卖部的成本结构和收益情况。

3. **模拟步骤**

（1）各小组确定调查内容；

（2）通过多种途径搜集资料；

（3）各小组整理所获数据应进行讨论；

（4）以小组为单位完成作业，并制作 PPT 课件；

（5）利用课堂时间分小组进行作品展示活动，要求解说；

（6）教师进行评价，并和学生共同为各小组打分。

4. **考评分表**

被考评人				
考评内容	整理相关资料，通过搜集一案例，讨论目前我国或我省收入分配的现状			
考评标准	具体内容	分值	得分	本组评语
	查阅调查数据	20		
	讨论积极度	20		
	PPT 电子作业制作情况	20		
	作业讲解情况	20		
	问题回答情况	20		
合　计		100		

第三节　利润最大化

知识原理

一、利润

利润就是厂商获得的净盈利或实得收益，它代表一个企业或厂商能够用于股东分红、投资于资产和设备，或用于金融投资的资金数量，而所有这些活动都能提高企业对于其所有者的价值。

经济学中的利润，与通常所说的会计利润有所不同，它泛指总收益与总成本之间的差额，称为经济利润。

需要指出的是，作为生产要素之一的企业家才能，也有机会成本。要使企业家在这个企业继续经营下去，必须使他获得平均利润，也称为正常利润。因此，在经济分析中，正常利润列入经济成本，不算经济利润。经济利润是超过正常利润的差额，又称超额利润。

利润是社会进步的动力，表现在：

（1）正常利润作为企业家才能的报酬，鼓励企业家更好地管理企业；

（2）由创新而产出的超额利润使得企业家大胆创新；

（3）由风险而产出的超额利润使得企业家勇于承担风险；

（4）追求利润的目的使企业按社会的需求进行生产；

（5）整个社会以利润来引导投资，使投资与资源的配置符合社会的需要。

二、厂商的目标——利润最大化

厂商从事生产或出售商品的目的是为了赚取利润。如果总收益大于总成本，就会有剩余，这个剩余就是利润。值得注意的是，这里讲的利润，不包括正常利润，正常利润包括在总成本中，这里讲的利润是指超额利润。如果总收益等于总成本，厂商不亏不赚，只获得正常利润。如果总收益小于总成本，厂商便要发生亏损。

厂商从事生产或出售商品不仅要求获取利润，还要求获取最大利润，厂商利润最大化的原则就是产量的边际收益等于边际成本。边际收益是最后增加一单位销售量所增加的收益，边际成本是最后增加一单位产量所增加的成本。如果最后增加一单位产量的边际收益大于边际成本，就意味着增加产量可以增加总利润，于是厂商会继续增加产量，以实现最大利润目标；如果最后增加一单位产量的边际收益小于边际成本，那就意味着增加产量不仅不能增加利润，反而会发生亏损，这时厂商为了实现最大利润目标，就不会增加产量而会减少产量；只有在边际收益等于边际成本时，厂商的总利润才能达到极大值。所以 MR=MC 成为利润极大化的条件，这一利润极大化条件适用于所有类型的市场结构。

在既定产量条件下如何实现生产成本最小化，或在既定成本条件下如何使产量最大化，这两种分析方法都是厂商在配置生产资源过程中常用的方法。

对 MR=MC 这一利润最大化原则，可用数学推导加以证明：

设 π 为利润，Q 为厂商产量，TR 为厂商总收益，TC 为厂商总成本，则

$$\pi(Q)=\mathrm{TR}(Q)-\mathrm{TC}(Q)$$

利润极大化的必要条件是 π 对 Q 的一阶导数为零。

而 TR 对 Q 的一阶导数就是边际收益 MR，同样，TC 对 Q 的一阶导数就是边际成本 MC。所以，当 MR=MC，即边际收益等于边际成本时，利润极大。

三、生产决策

生产决策是指在生产领域中，对生产什么、生产多少，以及如何生产等几个方面的问题作出的决策，具体包括剩余生产能力如何运用、亏损产品如何处理、产品是否进一步加工和生产批量的确定等。

生产决策是根据企业的经营战略方案及企业内外经营环境的状况确定企业的生产方向、生产目标、生产方针及生产方案的过程或职能。

生产决策的主要内容包括：工艺决策和设备决策（自然技术水平决策）、产品成本决策（生产成本决策）和生产类型与厂址决策。

工艺和设备决策或称自然技术水平决策是确定企业采用什么等级的自然技术水平及相应的自然技术方案。主要有两种：自然技术领先方案和自然技术追随方案。产品成本决策是确定企业产品成本的标准或企业产品的标准成本。

不同的生产类型对于各类企业，其效果是不同的，因此必须根据本企业的实际情况选择最符合企业要求的生产类型。

厂址决策就是如何运用科学的方法确定工厂（生产系统）坐落的区域位置，使它与企业的整体经营系统有机结合，以便有效地达到企业经营目标。

在竞争市场上，厂商和消费者都是价格的接受者，他们个人无法决定产品的价格，价格是由市场需求和供给决定。厂商根据利润最大化的原则把其产量确定在边际成本等于边际收益的水平上。

如图 5-6 所示，当产品的市场价格为 P_2 时，厂商希望生产和出售 Q_2 产量，这是利润最大化的产量。同时，厂商的平均成本 AC 与 MR_2 交于 E_2 点，在这点上，总收入正好等于总成本，所以 E_2 点也就是收支相抵点。它表示在 P_2 价格水平上企业没有超额利润，但有正常利润，厂商投入的所有生产要素都获得报酬和补偿，厂商能继续生产下去。

当产品的市场价格低于 P_2 为 P_1 时，价格小于平均成本。很明显，企业遭受了损失，它会选择继续生产还是停止生产呢？在亏损已成定局时，厂商应该使亏损最小化。在这种情况下，企业应该继续生产。因为生产所得到的收益除了可以弥补所有可变成本外，还可以弥补一部分已经支付出去的固定成本。此时，如果企业停止生产，那么它的收益为零，但它的固定成本继续存在，它的固定成本就是它的亏损。

当产品的市场价格下降到 P_0 时，厂商的收益正好等于它的可变成本。厂商生产所得到的收益仅仅可以弥补可变成本，固定成本无论如何都没办法收回，这时继续生产已经没有任何意义。因此 E_1 点又成为停止生产点。

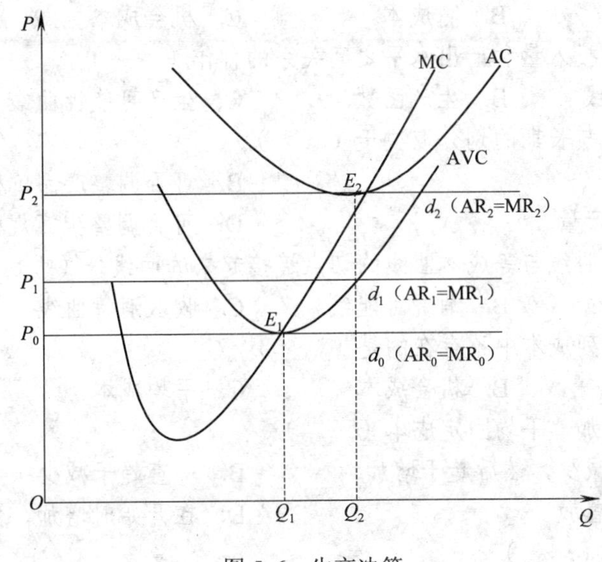

图 5-6　生产决策

互动训练

在旅游淡季，酒店业竞争激烈，五星级酒店原价 1 688 元的标准间曾降至每天 208 元，你认为这种降价合理吗？为什么？

学以致用

小论文：使用利润最大化原则进行分析，如果倾销只是将同样的商品在别国以低价销售，倾销是持续的，是企业追求最大利润的自然选择，那么对出口国和进口国都没有什么坏处。

课后练习

一、填空题

1. 边际成本是指____。

2. 利润最大化的必要条件是____。

3. 平均收益是指____。

4. 平均总成本曲线与平均可变成本曲线之间的垂直距离就是________________。

5. 机会成本是指____。

二、单项选择题

1. 生产者为了生产一定数量的产品所放弃的使用相同的生产要素在其他生产用途中所得到的最高收入，这一成本是指（　　）。

A. 会计成本　　B. 隐成本　　C. 机会成本　　D. 边际成本

2. 反映生产要素投入量和产出水平之间关系的称作（　　）。

A. 总成本曲线　　B. 生产函数　　C. 生产可能性曲线　　D. 成本函数

3. 经济学中短期与长期的划分取决于（　　）。

A. 时间长短　　B. 可否调整产品价格

C. 可否调整产量　　D. 可否调整生产规模

4. 无数条等产量曲线与等成本曲线的切点连接起来的曲线是（　　）。

A. 无差异曲线　　B. 消费可能线　　C. 收入消费曲线　　D. 生产扩展路线

5. 在长期中，下列成本中不存在的是（　　）。

A. 固定成本　　B. 机会成本　　C. 平均成本　　D. 隐成本

6. 随着产量的增加，平均固定成本（　　）。

A. 在开始时减少，然后趋于增加　　B. 一直趋于减少

C. 一直趋于增加　　D. 在开始时增加，然后趋于减少

7. 固定成本是指（　　）。

A. 厂商在短期内必须支付的不能调整的生产要素的费用

B. 厂商要增加产量所要增加的费用

C. 厂商购进生产要素时所要支付的费用

D. 厂商在短期内必须支付的可能调整的生产要素的费用

8. 某厂商生产5件衣服的总成本为1 500元，其中厂商和机器折旧为500元，工人工资及原材料费用为1 000元，那么平均可变成本为（　　）。

A. 300　　B. 100　　C. 200　　D. 500

9. 收益是指（　　）。

A. 成本加利润　　B. 成本　　C. 利润　　D. 利润减成本

10. 利润最大化的原则是（　　）。

A. 边际收益大于边际成本　　B. 边际收益小于边际成本

C. 边际收益等于边际成本　　D. 边际收益于边际成本没有关系

三、简答题

1. 总产量、平均产量和边际产量之间的关系如何？

2. 规模报酬的变动有哪些类型？原因是什么？

3. 厂商利润公式是什么？厂商利润最大化的条件是什么？

4. Q=6 750–50P，总成本函数为 TC=12 000+0.025Q^2。

求：（1）利润最大的产量和价格。

（2）最大利润是多少。

5. 已知生产函数 $Q=LK$，当 Q=10 时，P_L=4，P_K=1。

求：（1）厂商最佳生产要素组合时资本和劳动的数量是多少。

（2）最小成本是多少。

第六章　市场类型理论

学习目标

通过本章的教学，要求学生了解供给曲线背后的生产者行为，掌握完全竞争市场、完全垄断市场、垄断竞争市场和寡头垄断市场均衡的条件，掌握厂商为获取最大利润的价格决策和产量决策。

小故事

三洋电器公司初创时只是一家生产自行车用电灯的小厂。1947 年日本制造自行车用电灯的企业一共 16 家，年总产量有 10 万只，产品少、产量小、利润小，很多企业无法维持生计，打算另谋出路，自然没有另外的厂家愿意进入这个艰苦的市场。但三洋公司负责人智雄井植却声称："我准备扩大厂房，扩展为每年可以生产 200 万只电灯的工厂。"

智雄井植认为：就当时日本的经济水平而言，一般大众的交通工具只能是自行车，而自行车没有电灯晚上就不能用，但装电灯的自行车很少，并非消费者不需要，而是因为价格贵。如果售价下降就能制造出很大一个需要层，这层消费者就会买走很多自行车用电灯。他干劲十足地实施着他的计划，果然，当产品投放市场时，奇迹发生了：一向被人视为难销的自行车用电灯竟惊人地畅销。

原因说来简单：16 家企业每家都有一套生产设备，有一班人马，而每年共生产 10 万只，每家开工不足，产品成本自然昂贵。而智雄井植一次购买几百万只的原料，一下子生产几十万只，成本就降低了一半以上。成本低，售价就便宜，销售量自然就扩大了。

智雄井植的自行车用电灯第一年卖掉 50 万只，4 年后实现了 200 万只的年销售量目标，第五年一年卖了 300 万只，此时，三洋公司已经从小企业跻身于日本大中型企业了。

问题：该案例属于什么类型的市场？行业发展与市场类型有什么关系？

第一节　完全竞争市场

导入案例

在菜市场里，当天同一时间的菜价基本一致，假如某菜贩提高菜价，他的菜立刻无人问津；假如某菜贩降低菜价，他的菜立刻销售一空，但是，降价者的菜数量有限，并不能使市场上的菜价下降，市场上仍然维持原价，降价的结果只有降价者自己受损。为什么菜市场上菜贩无力改变价格？

因为菜市接近于完全竞争市场。

知识原理

一、市场

狭义上的市场是买卖双方进行商品交换的场所。广义上的市场是指为了买卖某些商品而与其他厂商和个人相联系的一群厂商和个人。市场的规模即市场的大小，是购买者的人数。

与市场这一概念紧密联系的两个概念是厂商和行业。厂商是指以利润最大化为目标、向市场提供商品和劳务的独立经营单位；行业是指为同一市场提供商品的所有厂商的总和。

二、市场结构

考察市场结构问题，本质上是要考察市场中企业之间的竞争态势与竞争的特性问题，因此，那些影响竞争态势与竞争特性的主要因素就成了划分市场结构的依据。这些因素主要包括四个方面，即厂商数目、产品差别程度、厂商对价格的控制程度、进入市场的难易程度等。经济学家根据市场上竞争与垄断的程度把现实中的市场分为四种类型：完全竞争市场、垄断竞争市场、寡头垄断市场和完全垄断市场，见表 6-1。

表 6-1　四种市场类型的特点

市场类型	厂商数目	产品差别	对价格的控制程度	进出一个行业的难易程度	接近的商品市场
完全竞争	很多	完全无差别	没有	很容易	一些农产品，如玉米，小麦
垄断竞争	很多	有差别	有一些	比较容易	一些轻工业品，如服装、食品
寡头垄断	几个	有差别或无差别	相当程度	比较困难	汽车、石油、航空
完全垄断	唯一	唯一的产品，且无相近的替代品	很大程度，但常受管制	很困难，几乎不可能	公用事业，如水、电、有线电视

三、完全竞争市场的含义与条件

完全竞争市场是指一种竞争完全不受任何阻碍和干扰的市场结构，即不存在任何垄断因素的市场。完全竞争市场需要满足四个条件：

（1）市场上有大量的买方和卖方。这些生产者与消费者的规模都很小，其任何一个的销售量或购买量在整个市场上都只占很小的比例，从而也就无法通过自己的买卖行为来影响市场价格。市场价格是由整个市场的供求关系决定的，每个生产者与消费者都只能是市场既定价格的接受者，而不是这一价格的决定者。假如某个厂商把价格提高到市场价格之上，消费者就会购买其他厂商的同类商品，市场上供应量和需求量并没有改变，市场价格仍然维持原价，而该厂商的产品则因高价而无人问津，最后只能降到市场价格水平；反过来，假若某个厂商降价销售，消费者会蜂拥而至，将其产品抢购一空，但是因该厂商的产量有限，占整个市场产量的份额微乎其微，无法改变供给曲线，市场价格不变，该厂商的行为仅仅是减少了自己的收益，完全没有降价的必要。

（2）产品同质无差异。这里的产品差异是指同种产品在质量、包装、牌号或销售条件等方面的差别。完全竞争市场中不存在产品差别，厂商就无法以自己产品的特点来形成垄断，在不存在垄断的情况下就能实现完全竞争。对消费者来说，无论购买哪一个厂商的产品都是一样的，购物行为完全随机。如果某个生产者稍微改变价格，消费者对其产品的需求量就会发生较大的变化。

（3）市场上投入要素可以自由流动。每个厂商都可以根据自己的意愿自由进入或退出某个行业。在短期内，劳动力、原材料等变动投入可以自由地从一个行业转到另一个行业，但工厂规模和厂商数目不变；在长期中，所有的投入都可以自由进出任何一个行业，当然工厂规模和厂商数量也可以任意变动。

（4）市场信息是完全的。生产者与消费者都可以获得完整而迅速的市场供求信息，不存在供求以外的因素对价格决定和市场竞争的影响。因而不会有任何人以高于市场的价格进行购买，以低于市场的价格进行销售。

在现实生活中，完全符合上述四个条件的市场是不存在的，只有农产品市场比较接近。但是，完全竞争市场的资源利用最优，经济效益最高，可以作为经济政策的理想目标，同时，完全竞争市场的理论研究的意义超过实际意义。我们前面提到的供求规律、生产成本与收益分析等理论都是建立在完全竞争市场的基础上，通过这种假设修正研究结果，使之更接近现实。

四、完全竞争市场上的需求与收益曲线

1. 完全竞争市场上个别厂商的需求曲线

在论述这一问题时，首先必须区分整个行业与个别厂商。对整个行业来说，需求曲线是一条向右下方倾斜的曲线，供给曲线是一条向右上方倾斜的曲线。整个行业产品的价格就由这种需求与供给决定。但对个别厂商来说情况就不同了。当市场价格确定之后，对个别厂商来说，这一价格就是既定的，无论它如何增加产量都不能影响市场价格。换句话来说，在既定的价格之下，市场对个别厂商产品的需求是无限的。因此，市场对个别厂商产品的需求曲线是一条由既定市场价格出发的平行线。可用图 6-1 来说明市场价格的决定与个别厂商的需求曲线。

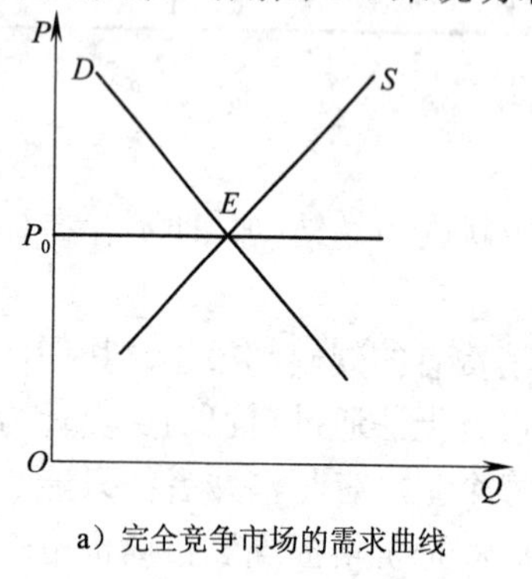

a）完全竞争市场的需求曲线

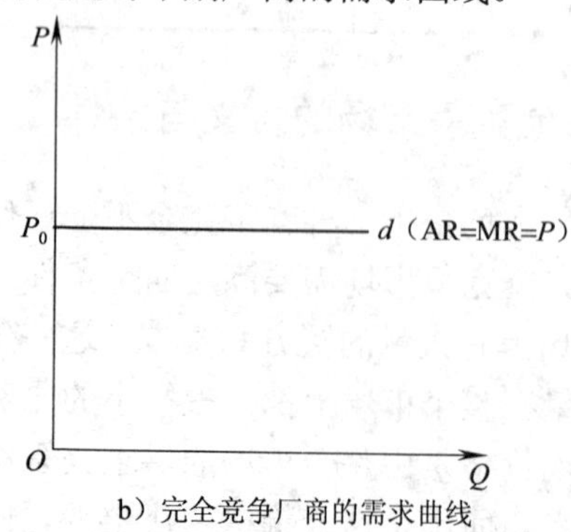

b）完全竞争厂商的需求曲线

图 6-1

图 6-1a 说明了整个行业的供求如何决定价格，这时的价格水平为 P_0，图 6-1b 为个别厂商的情况，这是价格为市场的既定价格 P_0，在这种价格下，市场对个别厂商的需求是无限的，因此，需求曲线为 d。

2. **完全竞争市场上个别厂商的收益曲线**

在完全竞争市场条件下，厂商无论销售多少产品，价格都是一样的，这时总收益（$TR=P\cdot Q$）随着产量的增加而同比例增加，而平均收益（$AP=\dfrac{TR}{Q}=\dfrac{P\cdot Q}{Q}=P$）和边际收益（$MP=\dfrac{\Delta TR}{\Delta Q}=P$）则不会发生变化，产品单价既等于平均收益又等于边际收益，即 P=AR=MR。

假设市场上青菜 1 元 1 斤，菜农的收益见表 6-2，表中说明价格、总收益、平均收益、边际收益之间的关系。

表 6-2 菜农的收益表

销量（Q）	价格（P）	总收益（TR）	平均收益（AR）	边际收益（MR）
100	1	100	1	
200	1	200	1	1
300	1	300	1	1
400	1	400	1	1
500	1	500	1	1

由表 6-2 可以看出：AR=MR=P

如图 6-2 所示，完全竞争厂商的收益曲线为一条由原点出发的斜率不变的直线。完全竞争厂商 AR 曲线，MR 曲线和需求曲线 d 三线重叠，且等于既定的市场价格 P，即 AR=MR=P。

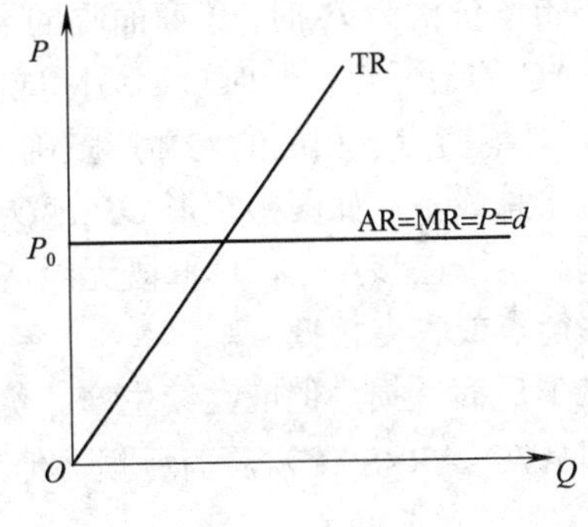

图 6-2 完全竞争厂商的收益和价格

五、完全竞争市场上的短期均衡

当厂商的生产水平保持不变，既不扩大也不缩小时，厂商达到并处于均衡状态。在短期里，不仅产品的市场价格是既定的，而且生产中的不变要素投入量是无法改变的，或者说厂商只能通过变动可变要素的投入量来调整产量，从而通过对产量的调整来实现 MR=MC 的利润最大化均衡条件。在完全竞争的市场中，市场供给和需求相互作用形成的产品价格，可能高于、等于、低于厂商的平均成本，因此，在短期内厂商出售产品就有可能处于盈利、盈亏平衡或亏损等不同状态。完全竞争厂商短期均衡时的盈亏状态可以用下列图形来说明。

图 6-3 中成本曲线表示了厂商短期内既定的生产规模，从分析中可以看到，完全竞争厂商短期均衡的基本条件满足 MR=MC 的原则，但不同的市场价格水平将直接影响既定规模下的厂商短期均衡的盈亏状况。

（1）厂商获得超额利润。价格或平均收益大于平均总成本，即 P=AR>SAC，厂商处于盈利状态，如图 6-3 所示。

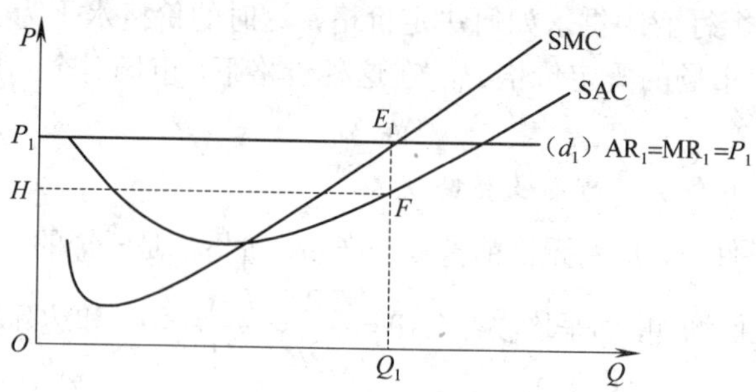

图 6-3　完全竞争厂商短期均衡

当市场价格较高，达到 P_1 时，厂商面临的需求曲线为 d_1，为获取最大利润，厂商根据 MR=SMC 的利润最大化原则，把产量确定在 Q_1 上，SMC 曲线与 MR_1 曲线的交点 E_1 即为厂商的短期均衡点。这时平均收益为 OP_1，平均总成本为 Q_1F，单位产品获得的利润为 E_1F，总收益为 $OQ_1 \times OP_1$，总成本为 $OQ_1 \times Q_1F$，利润总量为 $OQ_1 \times E_1F$，图中矩形 HP_1E_1F 的面积。如果产量超过 OQ_1 以后，$MC>P_1$，增加产量会降低总利润，若产量小于 OQ_1，增加产量都能增加总利润，只有使产量确定在 OQ_1，$MR=P=SMC$，总利润达到最大。

（2）厂商获得正常利润。价格或平均收益等于平均总成本，即 $P=AR=SAC$，厂商的经济利润恰好为零，处于盈亏平衡状态，如图 6-4 所示。

当市场价格为 P_2 时，厂商面临的需求曲线为 d_2，这条需求曲线刚好切于短期平均总成本曲线 SAC 的最低点，同时短期边际成本 SMC 曲线也通过此点，SMC 曲线与 MR_2 曲线的交点 E_2 就是均衡点，相应的均衡产量确定在 Q_2。在 Q_2 产量上，平均收益等于平均成本，总收益也等于总成本，如图中矩形 $OP_2E_2Q_2$ 面积，此时厂商的经济利润为零，但实现了全部的正常利润。由于在该点上，厂商既无经济利润，又无亏损，所以也把 SMC 与 SAC 的交点称为盈亏平衡点或收支相抵点。

（3）厂商亏损，但应继续生产。价格或平均收益小于平均总成本，但仍大于平均可变成本，即 $AVC<AR<SAC$，厂商亏损，但应继续生产，如图 6-5 所示。

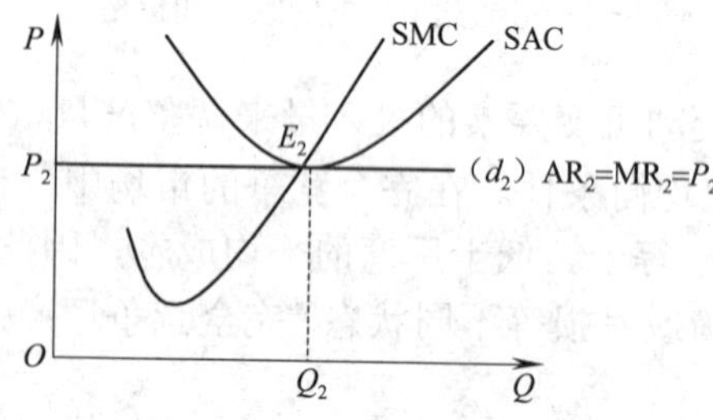

图 6-4　完全竞争厂商短期均衡（一）

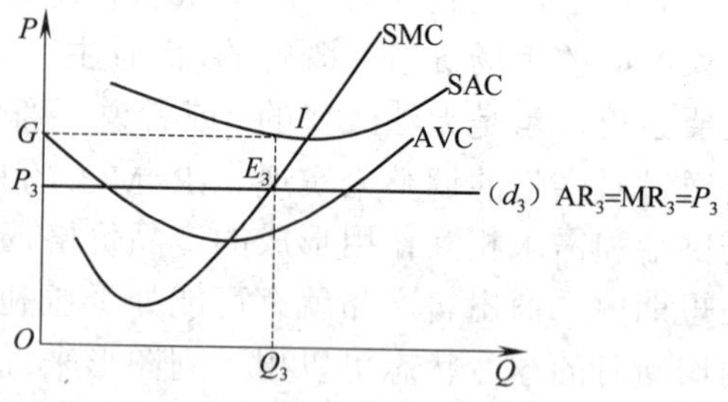

图 6-5　完全竞争厂商短期均衡（二）

当市场价格为 P_3 时，厂商的平均总成本已经高于产品的市场价格，整个平均总成本曲线 SAC 处于价格 P_3 线之上，出现了亏损。为使亏损达到最小，产量由 SMC 曲线和 MR_3 曲线的相交的均衡点 E_3 决定，在 Q_3 的均衡产量上，平均收益为 OP_3，平均总成本为 OG，总成本与总收益的差额构成厂商的总亏损量，如图中矩形 P_3GIE_3 面积。不过平均可变成本小于平均收益，厂商在这种情况下，还是应继续进行生产。因为从生产中得到的收益弥补可变成本的耗费后还能弥补一部分固定成本的亏损。如果停止生产厂商将负担全部的固定成本的亏损。

（4）厂商亏损。价格或平均收益等于平均可变成本，即 P=AR=AVC，厂商处于亏损状态，且处于生产与停产的临界点，如图 6-6 所示。

当价格为 P_4 时，厂商面临的需求曲线为 d_4，此线恰好切于平均可变成本 AVC 曲线的最低点，SMC 曲线也交于该点。根据 MR_4=SMC 的利润最大化原则，这个点就是厂商短期均衡点 E_4，决定的均衡产量为 Q_4。在 Q_4 产量上，平均收益小于平均总成本，必然是亏损的。同时平均收益仅等于平均可变成本，这意味着厂商进行生产所获得的收益，只能弥补可变成本，而不能收回任何的不变成本，生产与不生产对厂商来说，结果是一样的。所以，SMC 曲线与 SVC 曲线的交点是厂商生产与不生产的临界点，也称为停止营业点或关闭点。

（5）停止生产。价格或平均收益小于平均可变成本，即 AR<AVC，厂商处于亏损状态，且停止生产，如图 6-7 所示。

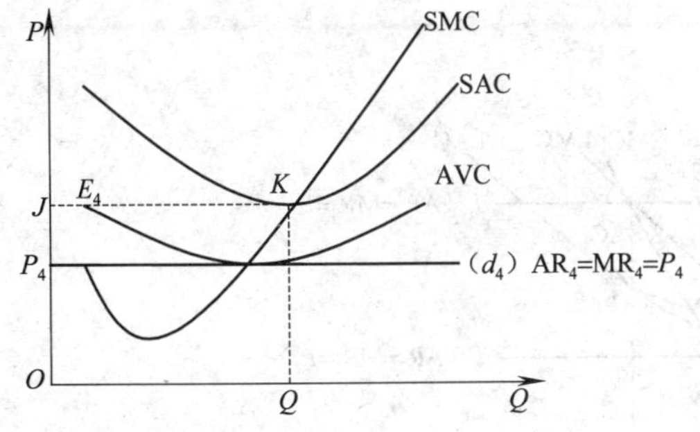

图 6-6　完全竞争厂商短期均衡（三）

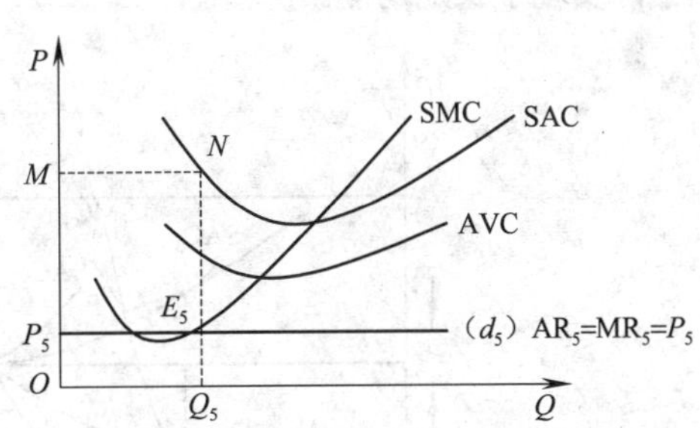

图 6-7　完全竞争厂商短期均衡（四）

当价格进一步下降至 P_5 时，厂商面临的需求曲线为 d_5，MR_5 曲线与 SMC 曲线相交之点为短期均衡点 E_5，相对应的产量为 Q_5。在这一产量上，平均收益已小于平均可变成本，意味着厂商若继续生产的话，所获得的收益连可变成本都收不回来，更谈不上收回固定成本了，所以厂商停止生产。

通过以上分析，得出完全竞争市场厂商短期均衡的条件为 MR=MC，其中 MR=AR=P。在短期均衡时，厂商可以获得最大利润，也可以利润为零，还可能蒙受最小亏损。

六、完全竞争市场上的长期均衡

在长期中，各个厂商都可以根据市场价格来调整全部生产要素和生产，也可以自由进入或退出该行业。这样，整个行业供给的变动就会影响市场价格，从而影响各个厂商的均衡。具体来说，当供给小于需求，价格高时，各厂商会扩大生产，其他厂商也会涌入该行业，从而整个行业供给增加，价格水平下降。当供给大于需求，价格低时，各厂商会减少生产，有些厂商会退出该行业，从而整个行业供给减少，价格水平上升。最终价格水平会达到使各个厂商既无超额利润又无亏损的状态。这时，整个行业的供求均衡，各个厂商的产量也不再调整，于是就实现了长期均衡。

所以，在长期内，完全竞争厂商对全部生产要素的调整表现在两个方面：①厂商进入或退出一个行业，这也就是行业内企业数量的调整；②厂商对生产规模进行调整。

具体来看，如图 6-8 所示，如果当某一行业开始时的产品价格较高为 P_1，厂商根据利润最大化均衡条件 MR_1=SMC_1，将选择最优生产规模 SMC_1 进行生产，产量为 Q_1。此时厂商获得了利润，这会吸引一部分厂商进入到该行业中。随着行业内厂商数量的增加，市场上的产品供给就会增加，在市场需求相对稳定的情况下，市场价格就会不断下降，单个厂商的利润随之逐步减少，厂商也将随着价格的变化进一步调整生产规模。只有当市场价格水平下降到使单个厂商的利润减少为零时，新厂商的进入才会停止，至此厂商的生产规模调整至 Q_2 产量上。

相反，如果市场价格较低为 P_3，厂商根据 $MR_3=SMC_3$ 的条件，相应的最优生产规模选择在 SMC_3 进行生产，产量为 Q_3。此时，厂商是亏损的，这会使得行业内原有厂商中的一部分退出该行业的生产，随着行业内厂商数量的逐步减少，市场上产品的供给就会减少，若市场需求相对稳定，产品的市场价格就会上升，单个厂商的利润又会随之逐步增加。只有当市场价格水平上升到使单个厂商的亏损消失，即利润为零时，厂商的退出才会停止。总之，不论是新厂商的加入，还是原有厂商的退出，最终这种调整将使市场价格达到等于长期平均成本最低点的水平，如图 6-8 中的价格水平 P_2。在这一水平，行业中的每个厂商既无利润，也无亏损，但都实现了正常利润小，实现了长期均衡。

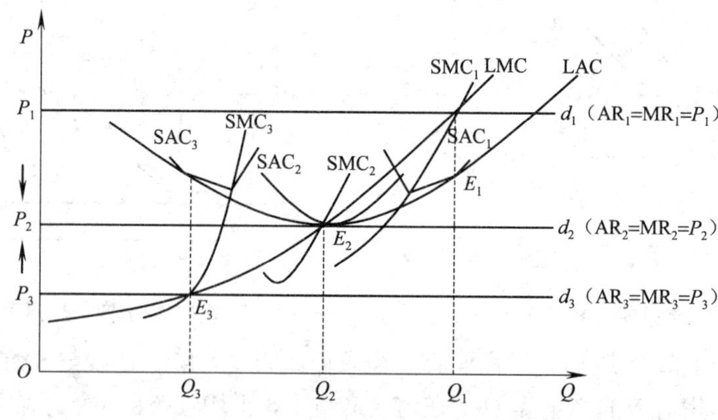

图 6-8　厂商进入或退出行业

图 6-8 中 E_2 点是完全竞争厂商的长期均衡点。在这个长期均衡点上，LAC 曲线达到最低点，代表最优生产规模的 SAC_2 曲线相切于该点，相应的 SMC_2 曲线和 LMC 曲线都从该点通过，厂商面对的需求曲线与 LAC 曲线相切于这一点。总而言之，完全竞争厂商的长期均衡出现在 LAC 曲线的最低点。此时不仅生产的平均成本降到长期平均成本的最低点，而且商品的价格也等于最低的长期平均成本。

因此我们得到完全竞争厂商的长期均衡条件为

$$MR=LMC=SMC=LAC=SAC=AR=P$$

此时单个厂商的利润等于零。

七、完全竞争市场的优缺点

通过对完全竞争市场上的均衡分析可以看出，在这种完全竞争的条件下，价格可以充分发挥其“看不见的手”的作用，调节整个经济的运行。通过这种调节实现了：①社会的供给与需求相等，从而资源得到了最优配置，生产者的生产不会有不足或过剩，消费者的需求也得到了满足。②在长期均衡时所达到的平均成本处于最低点，这说明通过完全竞争与资源的自由流动，使生产要素的效率得到了最有效的发挥。③平均成本最低决定了产品的价格也是最低的，这对消费者是有利的。由此看来，完全竞争市场是最理想的。

完全竞争市场也有其缺点，这就在于：①各厂商的平均最低并不一定是社会成本最低。②产品无差别，这样，消费者的多种需求无法得到满足。③完全竞争市场上生产者的规模都很小，这样，他们就没有能力去实现重大的科学技术突破，从而不利于技术发展。④在现实中完全竞争的情况是很少的，而且，一般来说竞争都会引起垄断。

互动训练

狡猾的农场主

一个生产小麦的农场主向他的工人发布了以下的坏消息：今年的小麦价格很低，而且我从今年的粮食中最多只能获得3.5万美元。如果我付给你们与去年相同的工资（3万美元），我就会亏本，因为我不得不考虑3个月以前已经为种子和化肥花了2万美元。如果为了那些仅值3.5万美元的粮食而让我花上5万美元，那么我一定是疯了。如果你们愿意只拿去年一半的工资（1.5万美元），我的总成本将为3.5万美元，至少可以收支相抵。如果你们不同意降低工资，那么我也就不打算收割这些小麦了。

于是，工人们围坐在一起以投票来决定是否同意降低工资，这时，尚列特很快进行了一番计算，然后说：

“农场主在吓唬我们，即使我们不同意降低工资，他也会收割小麦的。他的总收益（3.5万美元）超过了可变成本（支付给工人的3万美元）。数月前用来支付种子和化肥的2万美元固定成本已经是沉没成本了，在决定是否收割小麦时是可以忽略不计的。”

由于农场主的总收益超过了可变成本，所以即使工人们不接受降低工资的建议，他仍将收割小麦。

学以致用

要求小组讨论，并将活动成果以小组为单位提交作业。

1. **岗位分配**

将全班学生分为8组，每组5～8人。

2. **目标要求**

（1）整理相关资料，通过实际案例：讨论完全竞争市场的特点；

（2）调查一接近完全竞争市场行业，并制作PPT课件，分析讨论为什么此行业属于完全竞争市场。

3. **模拟步骤**

（1）各小组选题立项；

（2）通过多种途径搜集资料；

（3）各小组讨论、模拟；

（4）以小组为单位完成作业，并制作PPT课件；

（5）利用课堂时间分小组进行作品展示活动，要求解说；

（6）教师进行评价，并和学生共同为各小组打分。

4. **考评分表**

被考评人				
考评内容	调查一接近完全竞争市场行业，并制作 PPT 课件，分析讨论为什么此行业属于完全竞争市场			
考评标准	具体内容	分值	得分	本组评语
	查阅整理资料内容	20		
	讨论积极度	20		
	PPT 电子作业制作情况	20		
	作业讲解情况	20		
	问题回答情况	20		
合　计		100		

第二节　完全垄断市场

导入案例

在 2500 多年以前的古希腊，有一位被后人尊称为“哲学之父”的人，名叫泰勒斯。他是一个知识渊博的人，但是，因为他专心思考哲学而一文不名，受到世俗的耻笑。泰勒斯很不服气，他要找机会证明哲学、知识、智慧是值钱的。有一年冬天，精通天文与气象的泰勒斯观察星空，发现星座有些微妙的变化。他从中推测出第二年风调雨顺，橄榄一定大丰收。他以他所有的钱作为押金，租下了第二年将使用的全部橄榄榨油器。当时无人竞争，他只花了很少的钱。第二年橄榄果然大丰收，人们需要许多的榨油器，只得从泰勒斯手中转租。此时无人与之竞争，泰勒斯处于垄断地位。泰勒斯对嘲笑他的人抬高价钱，在很短的时间内发了一笔大财。

问题：为什么泰勒斯能在短期内赚一大笔钱？

知识原理

一、完全垄断市场的含义与特点

完全垄断市场是指单一厂商完全控制某一行业的市场，即整个行业的市场完全处于一家厂商所控制的状态。

完全垄断市场具有以下特点：

（1）在一个产品市场上，一个厂商提供整个行业的产量，它是行业内唯一的生产者；

（2）没有一个厂商能够生产出接近的替代品；

（3）垄断厂商有定价权，可以自行决定产量和价格，实现利润最大化的目标；

（4）其他厂商难以进入该市场。

形成垄断的原因主要来自以下方面：

（1）自然垄断。某些产品市场只有一家厂商生产就可满足全部需求；有些行业需要投入大量固定设备，才能显示出规模经济，从而使生产成本大大降低。在这些行业内，往往一家大规模的厂商就能满足整个市场对产品的需求。

（2）资源垄断。某些厂商控制了某些特殊的资源，从而就能对用这些资源生产的产品实行完全垄断。例如，美国铝公司长期保持制铝业的完全垄断地位，就是因为它控制了铝土矿。

（3）政府垄断。政府借助于政权对某一行业进行完全垄断。例如，许多国家政府对铁路、邮政、供电、供水等公用事业的完全垄断。

二、完全垄断厂商的需求曲线和收益曲线

1. 完全垄断厂商的需求曲线

完全垄断厂商面临的需求曲线，就是市场的需求曲线，它是一条向右下方倾斜的曲线。这是因为在完全垄断的市场上，只有一家厂商，市场对垄断产品的需求就是对整个市场产品的需求。

2. 完全垄断厂商的收益曲线

（1）平均收益曲线：完全垄断厂商的平均收益曲线和需求曲线重叠，都是同一条向右下方倾斜的曲线，表明在每一个销售量上 AR=P，即

$$\mathrm{AR}=\frac{\mathrm{TR}(Q)}{Q}=\frac{P(Q)\cdot Q}{Q}=P(Q)$$

（2）边际收益曲线：完全垄断厂商的边际收益 MR 位于平均收益曲线 AR 的左下方，且 MR 曲线也向右下方倾斜。

（3）总收益曲线：由于每一销售量上的 MR 值就是相应的 TR 曲线的斜率。所以 TR 曲线是先增后减的曲线，即：当 MR>0 时，TR 曲线的斜率为正；当 MR<0 时，TR 曲线的斜率为负；当 MR=0 时，TR 曲线达到最大值。如图 6-9 所示。

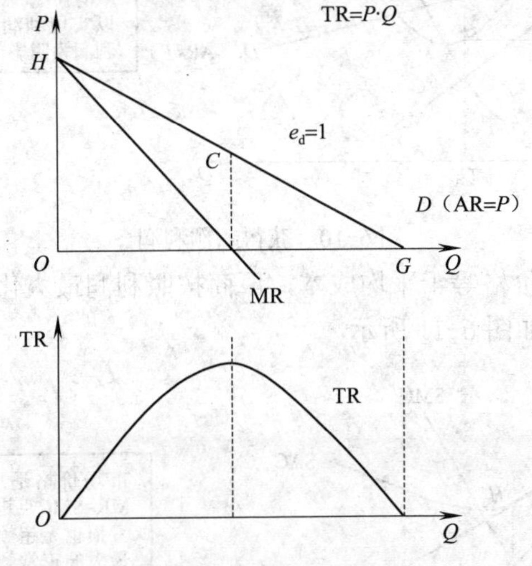

图 6-9 完全垄断厂商需求曲线和收益曲线

通过表 6-3 也能说明垄断厂商的平均收益、价格、边际收益之间的如上关系。

表 6-3　各条曲线之间的关系

销售量（Q）	价格（P）	总收益（TR）	平均收益（AR）	边际收益（MR）
0	–	0	–	–
1	10	10	10	10
2	9	18	9	8
3	8	24	8	6
4	7	28	7	4
5	6	30	6	2
6	5	30	5	0
7	4	28	4	–2
8	3	24	3	–4

三、完全垄断条件下的均衡

1. 完全垄断厂商的短期均衡

在短期内，完全垄断市场上厂商的生产规模是确定的。在技术水平不变的情况下，厂商相应的生产成本曲线就是确定的。当整个市场的价格处于不同水平时，厂商为了实现利润最大化或者亏损最小化，应该生产多少呢？

在完全垄断市场上，垄断厂商同其他市场结构的厂商一样，短期内不能改变固定成本的投入，只能遵循利润最大化的原则（MR=MC），通过对产量和价格的控制来实现利润最大化。短期中厂商可能是盈利的，也可能是亏损的，具体可分三种情况加以说明。

（1）供给小于需求，价格高于平均成本，厂商根据利润最大化原则 MR=SMC 决定产量，获取超额利润。如图 6-10 所示。

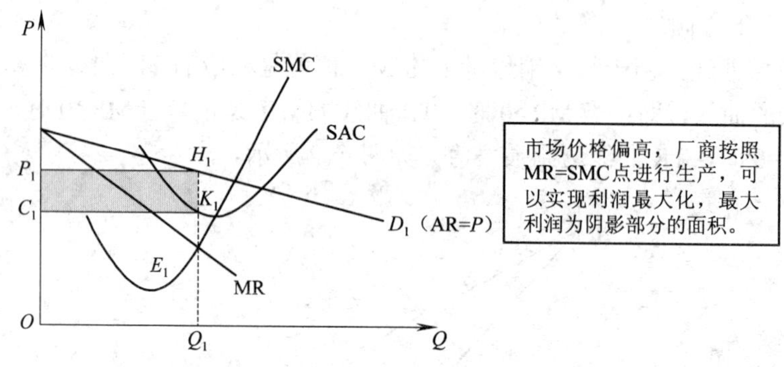

图 6-10　获得超额利润

（2）供给等于需求，价格等于平均成本，厂商按照利润最大化的原则 MR=SMC 决定产量，此时存在正常利润，如图 6-11 所示。

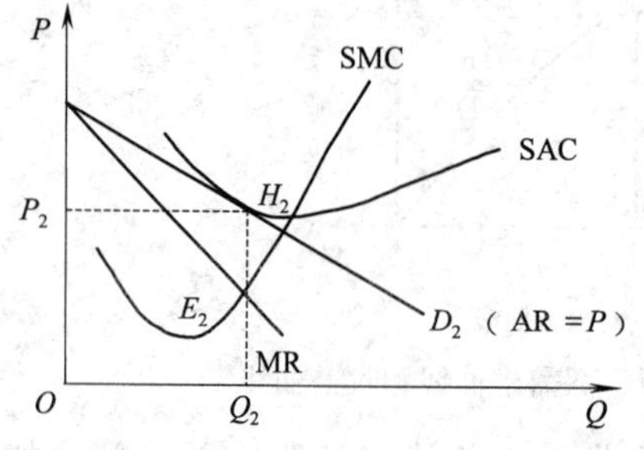

图 6-11　获得正常利润

（3）供给大于需求，即价格低于平均成本，厂商按照利润最大化的原则 MR=SMC 决定产量，此时存在亏损，如图 6-12 所示。

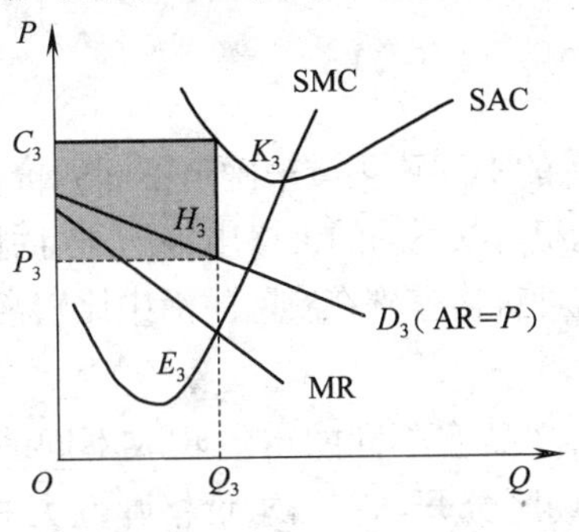

图 6-12　存在亏损

从以上分析可知，在完全垄断市场上，厂商短期均衡的条件是：MR=SMC，此时厂商获得最大收益或最小亏损。

2. *完全垄断市场上厂商的长期均衡*

在长期内，完全垄断厂商可以调整全部的生产要素，改变生产规模。企业会通过不断的调整，取得规模经济，从而使得自己获得超额利润或者最大的正常利润。同时由于其他厂商无法进入该行业进行生产来分享其超额利润，该厂商的超额利润是可以长期保持的。因此，完全垄断行业的长期均衡往往是以拥有超额利润为特征的。如图 6-13 所示。

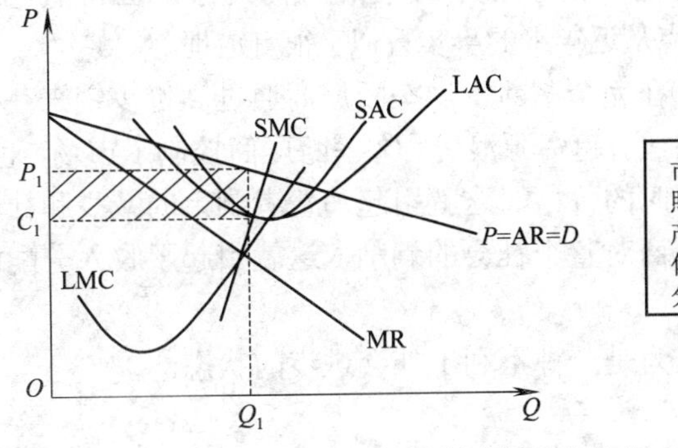

图 6-13　垄断市场长期均衡

在 LMC=MR 时，厂商实现了长期均衡。同时，厂商在实现长期均衡时，也实现了短期均衡，其均衡条件为 LMC=SMC=MR。

四、完全垄断的差别价格

（一）差别价格（或价格歧视）

差别价格是指垄断者在同一时间内对同一成本的产品向不同的购买者收取不同的价格，或是对不同成本的产品向不同的购买者收取相同的价格。

（二）类型

1. *一级差别价格*

一级差别价格是指垄断厂商对每个消费者购买的每单位产品都按照消费者愿意支付的

最高价格来销售，也就是说，厂商能够确切地知道消费者对每单位商品愿意支付的价格，并且能按照这样的价格将其产品销售给消费者。这种价格差别，垄断厂商侵吞了全部的消费者剩余，并将这些剩余转化成了垄断利润。

2. **二级差别价格**

二级差别价格是指垄断厂商根据消费者的不同购买量来确定不同的价格。在这种情况下，厂商可以按消费者的购买量将其产品分成几组，以不同的价格出售不同组别的产品，这时，厂商只能把部分消费者剩余转化成垄断利润。这种价格差别在实际生活中比较常见。

3. **三级差别价格**

三级差别价格是指垄断厂商对同样的产品在不同的市场收取不同的价格。在这种情况下，厂商必须按照消费者的需求弹性将市场区分开，在需求价格弹性大的市场，实行较低的价格。对弹性小的市场，实行较高的价格。比如对学生、老年人的优惠都属于这一类。在实行三级价格差别时，厂商可以将高价格市场上的消费者剩余转化为超额利润。

五、完全垄断市场的优缺点

完全垄断的优点表现为：①有些完全垄断，尤其是政府对某些公用事业的垄断，并不以追求垄断利润为目的。这些公用事业往往投资大，投资周期长而利润率低，但它又是经济发展和人民生活所必需的。这样的公用事业由政府进行完全垄断，会给全社会带来好处。②对于完全垄断下的技术进步问题，有不同看法，有一种意见认为，垄断厂商具有更雄厚的资金与人力，从而能更有力地促进技术进步，这种观点从近年来的事实看似乎很有道理。

完全垄断的缺点表现为：①在完全垄断下，垄断厂商通过高价少销来获得超额利润，这样就会使资源无法得到充分利用，引起资源浪费。②垄断厂商控制了市场，也就控制了价格，他所定的价格往往高于完全竞争时的价格，这就引起消费者剩余的减少和社会经济福利的损失。③垄断利润的存在是垄断厂商对整个社会的剥削，这就引起了收入分配的不平等。④垄断的存在有可能阻碍技术进步。

正因为这样，完全垄断被认为是一种不利于社会进步的状态。

互动训练

电信公司某领导为了探望自己当年插过队的地方，来到了一个偏僻的小镇，住进了一家招待所。该领导一路辛苦，出了一身臭汗，想洗澡，来到该招待所澡堂，被服务员拦住："先生，你要洗澡的话请交15元的初装费，我们将会为你接喷头。"领导一愣，心想入乡随俗，就交了初装费，刚想进去又被拦住："对不起，为了便于管理，每只喷头都有编号，你还得交10元选号费。"领导有些生气，但还是交钱，选了"8"号。正想进去，又被拦住："对不起，你是个吉利号码，这是个稀缺资源，还得交8元特别号码附加费。"领导压了压火，说："那我改4号行吧？"服务员说："4号一般没人选，不用交附加费，但你的交5元改号费。"领导无奈，但急于洗澡，还是交了钱，说："这下可以进去了吧？"服务员说："当然可以，请进。不过由于4号喷头只供你一人使用，所以不管你是否来洗澡，每月还要交纳20元月租费。此外你每次洗澡按30分钟6元的价格收费。如果逾期未交，还得交一定的滞纳金。”领导这下气坏了，说：“这是什么地方，我不洗了！”扭头要走，服务员又拦住说：“如果你不洗了，还得交9元销号费。”领导大发雷霆：“你们这样收费，以后谁还敢来？”服务员说：“这你不用操心，在这个镇上只有这个招待所，住宿了要想洗澡只能到这个澡堂。你生气也没用，我们和电信企业一样，都是垄断经营，很多收费项目我们都是跟他们学来的。”该领导原来还想亮出自己的身份，现在不做声了。

学以致用

要求小组讨论，并将活动成果以小组为单位提交作业。

1. **岗位分配**

将全班学生分为8组，每组5～8人。

2. **目标要求**

（1）整理相关资料，通过实际案例，讨论完全垄断市场的特点；

（2）调查某一自来水公司或电力公司或铁路运输公司，并制作PPT课件，分析讨论此行业属于完全垄断市场的原因。

3. **模拟步骤**

（1）各小组选题立项；

（2）通过多种途径搜集资料；

（3）各小组讨论、模拟；

（4）以小组为单位完成作业，并制作PPT课件；

（5）利用课堂时间分小组进行作品展示活动，要求解说；

（6）教师进行评价，并和学生共同为各小组打分。

4. **考评分表**

被考评人				
考评内容	调查某一自来水公司或电力公司或铁路运输公司，并制作PPT课件，分析讨论此行业属于完全垄断市场的原因			
考评标准	具体内容	分值	得分	本组评语
	查阅整理资料内容	20		
	讨论积极度	20		
	PPT电子作业制作情况	20		
	作业讲解情况	20		
	问题回答情况	20		
合　计		100		

第三节　垄断竞争市场

导入案例

现在，经常买报纸的人会发现报纸越变越厚，经常看电视的人会发现节目被打断的次数越来越多，走在路上往你手上塞各式各样宣传资料的人越来越多，购物时赠送的、免费试用的产品种类越来越多等。诸如此类的现象向人们显示：广告正铺天盖地向我们袭来。为什么这么多企业不惜重金大肆做广告呢？这和企业所处的市场环境有关。

知识原理

一、垄断竞争市场的含义和特点

垄断竞争市场，是指许多厂商销售近似但不完全相同产品的市场，既有垄断又有竞争，处于完全垄断和完全竞争之间，更接近于完全竞争市场的一种市场结构。

垄断竞争市场的特点是：

（1）市场上厂商数目较多，单个厂商占有的市场份额很小。垄断竞争市场包含了大量的厂商，由于他们生产的产品可以相互替代，因此彼此之间竞争激烈，无法互相勾结以控制市场价格，但可以在一定程度上影响市场价格。

（2）各厂商的产品既相似，又存在一定的差别。所谓“产品差别”，是指同一种产品在质量、款式、包装、商标，以及厂商的服务态度等方面存在差别。这些差别可能确实存在，也可能仅是以消费者的主观想象为基础虚构的差别。

二、垄断竞争上厂商的需求曲线

垄断竞争厂商的需求曲线有两条：

（1）厂商主观需求曲线（d）是一条表示厂商变动价格，而其他厂商价格保持不变时，厂商的销售量随它的价格变动而变动的需求曲线，如图 6-14 所示。

（2）厂商实际需求曲线（D）是一条表示厂商变动价格时其他厂商也对价格作同样变动时，厂商的销售量随价格变动而变动的需求曲线，如图 6-14 所示。

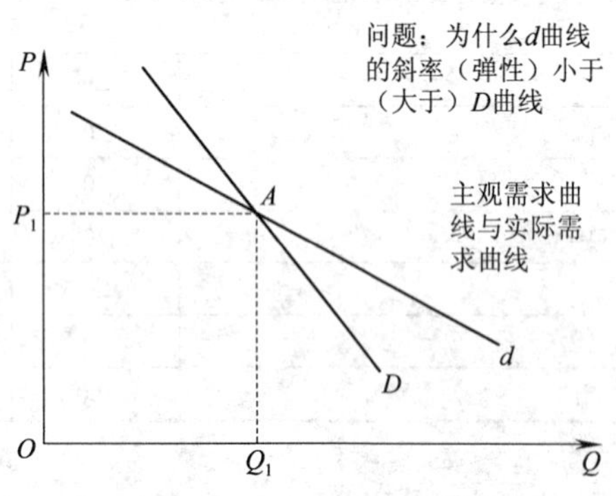

图 6-14　垄断竞争市场需求曲线

（3）主观需求曲线与实际需求曲线之间的关系：

1）当垄断竞争生产集团内的所有厂商都以相同价格改变产品价格时，整个市场价格的变化会使得单个垄断竞争厂商的 d 需求曲线的位置沿着 D 需求曲线上下平移。

2）由于 d 需求曲线表示单个垄断竞争厂商单独改变价格时所预期的产量，D 需求曲线表示每个垄断竞争厂商在每一市场价格水平实际所面临的市场需求量，所以，d 需求曲线和 D 需求曲线相交意味着垄断竞争市场的供求相等状态。

3）d 需求曲线的弹性大于 D 需求曲线的弹性。

出现以上的关系是因为：

①当生产集团内所有厂商都以相同方式改变产品价格时，整个市场价格的变化沿着 D 需求曲线变动；②d 需求曲线和 D 需求曲线相交意味着垄断竞争市场的供求相等状态；③d 需求曲线的弹性大于 D 需求曲线，即前者更平坦一些。

三、垄断竞争条件下的均衡

1. 垄断竞争厂商的短期均衡

由于垄断竞争市场的特征，决定了市场上厂商的需求曲线是一条向右下方倾斜的曲线，但它比完全垄断厂商的需求曲线要平坦得多。

短期内，垄断竞争厂商仍然依据 MR=SMC 的原则决定产量和价格。如果需求形势好，即需求曲线位于平均成本上，则生产者可以得到经济利润，即 P_1CGF 的面积，如图 6-15 所示。

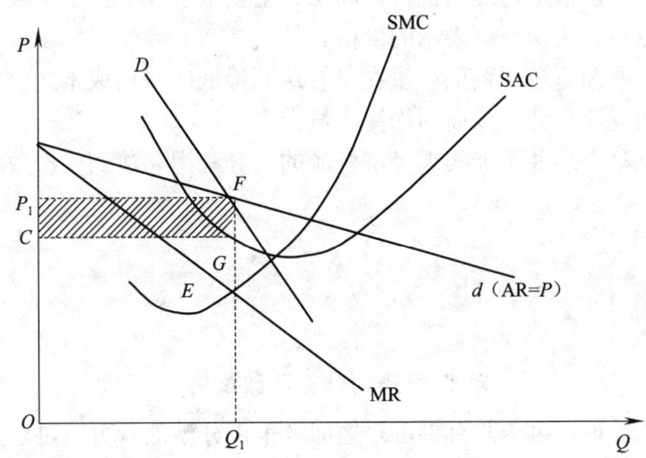

图 6-15　垄断竞争市场短期均衡

垄断竞争厂商的短期均衡条件为 MR=SMC。垄断竞争厂商取得了短期均衡，并不意味着一定能获得经济利润。如果需求曲线与 SAC 曲线相切，或需求曲线完全低于 SAC 曲线，这时，垄断竞争厂商为收支相抵（即只获得正常利润），或只能蒙受亏损。

2. 垄断竞争厂商的长期均衡

垄断竞争厂商的长期均衡是获得正常利润的一种状况。垄断竞争厂商可能在短期获得相当可观的经济利润，但这不可能长久，因为经济利润会吸引新的厂商进入该行业。假设所有厂商的成本完全相同，随新厂商的加入，新的有差别的相似产品会瓜分该行业的市场。垄断竞争厂商的产品需求曲线会向左下方移动，直至经济利润为零，即获得正常利润，如图 6-16 所示。

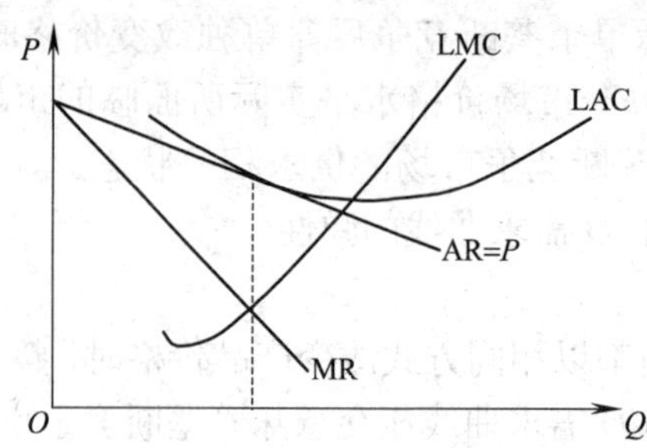

图 6-16 垄断竞争市场长期均衡

因此，垄断竞争在长期也只有一种情况，即超额利润为 0 的情况。

四、垄断竞争与完全竞争市场的比较

垄断竞争市场和完全竞争市场相比较存在以下缺点：

（1）销售成本较高。垄断竞争厂商相互之间由于存在非价格竞争，造成了各种形式的浪费，如过多的广告费等。

（2）价格较高。在垄断竞争条件下，向右下方倾斜的平均收益曲线是在平均成本曲线的下降部分与之相切的。切点所对应的价格，高于完全竞争条件下呈水平线的平均收益曲线在平均成本曲线最低点与之相切点所表示的价格。

（3）产量较低。垄断竞争厂商的产量在没有达到最低的平均成本之前就形成了均衡，因而均衡产量低于完全竞争条件下厂商的均衡产量。

所以说，垄断竞争市场并不能实现经济资源的充分利用和达到生产效率的最高点。

互动训练

可口可乐为什么不改配方

20 世纪 80 年代，可口可乐与百事可乐之间竞争十分激烈。可口可乐为了赢得竞争，对 20 万 13～59 岁的消费者进行调查，结果表明，55%的被调查者认为可口可乐不够甜。本来不够甜加点糖就可以了，但是可口可乐公司花了两年的时间耗资 4 000 万元，研制了一种新的更科学、更合理的配方。1985 年 5 月 1 日，董事长戈苏塔发布消息说，可口可乐将终止使用 99 年历史的老配方，代之而起的是“新可口可乐”。当时记者招待会上约有 200 家报纸、杂志和电视台的记者，大家对可口可乐并不看好。

24 小时后，消费者的反应果然印证了记者们的猜测。很多电话打到可口可乐公司，也有很多信件寄到可口可乐公司，人民纷纷表示对这一改动的愤怒，认为它大大伤害了消费者对老的可口可乐的忠诚和感情。旧金山还成立了一个“全国可口可乐饮户协会”，举行了抗议新可口可乐活动。

面对这种形势，可口可乐董事长戈苏塔不得不宣布：恢复可口可乐本来面目。消息传开，可口可乐的股票一下就飙升了。

学以致用

要求小组讨论，并将活动成果以小组为单位提交作业。

1. **岗位分配**

将全班学生分为 8 组，每组 5～8 人。

2. **目标要求**

（1）整理相关资料，通过实际案例讨论垄断竞争市场为什么既存在垄断又存在竞争；

（2）搜集一行业资料，如服装、日用品等，并制作 PPT 课件，分析讨论此行业为什么属于垄断竞争市场的原因。

3. **模拟步骤**

（1）各小组选题立项；

（2）通过多种途径搜集资料；

（3）各小组讨论、模拟；

（4）以小组为单位完成作业，并制作 PPT 课件；

（5）利用课堂时间分小组进行作品展示活动，要求解说；

（6）教师进行评价，并和学生共同为各小组打分。

4. **考评分表**

被考评人				
考评内容	搜集某一行业资料如服装、日用品行业等，并制作 PPT 课件，分析讨论此行业为什么属于垄断竞争市场的原因			
考评标准	具体内容	分值	得分	本组评语
	查阅整理资料内容	20		
	讨论积极度	20		
	PPT 电子作业制作情况	20		
	作业讲解情况	20		
	问题回答情况	20		
合　计		100		

第四节　寡头垄断市场

导入案例

卡特尔实例：OPEC

世界石油的大部分生产国家形成了一个卡特尔，称为世界石油输出国组织欧佩克（OPEC）。在 1960 年最初成立时，欧佩克包括伊朗、伊拉克、科威特、沙特阿拉伯和委内瑞拉。到 1973 年，又有其他八个国家加入：卡塔尔、印度尼西亚、利比亚、阿联酋、阿尔及利亚、尼日利亚、厄瓜多尔和加蓬。这些国家控制了世界石油储藏量的四分之三。正如任何一个卡特尔一样，欧佩克力图通过协调减少产量来提高其产品的价格，欧佩克努力确

定每个成员国的生产水平。

欧佩克想维持石油的高价格，但是，卡特尔的每个成员都受到增加生产以得到更大总利润份额的诱惑。欧佩克成员常常就减少产量达成协议，然后又私下违背协议。

在 1973 年到 1985 年，欧佩克成功地维持了合作和高价格。原油价格从 1972 年的每桶 2.64 美元上升到 1974 年的 11.17 美元，然后在 1981 年又上升到 35.10 美元。但在 20 世纪 80 年代初，各成员国开始扩大生产水平，欧佩克在维持合作方面变得无效率了。到了 1986 年，原油价格回落到每桶 12.52 美元。

现在，欧佩克成员继续每两年开一次会，但卡特尔在达成或实施协议上不再成功了，欧佩克成员主要是相互独立地作出生产决策，世界石油市场是相当有竞争性的。

知识原理

一、寡头垄断市场的含义与特点

所谓寡头垄断市场，是指少数几家厂商垄断了某一行业的市场，控制了这一行业的供给。在这种市场上，几家厂商的产量在该行业的总供给中占了很大的比例，每家厂商的产量都占有相当大的份额，从而每家厂商对整个行业价格与产量的决定都有举足轻重的影响。

寡头垄断市场不受产品差别的影响，生产无差别产品的寡头称为纯粹寡头（如钢铁、石油行业的寡头），生产有差别产品的寡头称为差别寡头（如汽车、香烟、造船行业的寡头）。

寡头垄断市场的特点是：

（1）相互依存。在寡头垄断市场上，每个厂商的收益和利润不仅取决于自己的产量和定价、广告、新产品研发，而且要受到其他厂商选择的影响。因此，每个厂商总是首先推测其他厂商的产量，然后再根据最大利润原则来决定自己的产量，每个厂商既不是价格和产量的创造者，也非价格和产量的被动接受者，而是价格和产量的寻求者。面对其他厂商，寡头选择是：合作或者竞争。

（2）进出行业较为困难。某些行业的生产开始时需要投入大量资金，而且只有在产量达到一定规模后才能显示出经济效益。这些行为中，只需几家大规模的企业就可以满足市场的需求，新企业想要加入这些行业，一方面存在资金的限制，在规模、原料、市场、信誉等方面难以与原有企业匹敌；另一方面，行业内原有的厂商也会运用各种方法阻止其他厂商加入该行业。

（3）操纵价格。在寡头垄断条件下，价格不是由市场供求或一家厂商所决定，而是由少数寡头通过有形无形的勾结，形式不同的协议或默契等方式决定的。这种价格被称为操纵价格或价格领导。寡头价格一般低于完全垄断价格。寡头价格一经确立，不易改变。

二、寡头的模型

寡头之间的相互依存关系，使得各寡头之间的关系变得很复杂。各寡头厂商之间处于自己利益的考虑，可能相互勾结起来共同协商产量和价格，协商确定的结果有利于谁，主要取决于各寡头实力的大小。这种协商可能是对产量的分配，例如石油输出国组织对各产油国规定的限产数额，也可能对销售实现的瓜分，即规定各寡头的市场范围。当然，寡头之间还存在激烈的竞争，所以，厂商之间的势力发生变化后，就会有厂商率先打破原有格局，要求重新确定产量和瓜分市场。在不存在勾结的情况下，各寡头主要根据其他寡头的产量决策来调整自己的产量，以达到利润最大化的目的。

寡头市场中厂商之间关系的复杂性，使得寡头理论分析面临极大的困难。迄今为止，经济学家们尚未建立起普遍接受的价格——产量决定模型。他们只能根据一些不同的假设对寡头厂商的行为提出各自不同的见解。其中，具有代表性的主要有古诺模型、斯威齐模型、价格领导模型、卡特尔勾结定价模型、价格领导制模型及成本定价模型等。

（一）古诺模型

1. 古诺模型的含义

古诺模型又称古诺双寡头模型或双寡头模型，是早期的寡头模型。它是由法国经济学家古诺于 1838 年提出的，是纳什均衡应用的最早版本。古诺模型是一个只有两个寡头厂商的简单模型，该模型也被称为“双头模型”。古诺模型的结论可以很容易地推广到三个或三个以上的寡头厂商的情况中去。

2. 古诺模型的假设

市场上只有 A、B 两个厂商生产和销售相同的产品，他们的生产成本为零；他们共同面临的市场需求曲线是线性的，A、B 两个厂商都准确地了解市场的需求曲线；A、B 两个厂商都是在已知对方产量的情况下，各自确定能够给自己带来最大利润的产量，即每一个产商都是消极地以自己的产量去适应对方已确定的产量，如图 6-17 所示。

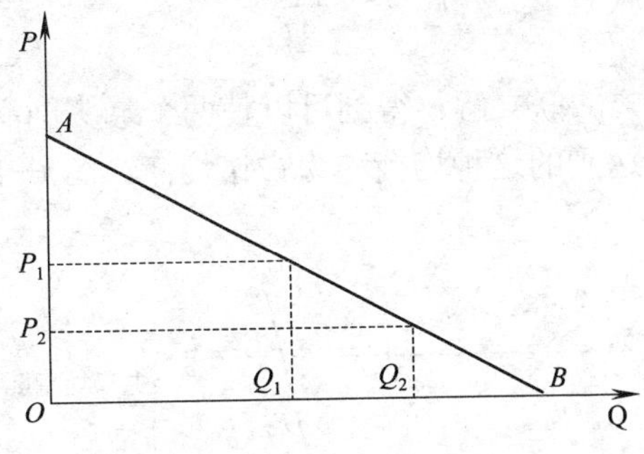

图 6-17 古诺模型

3. 古诺模型产量的选择

A 厂商的均衡产量为：$OQ(\frac{1}{2}-\frac{1}{8}-\frac{1}{32}\cdots)=\frac{1}{3}OQ$

B 厂商的均衡产量为：$OQ(\frac{1}{4}+\frac{1}{16}+\frac{1}{64}\cdots)=\frac{1}{3}OQ$

行业的均衡总产量为：$\frac{1}{3}OQ+\frac{1}{3}OQ=\frac{2}{3}OQ$

4. **古诺的价格竞争模型**

假定有两个寡头分别用40元（也可以设想为40万元）的固定成本生产可以相互替代并有差别的产品。为了使问题简化，假定不存在变动成本，因此边际成本等于 0。两个寡头所面临的市场需求函数如下

$$D_1：Q_1=24-4P_1+2P_2 \quad (6-1)$$

$$D_2：Q_2=24-4P_2+2P_1 \quad (6-2)$$

其中，Q_1，与Q_2分别表示寡头1与寡头2的产出水平；P_1与P_2分别表示寡头1与寡头2 收取的价格。可以看出，每个寡头产品的需求量与该寡头产品的价格反方向变化，与竞争对手产品的价格同方向变化。假定两个寡头同时作出决策。在进行决策时，每个寡头都把其对手的价格视为既定，然后选择能使自己利润达到最大化的产品的价格，通过构造两个寡头的利润函数，并按照求利润最大化的条件，可以导出古诺均衡解。例如，对于寡头1来说，其利润函数为

$$\pi = P_1Q_1 - 40 = 24P_1 - 4P_1^2 + 2P_1P_2 - 40 \quad (6-3)$$

按照求利润最大化的条件就（6-3）式对寡头1产品的价格P_1求一阶导数并令一阶导数值等于0，得到寡头1的反应函数为

$$P_1 = 3 + \frac{P_2}{4} \quad (6-4)$$

同理，可以导出寡头2的反应函数为

$$P_2 = 3 + \frac{P_1}{4} \quad (6-5)$$

求（6-4）式与（6-5）式的联立解，得到可以使两个寡头利润最大化的均衡价格P_1=4，P_2=4。寡头间无勾结行为而达到的这种均衡称为古诺均衡。图6-18中E点是价格竞争的古诺均衡点。

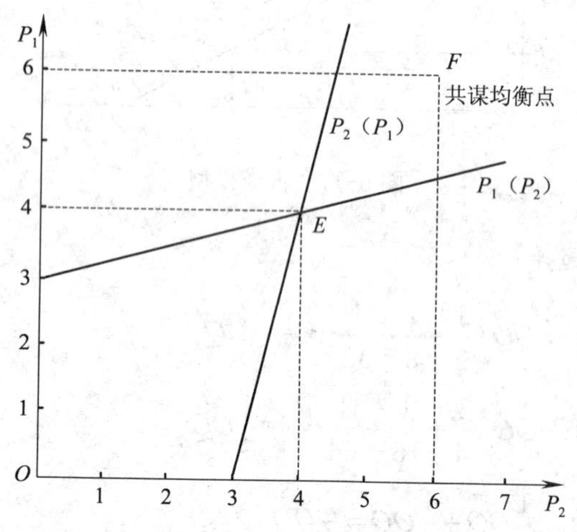

图6-18 价格竞争的古诺模型

图 6-18 中的两条曲线（本例中为直线）P_1（P_2）与 P_2（P_1）分别为寡头 1 与寡头 2 的反应曲线，两条区线的交点为古诺均衡点。在我们的例子中，虽然两个寡头所进行的是价格竞争，但是竞争的结果却是两个寡头收取相同价格，无任何价格差别，似乎不算价格竞争。需要指出，两寡头收取同样的价格是偶然的。价格竞争的结果可能是寡头收取同样的价格，也可能是收取不同的价格。

将所求出的均衡价格 $P_1=4$、$P_2=4$ 分别代入两寡头的需求函数（6-1）、（6-2）式，得到两寡头的均衡产量，分别为 $Q_1=16$，$Q_2=16$。将均衡价格与均衡产量代入（6-3）式的利润函数，得到两个寡头的最大化利润，$\pi_1=24$，$\pi_2=24$。

古诺均衡是在寡头间无勾结行为时达到的均衡；若寡头间相互勾结，以求得联合的利润最大化，所达到的均衡是共谋均衡。

就（6-1）、（6-2）两式的需求函数而言，如果两个寡头进行勾结，其联合的利润函数为

$$\pi=\pi_1+\pi_2=48P-4P^2-80 \tag{6-6}$$

利润最大化的价格为 $P=6$，两寡头利润最大化的产量分别为 $Q_1=12$，$Q_2=12$，每个寡头所获得的最大化利润为 $\pi_1=32$，$\pi_2=32$。图 6-18 中 F 点是共谋均衡点。显然，寡头在进行勾结的情况下收取的价格与获得的利润都高于无勾结行为下的价格与利润，但产出水平低于无勾结行为下的产出水平。

（二）斯威齐模型

斯威齐模型由美国经济学家保罗·斯威齐建立。人们观察到，在寡头市场中价格一般比较稳定，厂商之间主要采取非价格竞争的方法。有时候也会爆发价格战，但总是为时不长，因为厂商都清楚地知道，打价格战的结果往往是两败俱伤。而弯折的需求曲线理论模型就是用来解释这一现象的。

斯威齐认为，寡头垄断厂商推测其他厂商对自己价格变动的态度是：跟跌不跟涨。这就是说，如果一个寡头垄断厂商提高价格，行业中的其他寡头厂商都不会跟着改变自己的价格，因而提价的寡头厂商的销售量的减少是很多的；如果一个寡头厂商降低价格，行业中的其他寡头厂商会将价格下降到相同的水平，以避免销售份额的减少，因而该寡头厂商的销售量的增加是很有限的。在上述情况下，寡头垄断厂商的需求曲线就是弯折的，如图 6-19 所示。

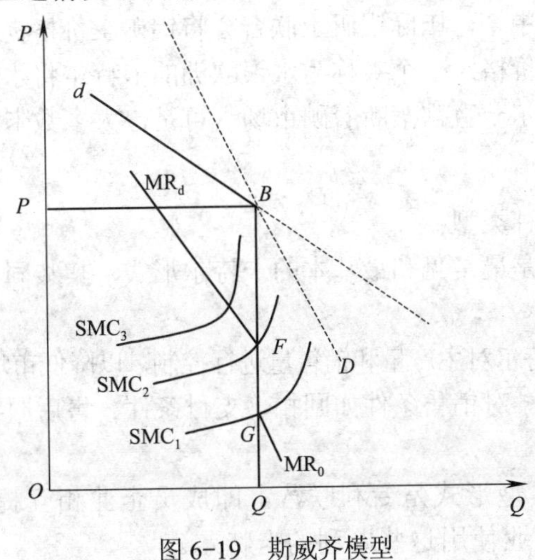

图 6-19 斯威齐模型

如图 6-19 所示，弯折的需求曲线上有某寡头厂商的一条 *d* 需求曲线和一条 *D* 需求曲线，它们与上一节分析的垄断竞争厂商所面临的两条需求曲线的含义是相同的。*d* 需求曲线表示该寡头厂商变动价格而其他寡头厂商保持价格不变时的该寡头厂商的需求状况，*D* 需求曲线表示行业内所有寡头厂商都以相同方式改变价格时的该厂商的需求状况。假定开始时的市场价格为 *d* 需求曲线和 *D* 曲线的交点 *B* 所决定的 *P*，那么，根据斯威齐的观点，该垄断厂商由 *B* 点出发，提价所面临的需求曲线是 *d* 需求曲线上的 *dB* 段，降价所面临的需求曲线是 *D* 曲线上的 *BD* 段，于是，这两段共同构成的该寡头厂商的需求曲线为 *dBD*。显然，这是一条弯折的需求曲线，折点是 *B* 点。这条弯折的需求曲线表示该寡头厂商从 *B* 点出发，在各个价格水平所面临的市场需求量。

由弯折的需求曲线可以得到间断的边际收益曲线。图 6-19 中与需求曲线 *dB* 段所对应的边际收益曲线为 MR_d，与需求曲线 *BD* 段所对应的边际收益曲线为 MR_0，两者结合在一起，便构成了寡头厂商的间断的边际收益曲线，其间断部分为垂直虚线 *FG*。

利用间断的边际收益曲线，便可以解释寡头市场上的价格刚性现象。只要边际成本 SMC 曲线的位置变动不超出边际收益曲线的垂直间断范围，寡头厂商的均衡价格和均衡数量都不会发生变化。譬如，在图 6-19 中的边际收益曲线的间断部分 *FG*，SMC_1 曲线上升为 SMC_2 曲线的位置，寡头厂商仍将均衡价格和均衡产量保持在和的水平。除非成本发生很大变化，如成本上升使得边际成本曲线上升为 SMC_3 曲线的位置，才会影响均衡价格和均衡产量水平。

在斯威齐模型中，是把价格 *OF* 作为既定的条件来说明价格刚性的问题。模型中并没有说明价格是怎样形成的，所以斯威齐模型只是关于寡头定价行为的未完成的模型。

（三）卡特尔模型

1. 卡特尔的含义

卡特尔是一种正式的串谋行为，它能使一个竞争性市场变成一个垄断市场，属于寡头市场的一个特例。卡特尔以扩大整体利益作为它的主要目标，为了达到这一目的，在卡特尔内部将订立一系列的协议，来确定整个卡特尔的产量、产品价格，指定各企业的销售额及销售区域等。

卡特尔常常是国际性的，如欧佩克，就是产油国政府间的一个国际协定，它在十多年间成功地将世界石油价格提高到远远高于本来会有的水平。其他成功地提高了价格的国际卡特尔还有在 20 世纪 70 年代中期，国际铝矾土联合会将铝矾土价格提高到 4 倍；而一个秘密的国际铀卡特尔提高了铀的价格；一个被称为水银欧洲的卡特尔将水银价格保持在接近于垄断水平；而另一个国际卡特尔一直都垄断着碘市场。可是，大多数卡特尔都没能提高价格。

2. 卡特尔的类型

卡特尔主要有以下几种类型：

（1）价格卡特尔。这是最常见和最基本的卡特尔形式，其共同目的是通过限制竞争以获取高额利润。

（2）数量卡特尔。卡特尔对生产量和销售量进行控制，以降低市场供给，最终使价格上升。

（3）销售条件卡特尔。对销售条件如回扣、支付条件、售后服务等在协定中进行规定的卡特尔。

（4）技术卡特尔。典型形式是专利联营，即成员企业相互提供专利、相互自由使用专利，但不允许非成员企业使用这些专利的卡特尔。

3. 卡特尔建立的条件

要在某个市场上形成卡特尔，至少需要以下三个条件：

（1）卡特尔必须具有提高行业价格的能力。只有在预计卡特尔会提高价格并将其维持在高水平的情况下，企业才会有加入的积极性。这种能力的大小，与卡特尔面临的需求价格弹性有关，弹性越小，卡特尔提价的能力越强。

（2）卡特尔成员被政府惩罚的预期较低。只有当成员预期不会被政府抓住并遭到严厉惩罚时，卡特尔才会形成，因为巨额预期罚金将使得卡特尔的预期价值下降。

（3）设定和执行卡特尔协定的组织成本必须较低。使组织成本保持在低水平的因素有：

1）涉及的厂商数目较少；

2）行业高度集中；

3）所有的厂商生产几乎完全相同的产品；

4）行业协会的存在。

1）、2）两因素降低了卡特尔的谈判和协调成本，同时，高度集中使少数几家厂商就能控制整个市场，从而才能使价格保持较高水平。行业协会因表 4）的作用主要是为市场上主要厂商的会面、协调、谈判提供更多的合法机会。为什么需要有 3）因素，即产品同质呢？如果卡特尔成员产品之间差异较大，那么为了反映这种差异，价格必然会有所差异，这样使成员之间为达成统一价格增加了障碍。而且即使达成协定，成员厂商的欺骗行为也不易察觉，因为成员厂商可以把自己的降价归因于自己的产品与其他产品的差异上，或者提高产品差别，虽仍保持价格不变，但实际上吸引了更多顾客是一种变相降价。反之，如果产品几乎同质，厂商之间就很容易形成一个单一价格，而且成员的欺骗行为也较容易察觉。

4. 卡特尔的定价与产量分配

卡特尔以全体企业的总利润最大化为目标来确定各企业的共同价格和产量，然后按各企业的边际成本都相等的原则，分配产量限额 。图 6-20 中，假定一个卡特尔中有两家寡头垄断企业，企业 1 和企业 2 的边际成本曲线分别为 MC_1 和 MC_2，据此可以求出卡特尔的边际成本曲线 ΣMC（等于各企业的边际成本曲线横向相加），卡特尔的需求曲线为 D，相应的边际收益曲线为 MR，MR 与 ΣMC 的交点确定了卡特尔的最优产量 Q 和最优价格 P。整个卡特尔的产量和价格确定后，按边际成本相等的原则进行分配，如图 6-20 所示，企业 1 和企业 2 的最优产量配额分别为 P 和 Q，这时两企业分别能获得图 6-20a）和 6-20b）中相当于阴影部分面积大小的利润。

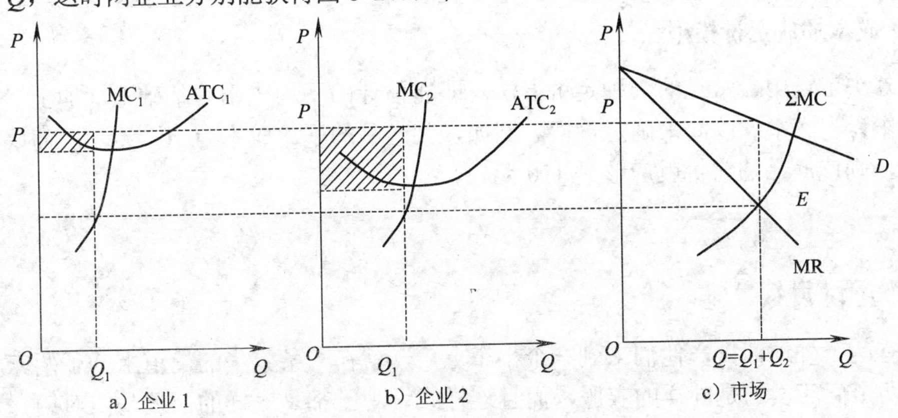

图 6-20 卡特尔的定价与产量分配

同一行业内的企业由相互竞争转而联合成卡特尔，能提高各企业的利润，但是卡特尔往往是不稳定的。卡特尔不能持久的原因除了可能是由于许多国家通过反垄断法禁止企业间串谋或组建卡特尔外，关键在于其内在的不稳定性。

一方面，各成员在如何分配产量、利润方面总是矛盾重重，即使达成了协议，违背协议、单方面扩大产量对每个组成卡特尔的企业都有极大的诱惑。卡特尔通过限制产量来提高价格，每个成员都希望能享受高价格，同时能扩大产量。如果只有一个企业偷偷扩大了产量，对价格不会产生显著影响，它就能使利润大幅增长。每个成员企业都这样做的结果是导致市场供给量激增，价格大幅下降，造成卡特尔的解体，回到了各企业追求利润最大化的竞争状态。由于不能依靠法律和契约对违反卡特尔协议的成员实施有效的惩罚，成员的欺骗行为几乎是不可避免的。

另一方面，卡特尔的高利润也会吸引新的企业进入市场。如果卡特尔无法阻止新企业进入，卡特尔限制产量的结果是使新企业占据了其余的市场份额，最后卡特尔也会失去其垄断利润。另外从长期来看，新的替代产品的出现也会降低卡特尔的垄断利润。

（四）价格领导模型

价格领先模型是指一个行业的价格，通常由某一个厂商率先制定，其余厂商追随其后确定各自的价格。率先制定价格的厂商就是价格领导。例如，美国的汽车行业、钢铁行业等都属于这种类型。价格领导制一般有三种形式：

（1）支配型价格领导。确定价格的是该寡头行业中最大、具有统治地位的厂商，他按照利润最大化原则来确定自己产品的价格。其他规模较小的厂商根据他的产品价格来确定各自的价格和产量。

（2）低成本型价格领导。市场价格由寡头行业中成本最低、效率最高的厂商领先制定。其他厂商为了保证各自的市场份额不被侵占，不得不相应地随之调整各自的价格。

（3）晴雨表型价格领导。领先确定价格的厂商不一定是该行业中规模最大或效率最高的厂商，但可能在管理或掌握市场行情变化动向等方面具有较好的判断力。在市场对该行业产品的需求不足、行业内库存产品积压日益增多时，晴雨表型厂商会估计其他厂商想要调整的价格，然后第一个宣布调整价格，其他厂商随即会参照这家厂商的价格变动而改变自己的价格。

（五）成本加成定价模型

这是寡头市场中最常见的一种定价方法，即在估计的平均成本的基础上，加上一个固定的百分比作为利润率，以此来确定价格。例如，某产品的平均成本为 100 元，厂商确定利润率为 10%，则该产品的售价就应该是 110 元。

互动训练

从前有两个外地商人，他们来到一个小镇上后，就在一条繁华的街道上开了两家卖衣服的商店。两个商店卖的是同样的衣服，而且连样式、牌子都是一样的，还是门对门，可谓唱起了对台戏。两家的竞争很激烈，两个老板各不相让，一个今天说降价，另一个明天就说打折。而每当一家店降价或打折的时候，顾客就会蜂拥而至，而对门的老板则显得很失落的样子。他们就这样你打折、我降价地经营着这两个店。许多年过去了，两个服装店还是那么吵来吵去，但生意却都越做越大了，店面都扩大了一倍，店里也装修得很漂亮。两个店的老板都成了大款，每天开着宝马上下班，雇佣的员工也比原来多了5倍。

其实，有一个秘密人们一直都不知道，直到有一天，人们发现这两家店下面有一条地道，而两个老板竟是一对兄弟。每当一家店因打折或降价招来很多顾客的时候，另一家就把店里的衣服从地道送到对面去卖。正是由于这两家的“激烈竞争”，这个镇上再没有开过第三家店。

学以致用

要求小组讨论，并将活动成果以小组为单位提交作业。

1. **岗位分配**

将全班学生分为8组，每组5～8人。

2. **目标要求**

（1）整理相关资料，通过实际案例讨论寡头垄断市场之间厂商为什么要形成卡特尔；

（2）搜集某一行业资料，如汽车行业，并制作PPT，分析讨论此行业为什么属于寡头垄断市场的原因。

3. **模拟步骤**

（1）各小组选题立项；

（2）通过多种途径搜集资料；

（3）各小组讨论、模拟；

（4）以小组为单位完成作业，并制作PPT课件；

（5）利用课堂时间分小组进行作品展示活动，要求解说；

（6）教师进行评价，并和学生共同为各小组打分。

4. **考评分表**

被考评人				
考评内容	搜集某一行业资料如汽车，并制作PPT课件，分析讨论此行业为什么属于寡头垄断市场的原因			
考评标准	具体内容	分值	得分	本组评语
	查阅整理资料内容	20		
	讨论积极度	20		
	PPT电子作业制作情况	20		
	作业讲解情况	20		
	问题回答情况	20		
合　计		100		

课 后 练 习

一、填空题

1. 完全竞争市场厂商利润最大化条件是______________。

2. 寡头垄断市场介于______和______两种市场状态之间，更接近于______。

3. 勾结是企业之间就______划分达成一致的协议。

4. 垄断竞争厂商，长期内产品价格______平均成本，厂商只能获得______。

5. ______市场厂商只有一家。

二、单项选择题

1. 完全竞争市场厂商利润最大化条件是（　　）。

A. MR=SMC　　B. MR>SMC　　C. MR<SMC　　D. 难以确定

2. 航空运输市场接近于（　　）市场。

A. 完全竞争市场　　B. 完全垄断市场

C. 寡头垄断　　D. 垄断竞争市场

3. 寡头垄断厂商的产品是（　　）。

A. 同质的　　B. 有差异的

C. 既可同质也可有差异　　D. 既不同质也无差异

4. 垄断竞争厂商短期均衡（　　）。

A. 一定获得经济利润

B. 厂商一定不获得经济利润

C. 只能得到正常利润

D. 取得经济利润、发生亏损及获得正常利润都可能发生

5. 完全垄断厂商的需求曲线是（　　）。

A. 向右下方倾斜的　　B. 向右上方倾斜的

C. 垂直的　　D. 水平的

三、多项选择题

1. 垄断产生的三个原因是（　　）。

A. 自然垄断　　B. 资源垄断　　C. 人为垄断　　D. 政府垄断

2. 完全垄断市场的特点是（　　）。

A. 许多生产者　　B. 唯一生产者

C. 没有替代品　　D. 厂商有定价权

3. 垄断竞争市场的特点是（　　）。

A. 许多生产者　　B. 唯一生产者

C. 产品相似，又有差别　　D. 其他厂商可以自由进出该行业

4. 完全竞争市场需要满足（　　）的条件。

A. 市场上有大量的买方和卖方　　B. 产品同质无差异

C. 市场上投入要素可以自由流动　　D. 市场信息完全

5. 垄断的差别价格有（　　）。

A. 一级差别价格　　B. 二级差别价格

C. 三级差别价格　　D. 四级差别价格

四、简答题

1. 简述完全竞争市场上厂商的短期均衡与长期均衡。
2. 产品差别为什么既会形成垄断又会引起竞争?
3. 简述寡头垄断市场的特征。
4. 简述完全垄断的形成原因。

五、论述题

1. 为什么服装商家每年都要开展打折销售活动?
2. 为什么完全竞争厂商的需求曲线、平均收益曲线和边际收益曲线是重叠的?

第七章 博弈理论

学习目标

通过本章的学习，要求学生理解博弈的基本概念和博弈论的基本要素，理解各种博弈类型，并能运用博弈论分析现实经济和生活中的问题。

小故事

战国时期齐国大将田忌与齐国贵族公子经常赛马，屡战屡输。这时，军事家孙膑给田忌出了一个计谋，叫田忌用下等马去对付贵族公子们的上等马，用上等马去对付贵族公子的中等马，用中等马去对付贵族公子们的下等马，结果是三战两胜，赢得了比赛。孙膑的这一计谋就包含着博弈论思想。

什么是博弈论？博弈论在经济学中具有什么地位？诺贝尔经济学奖为什么五次钟情于博弈论？

第一节 博弈论概述

导入案例

大家在儿童时可能都玩过“剪刀、石头、布”的游戏，即使现在成人了，要决定某件事时，例如星期天到公园去玩还是到电影院看一场电影，也往往会用这方法来决定，这是一种典型的博弈。1994 年美国人纳什以“纳什均衡”一举获得诺贝尔经济学奖，开创了博弈理论获得诺贝尔经济学奖的先河。从此之后至 2005 年的 10 年间，博弈论五次获得诺贝尔经济学奖。

知识原理

一、博弈论存在和发展

博弈论也称为对策论，是研究关于经济和其他决策活动规律的理论。无论是打牌、赛马竞赛，还是企业经营、国家决策、军事对抗，都可以看做是游戏，需要在遵守游戏规则的条件下，运用策略去取胜。田忌赛马取胜，不仅取决于马的强壮，更取决于策略，以及田忌出马顺序的决策和对方出马顺序的决策。同样的马，由于双方出马顺序决策的不同，结局也不同，孙膑注意到对方出马顺序的决策，修正、改变了田忌的出马顺序决策，从而取得了赛马胜局。如果田忌出马顺序决策失误则必输无疑。因此，决策者必须考虑对手的策略选择或对自己策略的反应，这样才能运筹于帷幄之中、决胜于千里之外。

在经济活动中，充满了各种重要的决策，他们相互牵制和影响。这种存在策略对抗的经济决策活动被称为博弈。

二、博弈论的概念

博弈的目的是利益，利益形成博弈的基础。经济学的最基本假设就是，经纪人或理性人的目的就在于使收益最大化。参与博弈者正是为了自身收益的最大化而互相竞争。也就是说，参与博弈的各方形成互相竞争、互相对抗的关系，以争得利益的多少来决定胜负，一定的外部条件又决定了竞争和对抗的形式，这就形成了博弈。从经济学角度来看，如果有一种资源为人们所需要，而这种资源又具有稀缺性或者说总量有限，就会发生竞争；竞争需要有一个具体形式把大家拉在一起，一旦找到了这种形式，竞争各方之间就会开始一场博弈。博弈者的身边充斥着其他具有主观能动性的决策者，他们的选择与其他博弈者的选择相互作用、相互影响。这种互动关系自然会对博弈各方的行动和思维产生重要影响，有时甚至直接影响博弈结果。

形成一个博弈具有以下 4 个因素：

（1）2 个或 2 个以上的参与者（player）；

（2）博弈要有参与各方争夺的资源或收益（resources/payoff）；

（3）参与者有自己能够选择的策略（strategy）；

（4）参与者拥有一定量的信息（information）。

所以，简单地说，博弈论就是研究人们如何进行决策，以及这种决策如何达到均衡的科学。每个博弈者在决定采取何种行动时，不但要根据自身的利益和目的行事，还必须考虑到他的决策行为可能对其他人造成的影响，以及其他人的反应行为可能带来的后果，通过选择最佳行动计划，来寻求收益或效用最大化。

所谓策略，就是《孙子兵法》中所说“计利以听，乃为之势，以佐其外”，指的是直接、实用的针对某一个具体问题所采取的手段方法。博弈论中的策略，是先对局势和整体状况进行分析，确定局势特征，找出其中的关键因素，为达到最重要的目的进行手段选择。由此可见，博弈论中的策略是牵一发而动全身的，直接对整个形式造成重大影响。

例如，每一次超级女声的比赛，电视上几个女生在台上比赛唱歌跳舞，而实际上真正的博弈在屏幕之外。主办方不断根据观众的反应而修改策略，从开始的评委打分到专业评委、大众评审团、短信共同决定，再到最后完全靠短信决胜负，这种修改可以看作对形势发展的妥协，也可以解释为追求商业利益最大化的对策。有人认为整个过程中还出现了非合作博弈与合作博弈的可能：某些得分较低的女生的“粉丝”，联手对付得分高的选手；得分高的选手联合肯定无望出现的选手以巩固定位，防止次高选手反超。这就是一种相互依存的博弈，而相互依存的策略就构成一种均衡。

均衡可以说是博弈论中最重要的思想之一。在博弈达到平衡时，局中的每一个博弈者都不可能因为单方面改变自己的策略而增加收益，于是各方为了自己利益的最大化而选择了某种最优策略，并与其他对手达成了某种暂时的平衡。在外界环境没有变化的情况下，倘若有关各方坚持原有的利益最大化原则并理性面对现实，那么这种平衡状况就能够长期保持稳定。

在所有的均衡中，纳什均衡又是一个基础性的概念。简单地说，所谓纳什均衡就是所有人的选择综合在一起，不一定所有选择都能实现最大化原则，但能使所有人都达到最大化的均衡状态。

纳什均衡达成时，并不意味着博弈双方都处于不动的状态，在顺序博弈中这个均衡是在博弈者连续的动作与反应中达成的。纳什均衡也不意味着博弈双方达到了一个整体的最优状态。

三、学习博弈论的重要性

有人说经济学就是一门研究如何作出选择的学问。在现实的社会经济生活中企业或个人为了自身利益的最大化面对市场会作出自己的最优决策。不同的市场情形会影响经济主体人的决策行为。在完全竞争市场条件下，企业会根据给定商品的市场价格计算出生产和供应到市场上的商品的数量，以实现最大的利润。而寡头市场的情形要比完全竞争市场复杂得多，企业大量面对的是信息不完全的市场。企业不知道面对强大的竞争对手该如何作出抉择，市场的时效性又要求企业必须在信息不完全的情况下作出决策。在这样的决策中存在着三个合理的假设为前提；①理性的“经济人”。每一个行为主体都依据自身利益的最大化作为行动的出发点。②每一个行为主体作出的决策都不是在真空的世界中。现实的世界使得一个人的生存必须以他人的生存为前提。这种相互依赖的关系使得一个行为主体的决策会对其他行为主体产生重要的影响，同样其他行为主体的决策也会直接影响着这个行为主体的决策结果。③寡头市场的情形。即一个行业里面只有少数几家企业，甚至只有两三家企业，每一方的市场份额都很大，由于竞争对手很少，每一个主体的行为产生的后果受对手的行为的影响都很大，那么这样的决策就带有了博弈的色彩。

有的学者认为博弈论已经遍及经济学、社会科学、工商业活动，以及日常的生活之中，在社会生活中有着广泛的用途。从博弈论的角度可以解释价格战、污染环境、军备竞赛、考试或体育竞技导致过多的参与者和加剧收入不平等……。博弈论在理论上进一步拓宽了经济学研究的领域和范围，在实践中也有着广泛的运用。在我国社会主义市场经济发展的今天，我们应该借鉴博弈论中的基本原理提高资源的配置效率，发挥市场机制的作用。

因此，学习博弈论的原理，掌握博弈的思想方法和技巧，有利于掌握经济活动的规律，提高经济决策的效率。

互动训练

智猪博弈（boxed pigs）是博弈论中的另一个著名的例子。假设猪圈里有两头猪，一头大猪，一头小猪，猪圈的一端有一个猪食槽，另一端安装了一个按钮，控制猪食的供应。按一下按钮，将有 8 个单位的猪食进入猪食槽，供两头猪食用。两头猪面临选择的策略有两个：自己去按按钮或等待另一头猪去按按钮。如果某一头猪作出自己去按按钮的选择，它必须付出如下代价：①它需要收益相当于两个单位的成本；②由于猪食槽远离猪食，它将比另一头猪后到猪食槽，从而减少吃食的数量。假定：若大猪先到（小猪按按钮），大猪将吃到 7 个单位的猪食，小猪只能吃到 1 个单位的猪食；若小猪先到（大猪按按钮），大猪和小猪各吃到 4 个单位的猪食；若两头猪同时到（两头猪都选择等待，实际上两头猪都吃不到猪食），大猪吃到 5 个单位的猪食，小猪吃到 3 个单位的猪食。

智猪博弈的收益矩阵见表 7-1。表中的数字表示不同选择下每头猪所能吃到的猪食数量减去按按钮的成本之后的净收益水平。

表 7-1 智猪博弈的收益矩阵

		小猪	
		按按钮	等待
大猪	按按钮	3，1	2，4
	等待	7，-1	0，0

从表 7-1 中不难看出，在这个博弈中，不论大猪选择什么策略，小猪的占优策略均为等待。而对大猪来说，它的选择就不是如此简单了，大猪的最优策略必须依赖于小猪的选择。如果小猪选择等待，大猪的最优策略是按按钮，这时，大猪能得到 2 个单位的净收益（吃到 4 个单位猪食减去 2 个单位的按按钮成本），否则，大猪的净收益为 0；如果小猪选择按按钮，大猪的最优策略显然是等待，这时大猪的净收益为 7 个单位。换句话说，在这个博弈中，只有小猪有占优策略，而大猪没有占优策略。

那么这个博弈的均衡解是什么呢？这个博弈的均衡解是大猪选择按按钮，小猪选择等待，这时，大猪和小猪的净收益水平分别为 2 个单位和 4 个单位。这是一个“多劳不多得，少劳不少得”的均衡。

学以致用

要求小组讨论，并将活动成果以小组为单位提交作业。

1. 岗位分配

将全班学生分为 8 组，每组 5～8 人。

2. 目标要求

（1）整理相关资料，通过实际案例讨论博弈论在经济生活中的作用。

（2）试举身边一经济中的例子，运用博弈论进行分析决策。

3. 模拟步骤

（1）各小组选题立项。

（2）通过多种途径搜集资料。

（3）各小组讨论、模拟。

（4）以小组为单位完成作业，并制作 PPT 课件。

（5）利用课堂时间分小组进行作品展示活动，要求解说。

（6）教师进行评价，并和学生共同为各小组打分。

4. **考评分表**

<table>
<tr><td>被考评人</td><td colspan="4"></td></tr>
<tr><td>考评内容</td><td colspan="4">试举身边一经济中的例子，运用博弈论进行分析决策</td></tr>
<tr><td rowspan="6">考评标准</td><td>具体内容</td><td>分值</td><td>得分</td><td>本组评语</td></tr>
<tr><td>查阅整理资料内容</td><td>20</td><td></td><td rowspan="6"></td></tr>
<tr><td>讨论积极度</td><td>20</td><td></td></tr>
<tr><td>PPT 电子作业制作情况</td><td>20</td><td></td></tr>
<tr><td>作业讲解情况</td><td>20</td><td></td></tr>
<tr><td>问题回答情况</td><td>20</td><td></td></tr>
<tr><td colspan="2">合　　计</td><td>100</td><td></td></tr>
</table>

第二节　博 弈 类 型

导入案例

囚徒困境是博弈论中一个著名的例子，讲的是甲乙两名嫌疑犯作案后被警察抓住，分别被关在不同的屋子里受审，双方不能互通消息，每名嫌疑犯都面临坦白和不坦白两种选择。警察告诉他们：在两人都坦白的情况下，各判刑 5 年；在两人都不坦白的情况下，各判刑 1 年；在一人坦白另一人不坦白的情况下，坦白的一方会被从轻处罚，立即释放，不坦白的一方则被重判 8 年。可以根据坦白后是否会受到制裁两种情况来讨论最终的均衡结果。

知识原理

一、静态博弈和动态博弈

静态是指局中人同时决策或同时行动。同时决策或同时行动不是指时间上完全一致，而是指每个参与者不知道其他参与者的决策或行动。比如囚徒困境，也许两个囚徒的坦白时间是不同的，但互相不知道对方是否坦白，所以是同时行动。再比如工程招标，不同的投标者投标的时间也许不同，但只要互相不知道对方的报价，则是同时行动。

如果局中人的决策或行动按照规则是有先后次序的，则是动态博弈。

（一）静态博弈

1. **典型例子：囚徒困境**

分析囚徒困境的例子，可以根据坦白后是否会受到制裁两种情况来讨论最终的均衡结果。此时，双方收益矩阵见表 7-2。

表 7-2 囚徒困境双方收益矩阵表

		囚徒 B	
		不 坦 白	坦 白
囚徒 A	不坦白	-1，-1	-8，0
	坦白	0，-8	-5，-5

2. *纳什均衡是具有稳定性的策略组合*

在囚徒困境中，纳什均衡是（-5，-5）。

在囚徒困境中：

局中人：囚徒 A 和囚徒 B；

行动集：每个囚徒的行动集是一样的，都是（坦白，不坦白）；

时序：同时；

策略：每个囚徒的策略集也是一样的，都是（坦白，不坦白）、（抵赖，不坦白）、（不坦白，坦白）、（坦白，坦白）；

报酬：（坦白，不坦白）=（0，-10），（不坦白，不坦白）=（-1，-1）；

（不坦白，坦白）=（-10，0），（坦白，坦白）=（-6，-6）；

信息：每个囚徒都知道上述报酬，并且也知道对方知道上述报酬，但每个囚徒在决策时不知道对方是怎么决策的，因为他们是同时决策的，而且只博弈一次。

因此，有四种可能的结果：

（1）囚徒 A 想，囚徒 B 可能会选择不坦白，因为这是对双方来说最好的结果。囚徒 A 是个无赖，他乘人之危，不顾同伙的命运，选择了坦白，这样，得到的结果是（坦白，不坦白）。

（2）结果（1）中的囚徒 B 和囚徒 A 刚好倒过来，则得到的结果是（不坦白，坦白）。

（3）囚徒 A 想，囚徒 B 可能会选择不坦白，因为这是对双方来说最好的结果。囚徒 A 是个照顾朋友的人，他也选择不坦白，这样，得到的结果是（不坦白，不坦白）。

（4）囚徒 A 和囚徒 B 互相不信任，则结果是（坦白，坦白）。

最后的纳什均衡则为：（坦白，坦白）。

（二）动态博弈

动态博弈是指博弈方的决策选择是有先后次序的，而且后选择、后行动的博弈方是在看到了其他博弈方的决策选择后采取了相应的、有针对性的行动的博弈。

动态博弈中一个参与人的一次行为称为一个“阶段”。由于每个参与人在动态博弈中可能不止一次行为，因此，每个参与人在一个动态博弈中就可能有数个甚至许多个博弈阶段。动态博弈一般用扩展形表示，括弧中前一个数字代表乙的得益，后一个数字代表甲的得益。

动态博弈的一个中心问题是“可信性”问题。所谓可信性是指动态博弈中先行为的参与人是否该相信后行为的参与人会采取对自己有利的或不利的行为。因为后行为方将来会采取对先行为方有利的行为相当于一种“许诺”，而将来会采取对先行为方不利的行为相当于一种“威胁”，因此我们可将可信性分为“许诺的可信性”和“威胁的可信性”。

现以开金矿博弈为例来讨论可信性问题。

甲要开采一价值 4 万元的金矿，缺 1 万元的资金，向乙借 1 万元，许诺采到金子后与乙平分，乙是否借钱给甲呢？如图 7-1 所示。

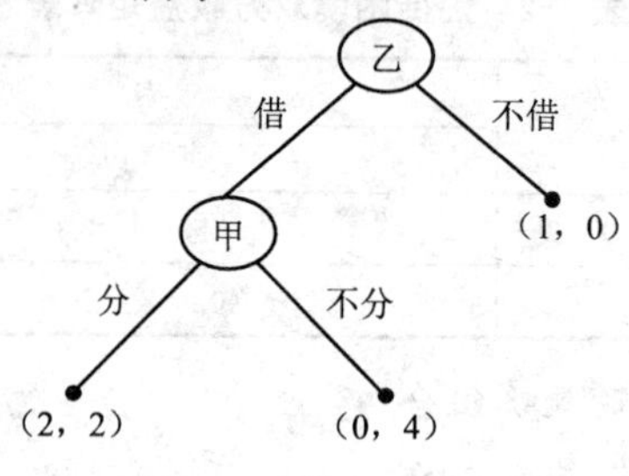

图 7-1　开金矿博弈

乙最需要关心的就是甲采到金子后是否会履行诺言跟自己平分，因为万一甲采到金子后不但不跟乙平分，而且还赖账或卷款潜逃，则乙连自己的本钱都收不回来。关键要判断的是许诺是否可信。以自身利益最大化原则，甲必然选择不分，乙清楚甲的行为准则，最好的选择是不借，对乙来说，甲的许诺是不可信的。

要想使甲的许诺成为可信的，加上第三阶段，让乙在甲违约时采用法律手段——打官司，乙的利益受到法律保护，甲的许诺是可信的。乙在第一阶段选择借，甲在第二阶段选择分，如图 7-2 所示。

在第三阶段乙打官司不能收回本钱，还要承受 1 万元的损失，这时乙打官司的威胁是不可信的。如图 7-3 所示。

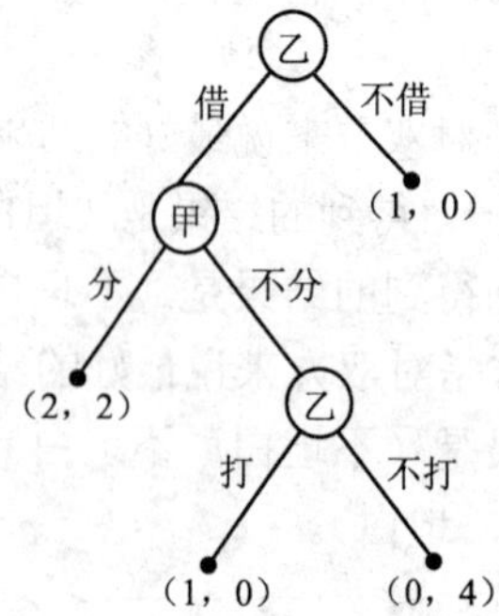

图 7-2　可信的诺言和威胁

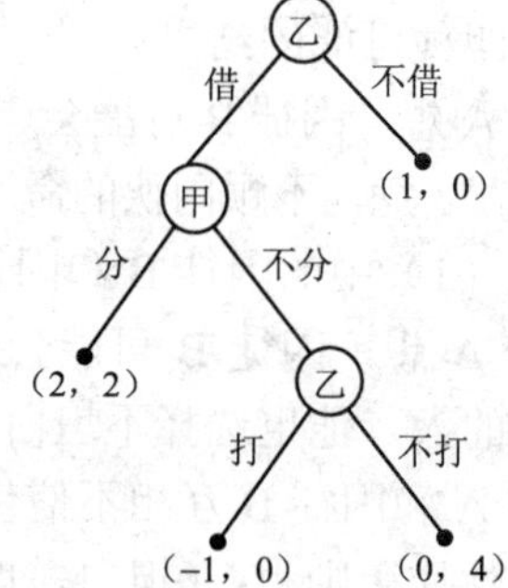

图 7-3　法律保障不足的开金矿博弈

通过本博弈的分析可以看出，在每个个体都有私心，都只注重自身的利益的社会里，完善公正的法律制度不但能够保障社会的公平，还能提高社会经济活动的效率，是实现最有效率的社会分工的重要保障。可信性是动态博弈分析的一个中心问题。

二、单人博弈、两人博弈、多人博弈

（一）单人博弈

单人博弈是指只有一个博弈方参与的博弈，自己在一定环境下从各自允许的行为中做出选择并承担结果的过程，即一个博弈方对一既定的局面如何决策的问题。单人博弈相对于人数较多的博弈要简单得多，已经退化为一般的最优化问题。

比如一个农夫种地，看似一个人的行为，农夫自己在田地里劳作，其实不然，这是他同自然进行博弈的一个过程。自然的策略可以是：天旱、多雨、风调雨顺。农夫对应的策略分别是：防旱、防涝、放心地休息。自然究竟采用哪种策略并不确定，于是农夫只有根据经验判断或气象预报来确定自己的行动。如果估计今年的旱情较重，就可早做防旱准备；如果估计水情严重，就早做防涝准备；如果估计是风调雨顺，农夫就可以优哉游哉了。

（二）两人博弈

两人博弈就是在两个各自独立决策、相互具有策略依存关系的博弈方之间的博弈，例如：囚徒困境、田忌赛马、下象棋，以及两个厂商之间的竞争、谈判、劳资纠纷等。

两人博弈具有以下特征：

（1）两个博弈方之间并不总是相互对抗的，有时也会出现利益一致的情况。例如生产数码相机与生产计算机的两家公司在采用制度的问题上就不存在对抗，原因是如果两家公司达成协议生产相互兼容的产品，会使双方得益，否则双方都无法享有这些利益，此时两家公司的利益就是一致的。

（2）掌握信息较多并不能保证得益也一定较多。在有些情况下拥有信息较多的博弈方因为更加清楚面临过度竞争的危险，尽量避免不理智的恶性过度竞争和两败俱伤，只能采取较为保守的措施，从而也只能得到较少的得益。相反，那些信息较少，对危险了解较少的博弈方却因为不用顾忌后果而掌握了主动，从而也可能得到较多的利益。

（3）个人信息自身最大利益的行为常常不能导致实现社会的最大利益，也常常不能真正实现自身的最大利益。经典博弈“囚徒困境”就说明了这点。

（三）多人博弈

多人博弈是指有三个或三个以上的博弈方参加的博弈。多人博弈本质上同样也是博弈方意识到其他博弈方的存在，意识到其他博弈方对自己决策的反应和反作用存在的情况下，寻求自身最大利益的决策活动。因为在多人博弈中出现了更多的追求各自利益的独立决策者，所以策略的相互依存关系也更为复杂，对任一博弈方的决策引起的反应也要比两人博弈更复杂。

多人博弈与两人博弈的本质区别是可能存在破坏者。所谓破坏者是指在博弈中存在着这样一个博弈方：其策略选择对自身的得益没有任何影响，但却会影响其他博弈方的得益，有时这种影响甚至有决定性的作用。

例如：有三个城市争夺“世博会”的主办权，由 90 个委员国投票决定，以得票最多者获胜。根据投票前的活动情况和调查，估计三个城市所得票数大致是：A 城市 41 票，B 城市 35 票，C 城市 24 票。如果三个城市都坚持参加竞争，A 城市肯定获胜，但是若 C 城市明知自己无望取胜的情况下，与 B 城市达成协议，转而拉票全部转投给 B 城市，则结果将发生戏剧性的变化，最终取胜的将不再是 A 城市而是 B 城市了。C 城市就可能成为破坏者。

三、零和博弈、常和博弈与变和博弈

根据各博弈方的收益相加算出收益总和，那么在不同的博弈中，总收益情况是不同的，可将博弈分为零和博弈、常和博弈和变和博弈。

（一）零和博弈

零和博弈属于非合作博弈，是指参与博弈的各方，在严格竞争下，一方的收益必然意味着另一方的损失，博弈各方的收益和损失相加总和永远为“零”，双方不存在合作的可能。零和博弈的结果是一方吃掉另一方，一方的所得正是另一方的所失，整个社会的利益并不会因此而增加一分。

当你看到两位对弈者时，你就可以说他们正在玩“零和游戏”。因为在大多数情况下，总会有一个赢，一个输，如果我们把获胜计算为得 1 分，而输棋为 -1 分，那么，这两人得分之和就是：1 +（-1）= 0。

这正是“零和游戏”的基本内容：游戏者有输有赢，一方所赢正是另一方所输，游戏的总成绩永远是零。

但 20 世纪人类在经历了两次世界大战，经济的高速增长、科技进步、全球化，以及日益严重的环境污染之后，“零和游戏”观念正逐渐被“双赢”观念所取代。人们开始认识到“利己”不一定要建立在“损人”的基础上。通过有效合作，皆大欢喜的结局是可能出现的。但从“零和游戏”走向“双赢”，要求各方要有真诚合作的精神和勇气，在合作中不要耍小聪明，不要总想占别人的小便宜，要遵守游戏规则，否则“双赢”的局面就不可能出现，最终吃亏的还是自己。

零和博弈的例子有：赌博、期货等。

（二）常和博弈

常和博弈是指所有博弈方的得益总和等于非零的常数，参与者的利益根本对立，各自收益之和是一个常数，如若干人分配一份总额既定的财产乃典型的常和博弈，又如排球、乒乓球等体育比赛的每个回合，双方得分之和恒为 1。常和博弈的特例是零和博弈，是指参与者的利益完全对立，各自收益之和恒为零，如各种方式的赌博、特定指数的炒股，都是一方所得即为他方所失，胜方赢多少，败方输多少。

（三）变和博弈

变和博弈也称非常和博弈，是指随着博弈参与者选择的策略不同，各方的得益总和也不同。如在同一个股票市场，面对同样的大盘走势，伴随着投资者的投资策略不同，有可能大部分人赚钱而小部分人亏钱，也有可能小部分人赚而大部分人亏，甚至还有可能所有人都赚或都亏。

变和博弈是最一般的博弈类型，而常和博弈和零和博弈则是它的特例。变和博弈需要两个先决条件：①双方能够共谋；②双方能建立彼此信任的机制。如果两个囚徒彼此不能信任，虽然共谋，其结果还是零和博弈，即双方都选择招供。

四、有限策略博弈和无限策略博弈

博弈中的策略是指可以设想的、所有能够实现实施的方案、方法、计划、措施等。根据博弈中策略的数量多少，可以分为有限策略博弈和无限策略博弈。

（1）有限策略博弈是指可供博弈方选择的策略数量不多的博弈。例如，囚徒困境的策略只有两种：坦白、不坦白。石头、剪刀、布的游戏中可供选择的策略只有三种：石头、剪刀、布。

（2）无限策略博弈是指可供博弈方选择的策略数量成千上万的博弈。例如，双寡头竞争的市场中，市场的容量是有限的。每个寡头各生产多少产量，才可能被市场全部消化掉并获得最多的利润，这里可供选择的产量数就有无限多。

五、完全信息博弈和不完全信息博弈

（1）所谓完全信息博弈是指各博弈方都完全了解所有博弈方各种情况下得益的博弈。例如，田忌赛马和囚徒困境就是完全信息博弈。

（2）所谓不完全信息博弈是指至少存在部分博弈方不完全了解其他博弈方得益情况的博弈。例如，在拍卖活动的博弈中，由于各博弈方对其他博弈方关于拍卖标的物的估价常常不清楚，因此即使最后的成交价是大家都能看到的，每个博弈方也都仍然无法知道其他博弈方拍得标的物的真正得益究竟是多少。

六、合作博弈和非合作博弈

（1）所谓合作博弈是指各博弈方能达成某种有约束力的契约或协议，甚至默契，以使他们选择共同的或联合的策略的博弈，追求集体利益最大化。

（2）所谓非合作博弈是指各博弈方之间不存在任何有约束力的协议，也就是不能公然串通、勾结、共谋的博弈，只追求个体得益最大化。

互动训练

漂亮女孩与囚徒困境

每一个女孩都是囚徒。

夏天到了，街上的女孩花枝招展，娉娉婷婷，这是一个让人心情愉快的季节。不知道大家是否同意这样的看法：街上的漂亮女孩越来越多了。为什么女孩会越来越漂亮？我们可以提出几个假说：①营养水平和饮食结构的改善对于女孩的容貌不无裨益，所以随着人民生活水平的提高，漂亮女孩会越来越多；②人口流动性的提高使得女孩纷纷到大中城市找工作，因为她们在这里能够找到更好的个人发展机会，所以一个地区经济繁荣的程度和街上女孩的漂亮程度呈正相关；③观念的改变一方面使得女孩更加勇敢地展示自己的美丽，另一方面使得人们更加大胆地欣赏女孩的美丽。据说美丽在于发现，所以审美能力越强的人在街上看见的漂亮女孩越多。

还有最后一点要单独拿出来说说。那就是女孩越来越懂得美化自己了。美化自己的方式很多：穿上时髦的衣服、精心地化妆、甚至去做美容手术等。在预算约束条件下，女孩子的最优化问题就是选择能够使得自己的收益最大化的资产组合。谚语说："贫家净扫地，贫女净梳头"。只要投入一定的要素（包括资本和人力资本），女孩总能够使自己的容貌变得更加妩媚动人。

不过，这说的是女孩的绝对收益，即她现在的容貌与过去的容貌相比更加出色。如果考虑到相对收益，情况就会稍有不同。假定女孩多少都会有些虚荣心，她们都希望自己能够压倒群芳。假定一群女孩的容貌差别不大，都是豆蔻年华，这时候，如果其他的女孩都没有化妆，只有一个女孩化妆，比如她染了红指甲，那么这个女孩马上就会引起大家的注意，大家都会觉得她好看。别的女孩不甘落后，自然群起效仿，结果所有的女孩都染了红指甲。这时候，如果有个女孩还想出人头地，就必须想出新的点子，比如她抹了口红，这会让她在第二天出尽风头，但是别的女孩又会很快效仿，结果所有的女孩都抹了口红。数个回合下来，我们会发现所有的女孩都染了红指甲，所有的女孩都抹了口红，所有的女孩都搽了胭脂，所有的女孩都穿了吊带背心，但是，从相对收益的角度来看，没有一个女孩能够做得比所有的女孩都不化妆的时候更好。而且，或许女孩们都忽然对这种“军备竞赛”感到厌烦，可是假定别的女孩都还化妆，那个拒绝化妆的女孩会显得像个丑八怪，于是所有的女孩都只得继续化妆。这正是博弈论里常说的“囚徒困境”，每一个女孩都成了囚徒。

学以致用

5 个强盗（A，B，C，D，E）分 100 个金币。他们设定了一个规则：从 A 开始给出分金币的提议，然后其余的强盗投赞同或反对票，如果反对票数大于或等于赞同票数，A 就被杀掉，否则就按此提议分金币；如果 A 被杀了，接着就轮到 B 提议，然后同样按上述规则继续下去。假设每一个强盗都是绝顶聪明的，而且他们的所有行为（提议与投票）都是对自己最有利的（即能够在保命的前提下得最多的钱）。请问这 100 个金币是怎么分的？每个人各拿多少？

98 块金子归自己，1 块金子给 C，1 块金子给 E。

课后练习

一、填空题

1. 最普通、最常见、也是研究得最多的博弈是____________博弈。
2. 多人博弈与两人博弈有本质区别的特点是可能存在____________。
3. 博弈论的基本要素是博弈方、____________、____________、信息、均衡。
4. 在博弈中具有稳定性的策略组合，称为____________。

二、单项选择题

1. 囚徒困境中可供选择的策略有（　　）。
   A. 2 种　　B. 3 种　　C. 4 种　　D. 5 种
2. 田忌赛马中可供选择的策略有（　　）。
   A. 3 种　　B. 4 种　　C. 5 种　　D. 6 种
3. 各博弈方得益总和等于非零常数的博弈是（　　）。
   A. 零和博弈　　B. 常和博弈　　C. 变和博弈　　D. 以上都不是

三、多项选择题

1. 属于两人博弈的例子有（　　）。
   A. 囚徒困境　　B. 田忌赛马　　C. 单人迷宫游戏　　D. 李四投资决策

2. 囚徒困境属于（　　）。

A. 静态博弈　　B. 动态博弈　　C. 零和博弈

D. 合作博弈　　E. 非合作博弈　　F. 变和博弈

3. 田忌赛马中田忌的得益有（　　）。

A. 三战三胜　　B. 三战三败　　C. 三战两胜

D. 三战一胜　　E. 三战两败　　F. 三战一败

四、简答题

1. 简述两人博弈的特征。

2. 请解释“个人追求自身最大利益的行为常常并不能导致实现社会的最大利益，也常常不能真正实现自身的最大利益”。

3. 在“囚徒困境”中，囚徒们是否可能联合起来，拒绝坦白，最终大家受益最大化，只关一年就被释放呢?

五、论述题

1. 明和英是一对恋人，周末晚上正好有明爱看的球赛和英喜欢看的电影，两人既想在一起，又希望对方能陪自己看自己喜欢的节目，他们面临一场“博弈”了。

我们先给两人的满意程度打分：如果让英看球，让明看电影，双方的满意程度都为 0；两人一起看球，明满意程度为 2，英的满意程度为 1，两个人一起看电影，明满意程度为 1，英德满意程度为 2；明独自去看球，英独自去看电影，双方的满意程度为 1。请画出上述情侣博弈的得益矩阵，并解出博弈结果。

2. 美国可口可乐公司和百事可乐公司是两家特大型企业。假定双方都采取低价，则各得 30 亿利润；都采取高价，则各得 50 亿利润；如果一家高价，一家低价，则高价者得 10 亿利润，低价者因产品多销而得 60 亿利润。请画出上述低价大战的得益矩阵，并解出博弈结果。如果该价格大战是一个合作博弈，请解出博弈结果。

第八章　分配理论

学习目标

通过本章的学习，要求学生掌握工资、利率、地租、利润理论，洛伦茨曲线与基尼系数的内容并注重应用，理解引起收入分配不平等的原因，了解公平与效率。

小故事

农夫要运一些货物到集市上去卖，便赶着一头驴子和一匹骡子驮上货物出发了。走了一会儿，驴子心里有些不开心了，心想：骡子比我大，身强体壮，凭什么我们驮的货物一样多呢？又走了一会儿，农夫停下来给驴子和骡子吃了些饲料。驴子看见骡子吃得那么香、那么多，终于忍不住叫道："骡子！你怎么能这么吃，你吃的比我的两倍还多！"骡子听了什么也没说。农夫收拾好饲料，赶着驴子和骡子继续赶路。渐渐地，驴子有点走不动了。农夫便把驴子身上的货物拿掉一部分放在骡子身上。他们又走了一阵子，农夫看到驴子更加不行了，就把它驮的所有货物都加在骡子身上。这时，骡子回头对驴子说："喂，朋友，你现在还在气愤我吃双倍的饲料吗？"

这个寓言故事告诉我们一个简单的道理：谁付出的贡献多，谁就应该得到更多的报酬。接下来我们就来讲讲经济学中的分配理论。

第一节　生产要素理论

导入案例

按生产要素分配是在党的十四届三中全会上第一次提出的，标志着我国分配制度改革触及新的领域。党的十五大对此又有重大突破：①提出分配制度改革要把按劳分配制度与按要素分配制度结合起来。②提出允许和鼓励资本、技术等生产要素参与收益分配。江泽民在党的十五大报告中指出："坚持按劳分配为主体、多种分配方式并存的制度把按劳分配和按生产要素分配结合起来，允许和鼓励资本、技术等生产要素参与收益分配从而提出了社会主义在市场经济条件下新的分配理论。”这对于丰富、充实、完善社会主义分配制度、促进经济的发展必将起着积极的推动作用。

知识原理

一、问题的提出与“萨伊公式”

分配理论主要是解决“为谁生产”的问题，即生产出来的产品按照什么分配原则在社会各个阶层之间进行分配。

萨伊提出的“三位一体”公式：

$$\begin{cases}劳动——工资\\资本——利息\\土地——地租\end{cases}$$

马歇尔的“四位一体”公式

$$\begin{cases}劳动——工资\\资本——利息\\土地——地租\\企业家才能——利润\end{cases}$$

由此确立了现代西方经济学的分配理论的中心和研究基础。也就是说，分配理论就是解决“生产要素的价格决定”问题。而生产要素的价格决定与产品价格的决定一样，同样是由生产要素的供求关系决定的。

二、生产要素的需求与供给

（一）生产要素的需求的性质

（1）生产要素的需求是一种派生需求，或是说引致需求。

（2）生产要素的需求是一种联合需求或相互依存的需求，即生产所需要的要素是多种的，并且具有替代性或互补性。并且在一定范围内，生产要素替代变动会受到边际收益递减规律的影响。

（二）影响生产要素需求变动的因素

影响生产要素需求变动的因素主要包括以下几点：

（1）由市场对产品的需求，以及产品价格的变动所引起的生产要素需求的变动。也就是说，市场对某种产品的需求越大，该产品的价格就越高，则对这种生产要素的需求就越大。反之，结果相反。

（2）生产技术的影响：

1）如果生产技术是资本密集型的，则对资本要素的需求越大，如果生产技术是劳动密集型的，则对劳动要素的需求越大。

2）生产技术构成变动所产生的替代的影响或互补影响。

（3）生产要素的价格。厂商一般是用价格低的生产要素代替价格高的生产要素。

（4）产品市场结构和生产要素市场结构的影响，即是完全竞争性质的市场结构，还是不完全竞争性质的市场结构。

（5）一家厂商对生产要素的需求与整个行业对生产要素需求的关系。

（三）厂商使用生产要素的原则

厂商的目标是追求利润的最大化，其在选择要素的投入量时也要像在产品市场上那样遵循“边际收益=边际成本”的原则，但这里的边际收益与边际成本与产品市场是有所区别的。

厂商使用要素的边际收益是指每增加一单位生产要素的使用量所带来的增加的产量的价值，称为边际收益产品，记为MRP，公式为

$$\mathrm{MRP}=\frac{\Delta \mathrm{TR}}{\Delta L}=\frac{\Delta \mathrm{TR}}{\Delta Q}\cdot\frac{\Delta Q}{\Delta L}=\mathrm{MR}\cdot \mathrm{MP_L}$$

对于完全竞争的厂商，由于其产品的需求曲线是水平的，即厂商产量的增减并不造成市场价格的变化，价格可以看成常数，因而有MR=P，所以对于完全竞争厂商有

$$\mathrm{MRP}=\mathrm{MR}\cdot \mathrm{MP_L}=P\cdot \mathrm{MP_L}$$

我们将上式的结果，叫做边际产品价值，用VMP表示。显示VMP只是MRP的一个特例，即当MR为常数时，产品价格与要素的边际产量的乘积，即

$$\mathrm{VMP}=P\cdot \mathrm{MP_L}$$

厂商使用要素的边际成本是指每增加一单位生产要素的使用量所增加的成本，以MFC表示，即

$$\mathrm{MFC}=\frac{\Delta C}{\Delta L}$$

厂商生产要素的原则为

$$\mathrm{MRP}=\mathrm{MFC}$$

（四）生产要素的需求曲线与供给曲线

1. 完全竞争市场上的生产要素需求

在完全竞争市场上，由于边际收益（MR）=边际成本（MC）=价格（P），所以，厂商对生产要素的需求就取决于该市场要素的边际收益和要素的边际成本。完全竞争的生产要素市场上，要素以不变的价格出售，故生产要素市场的边际成本为生产要素的价格。MFC也就是一个单位要素的本身价格，MFC=P。

完全竞争市场上的生产要素需求曲线如图8-1所示。

在图8-1中，横轴OQ为生产要素需求量，纵轴OP为生产要素价格，VMP为完全竞争厂商生产要素的需求曲线。当生产要素的价格为OP_0时，生产要素的需求量为OQ_0，这时使用的生产要素量可以实现VMP=P。如果生产要素价格高，即VMP=MFC，从而减少生产要素需求；如果生产要素价格低，即VMP>P，从而增加生产要素需求。最终会达到VMP=MFC，

厂商实现均衡了。

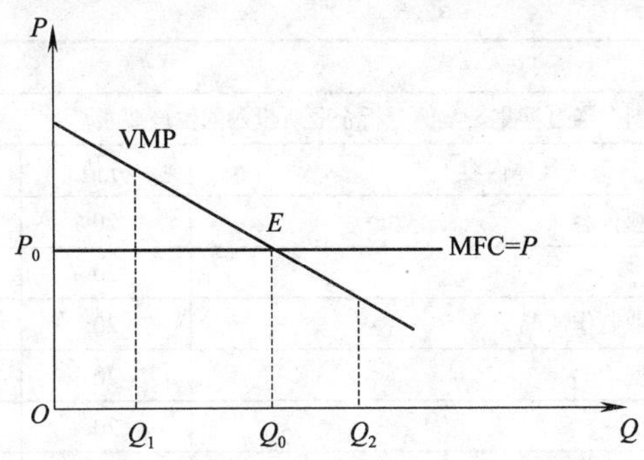

图 8-1 完全竞争市场上的生产要素需求曲线

整个行业的生产要素需求是各个厂商需求之和，同样也是一条向右下方倾斜的线。

2. 不完全竞争市场上的生产要素需求

在不完全竞争市场上，对一个厂商来说价格也是可变的，所以，边际收益并不等于价格，此时边际收益取决于生产要素的边际生产力与价格水平。这时的生产要素需求仍要取决于（MR=MC），因此，生产要素的需求曲线是一条向右下方倾斜的曲线。与完全竞争市场上的需求曲线相比，在生产要素为同一价格时，不完全竞争市场上的生产要素的需求量小于完全竞争市场上的需求量。

3. 生产要素的供给曲线

（1）对于土地之类自然资源的供给，一般是假定不变的，即供给曲线是一条垂直于横轴的直线。

（2）对于资本类的市场要素的供给，同其他任何商品的供给是一样的，是一条向左上倾斜的曲线，当价格上涨时，供给就增加；反之，结果相反。

（3）对于劳动类的生产要素的供给，其供给曲线是一条后弯型的曲线。

互动训练

要求小组讨论，并将活动成果以小组为单位提交作业。

1. 岗位分配

将全班学生分为 8 组，每组 5～8 人。

2. 目标要求

整理相关资料，通过搜集一案例讨论目前我国或我省收入分配的现状。

3. 模拟步骤

（1）各小组选题立项；

（2）通过多种途径搜集资料；

（3）各小组讨论、模拟；

（4）以小组为单位完成作业，并制作 PPT 课件；

（5）利用课堂时间分小组进行作品展示活动，要求解说；

（6）教师进行评价，并和学生共同为各小组打分。

4. **考评分表**

被考评人				
考评内容	整理相关资料，通过搜集一案例分析企业所投入的生产要素			
考评标准	具体内容	分值	得分	本组评语
	查阅整理资料内容	20		
	讨论积极度	20		
	PPT 电子作业制作情况	20		
	作业讲解情况	20		
	问题回答情况	20		
合　计		100		

学以致用

分析经济社会中某行业投入的生产要素包括哪些。

第二节　工 资 理 论

导入案例

个人收入在国民生产总值中的比重扩大。改革开放以后，国家、集体、个人之间的分配格局急剧向个人倾斜。个人收入在国内生产总值中的比重由 1978 年的 50.5%迅速上升到 1997 年的 80.9%，而国家收入在国内生产总值中的比重却由 1978 年的 31.6%急剧下降到 1997 年的 14.1%，集体收入在 20 年中增减幅度不大，只下降 1 个百分点。工资外收入在个人收入中比重扩大。职工工资外收入主要有两部分组成：①职工从本单位获得的工资外收入，主要有劳保福利（降温费、休假费、生日费、过节费、污染费、保健费等）、各种奖金（月奖金、季度奖、年终奖、节日奖等）、开办第三产业的利润提成、外单位的赞助费、挂靠单位的管理费、合作单位的各种业务费和手续费提成等；②职工从本单位以外获得的工资外收入，主要有从事第二职业的收入、被赠予的股份、炒股所得、股息收益、存款利息、集资利息、房屋租金等。

知识原理

一、劳动的供求曲线

工资是劳动的价格或劳动力所提供的劳务的报酬。劳动价格是在劳动市场上形成的。同一般商品的价格决定一样，在完全竞争市场和不完全竞争市场，工资的决定也有不同的情况。下面介绍完全竞争市场上工资的决定。

这里所说的完全竞争是指在劳动市场上的完全竞争状况，无论是劳动力的买方或卖方都不存在对劳动的垄断。在这种情况下，工资完全是由劳动的供求关系决定的。

（一）劳动的需求

从劳动的需求方面说，劳动的要素价格取决于劳动这一要素的边际收益产量，也就是取决于劳动的边际生产力。随着劳动这一要素的雇用量的增加，劳动的边际收益产量递减。所以劳动的需求曲线是一条向右下方倾斜的曲线，表明劳动的需求量与工资呈反方向变动。如图 8-2 所示。

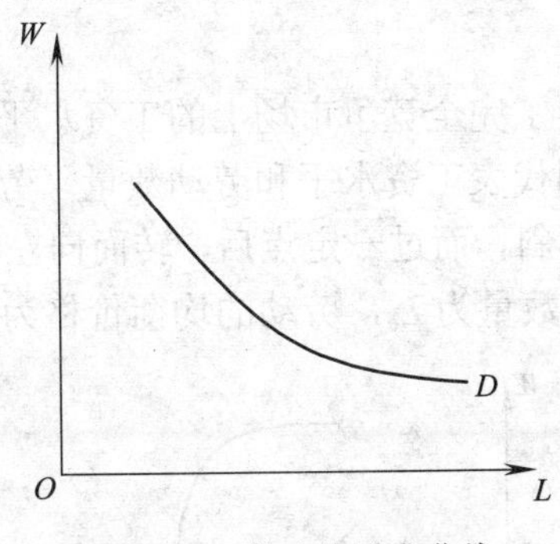

图 8-2　劳动的需求曲线

在图 8-2 中，横轴 *OL* 表示劳动的需求量，纵轴 *OW* 表示工资水平，*D* 表示劳动的需求曲线。

（二）劳动的供给

从供给方面说，劳动的供给曲线是一条向后弯曲的曲线。最初从左下方向右上方倾斜，在达到一定点以后，便开始转向左上方弯曲。即劳动供给量开始时随工资的提高而增加，后来则随工资的提高而降低，如图 8-3 所示。

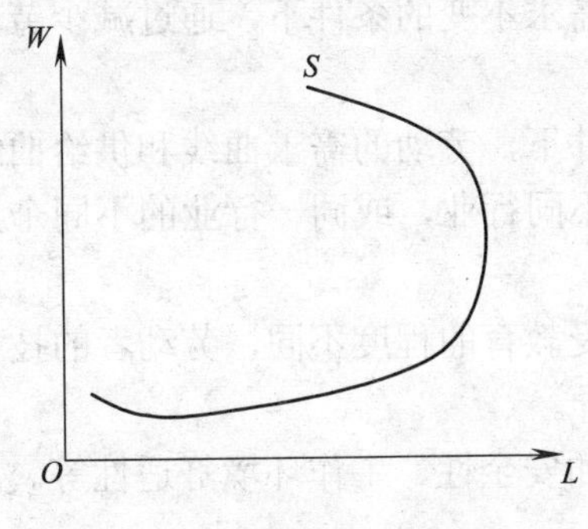

图 8-3　劳动的供给曲线

在图 8-3 中，横轴 *OL* 表示劳动的供给量，纵轴 *OW* 表示工资水平，*S* 表示劳动的供给曲线。

劳动的供给主要取决于劳动的成本，这种劳动的成本包含实际成本和心理成本。一般来说，工资收入增加固然可以为劳动者增加效用，但也由此牺牲了闲暇时间，这又是一种负效用。当收入达到一定程度后，由工资收入给劳动者增加的正效用不足以抵消劳动的负效用时，劳动者就宁愿减少工作时间而增加闲暇时间，从而劳动就会减少。劳动供给取决于工资变动所引起的替代效应和收入效应。随着工资增加，由于替代效应的作用，家庭用工作代替闲暇，从而劳动供给增加。同时，随着工资增加，由于收入效应的作用，家庭需要更多闲暇，从而劳动供给减少。当替代效应大于收入效应时，劳动供给随工资增加而增加；当收入效应大于替代效应时，劳动供给随工资增加而减少，一般规律是，当工资较低时，替代效应大于收入效应；当工资达到某个较高水平时，收入效应大于替代效应。因此，劳动供给曲线是一条向后弯曲的供给曲线。

二、工资的决定

劳动的需求与供给共同决定了完全竞争市场上的工资水平，如图 8-4 所示。

在图 8-4 中，纵横两轴分别代表工资水平和劳动数量。劳动需求曲线 D 向右下方倾斜，劳动供给曲线 S 开始向右上方倾斜，而过一定点后，转而向左上方弯曲。曲线 D 和曲线 S 的交点 E，决定了劳动要素的均衡数量为 L_e，劳动的均衡价格为 W_e。

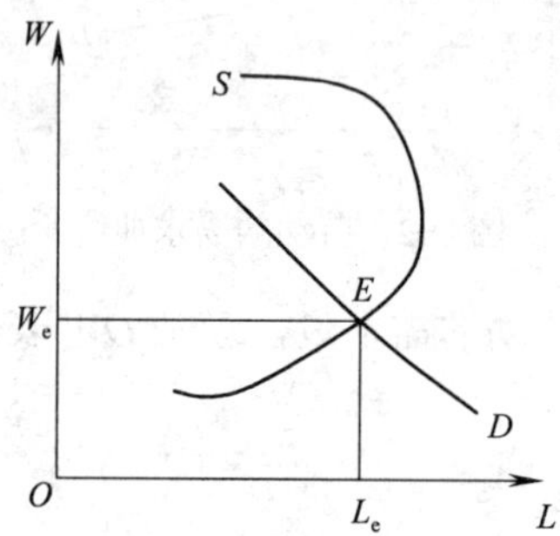

图 8-4　劳动市场上工资的决定

根据供求定理，在劳动供给不变的条件下，通过增加对劳动的需求，不但可以使工资增加，还可以增加就业。在劳动需求不变的条件下，通过减少劳动的供给同样也可以使工资增加，但这种情况会使就业减少。

虽然在完全竞争市场的条件下，劳动的需求曲线和供给曲线的交点决定均衡工资，但值得注意的是，在现实社会中，不同行业，或同一行业的不同个人的工资差异非常大，这主要由以下因素造成：

（1）劳动质量差异。由于受教育的程度不同，劳动者的技术水平高低不同，其创造的价值有大有小，因此工资也有差异。

（2）非货币利益的差异。如安全性、工作环境舒适性等。

互动训练

要求小组讨论，并将活动成果以小组为单位提交作业。

1. **岗位分配**

将全班学生分为 8 组，每组 5～8 人。

2. **目标要求**

整理相关资料，通过搜集一案例讨论目前我国或某省收入分配的现状。

3. **模拟步骤**

(1) 各小组选题立项；

(2) 通过多种途径搜集资料；

(3) 各小组讨论、模拟；

(4) 以小组为单位完成作业，并制作 PPT 课件；

(5) 利用课堂时间分小组进行作品展示活动，要求解说；

(6) 教师进行评价，并和学生共同为各小组打分。

4. **考评分表**

被考评人				
考评内容	整理相关资料，通过搜集一案例讨论目前我国或某省收入的现状			
考评标准	具体内容	分值	得分	本组评语
	查阅整理资料内容	20		
	讨论积极度	20		
	PPT 电子作业制作情况	20		
	作业讲解情况	20		
	问题回答情况	20		
合　计		100		

学以致用

分析各行业工资收入的异同点。

第三节 利息理论

导入案例

由于 2008 年金融危机，我国央行采取了双松货币政策，这导致了 2009 年货币的高投放和信贷的快速增长。2009 年 11 月居民消费价格指数 CPI 由负转正，12 月通胀率进一步攀升的同时工业品出厂价格指数 PPI 则首度由负转正；到 2010 年通货膨胀现象更为显著，众多专家学者预计 2011 年年初 CPI 指数上涨幅度将会达到 5%。虽然人民银行仍然实行适度宽松的货币政策，但为面对国内的物价上涨，稳定经济金融运行，2010 年 10 月 20 日，中国人民银行决定即日起上调金融机构人民币存贷款基准利率。

知识原理

利息是资本的价格，是资本所有者的收入，或使用资本这一生产要素的报酬。西方经济学认为，资本之所以能带来利息，这是因为使用资本可以提高生产效率。利息通常用利息率来表示。

（一）对资本支付利息的原因

1. 时间偏好

在未来消费与现期消费中，人们更加偏好现期消费。也就是说，现在多增加一单位消费所带来的边际效用大于将来多增加一单位消费所带来的边际效用。究其原因主要有三：①人们预期未来的物品稀缺性会减弱；②人们认为人生短促，也许自己活不到享受未来物品的时候；③人们不太重视未来的欢乐和痛苦，习惯于低估未来的需要，低估满足未来需要的物品的效用。时间偏好的存在，决定了人们总是偏好现期消费。一旦人们放弃现期消费而把它变成资本，就应该得到利息作为补偿。

2. 迂回生产与资本净生产力

迂回生产是指先生产生产资料（或称资本品），然后用这些生产资料去生产消费品。这种迂回的办法可以提高生产效率，而且迂回的过程越长，生产效率越高。例如，用猎枪比用弓箭、石头打猎效率更高。现代生产的特点就在于迂回生产，但迂回生产的实现就必须有资本。利用资本进行迂回生产，可以提高资本的生产效率，这种因使用资本而提高的生产效率叫做资本的净生产力。资本具有净生产力是资本能带来利息的根源。

（二）利率的决定

利率取决于对资本的需求与供给。资本的需求主要是企业投资的需求，因此，可以用投资来代表资本需求。资本的供给主要是储蓄，因此，可以用储蓄来代表资本的供给。这样就可以用投资与储蓄来说明利息率的决定。

1. 资本的需求

企业之所以要借入资本进行投资，是为了实现利润最大化，因为资本的使用可以提高生产效率，由于投资的边际效率随投资增加，即资本的存量的相应增加而递减，所以，资本的需求是一条向右下方倾斜的曲线，它表示在利润率既定时，利率与投资呈反方向变动，如图 8-5 所示。

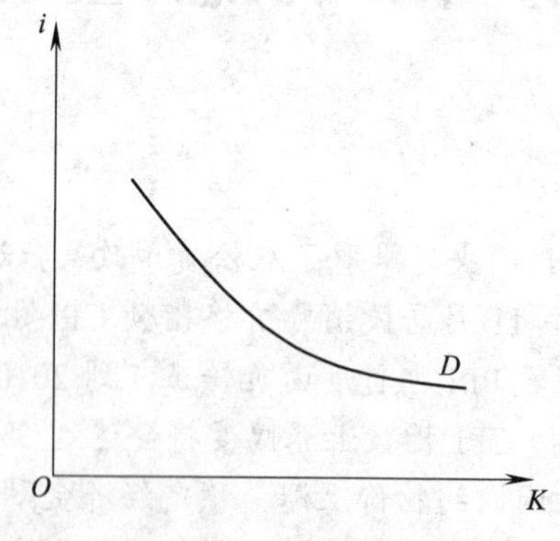

图 8-5　资本的需求曲线

在图 8-5 中，横轴 OK 表示资本的需求量，纵轴 Oi 表示利率水平，D 表示资本的需求曲线。

2. 资本的供给

资本的供给，就是资本的所有者在各个不同的利率水平上愿意而且能够提供资本的数量。它依存于人们的收入用于个人消费以后的余额——储蓄。利息是为了诱使人们抑制或推迟眼前消费，进行储蓄以提供资本的一种补偿。这种补偿随放弃现时消费量的增加而递增，只有相应地提高利率，人们才愿意提供更多的资本，所以，资本的供给是一条向右上方倾斜的曲线，它表示利率与储蓄呈同方向变动，如图 8-6 所示。

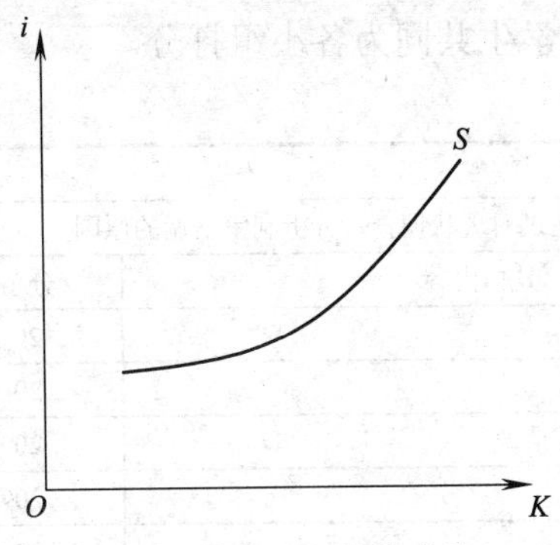

图 8-6 资本的供给曲线

在图 8-6 中，横轴 OK 表示资本的供给量，纵轴 Oi 表示利率水平，S 表示资本的供给曲线。

3. **利息率的决定**

利息率简称利率，是由资本的需求与供给双方共同决定的，如图 8-7 所示。

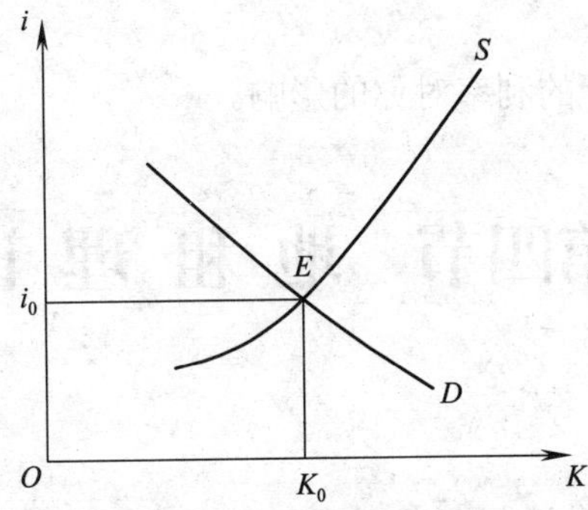

图 8-7 资本市场的利率决定

资本的需求曲线 D 和供给曲线 S 的交点为 E，均衡利率为 i_0，它表示利率水平为 i_0 时，投资者对资本的需求恰好等于储蓄者愿意提供的资本，两者均为 K_0。

知识原理

要求小组讨论，并将活动成果以小组为单位提交作业。

1. **岗位分配**

将全班学生分为 8 组，每组 5～8 人。

2. **目标要求**

整理相关资料，通过搜集一案例讨论目前利率的现状。

3. **模拟步骤**

（1）各小组选题立项；

（2）通过多种途径搜集资料；

（3）各小组讨论、模拟；

（4）以小组为单位完成作业，并制作 PPT 课件；

（5）利用课堂时间分小组进行作品展示活动，要求解说；

（6）教师进行评价，并和学生共同为各小组打分。

4. **考评分表**

被考评人				
考评内容	整理相关资料，通过对现状调查，分析利率下调的原因			
考评标准	具体内容	分值	得分	本组评语
	查阅整理资料内容	20		
	讨论积极度	20		
	PPT 电子作业制作情况	20		
	作业讲解情况	20		
	问题回答情况	20		
合　计		100		

学以致用

分析你所在开户储蓄银行的利率对你的影响。

第四节　地租理论

导入案例

无论在国外还是国内，影视和体育明星们的收入都是天文数字。明星们的这种高收入合不合理，或者用经济学的语言说，他们的这种收入公平不公平，有没有效率呢？学习了地租理论后，相信你能对此作出回答。

知识原理

一、土地与地租的性质

地租是土地这种生产要素的价格。它的产生首先在于土地自身具有生产力。这种生产力决定了土地具有以下四个特征：

（1）土地本身的“天然报酬”，即土地的边际生产力是先天性的；

（2）土地资源具有不可再生、数量有限、位置不变的特征，即土地的供给是不变的；

（3）土地的质量是不同的；

（4）土地的需求几乎是不可替代的。

由于土地和地租的特点，决定了地租的产生与归属是两个不同的问题。地租产生的原因是多方面的，是普遍存在的，而地租的归属则与土地的所有制性质相联系。所以，地租的形成与地租归属是不一致的。

二、地租的决定

如同工资和利息的决定一样，地租的决定也是由土地的需求和供给决定的。

（一）土地的需求与供给

土地的需求取决于土地的边际生产力，土地的边际生产力也是递减的，所以，土地的需求曲线是一条由左上方向右下方倾斜的曲线。由于土地的供给是固定不变的，所以，土地的供给曲线是一条垂直横轴的直线。

当土地的需求与供给相等时，由此所决定的价格就是地租。

土地的供给曲线 S 与需求曲线 D 相结合时的均衡点，所示的价格 R 为土地的均衡价格，如图 8-8 所示。

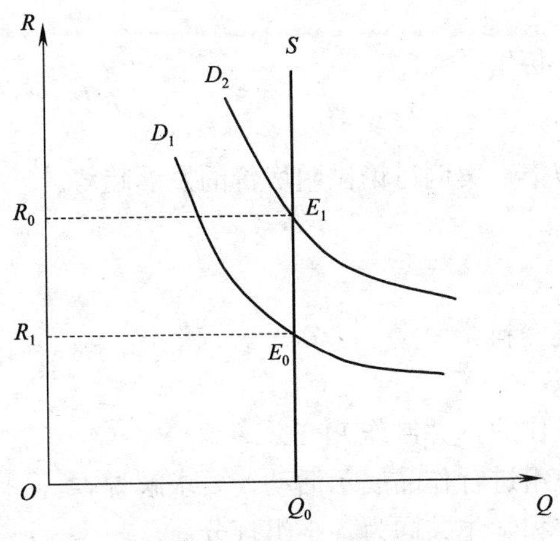

图 8-8 土地的供给曲线

随着社会经济的发展，对土地的需求不断增加，而土地的供给却固定不变，这样，就存在着一个地租不断上升的趋势。

（二）级差地租的形成决定

级差地租是指在农产品和成本支出相同的情况下，在使用其他生产要素、生产技术相同的条件下，由土地肥沃等级和地理位置等方面不同而产生的地租。

A、B、C 为三块土地肥沃程度不同所缴纳的级差地租。D 块土地的总收益=总成本，没有地租，称为“边际土地”。E 块土地的收益小于生产成本，不会被利用。（参看下表 8-1）

表 8-1 级差地租

	产 量	价 格	总 产 值	生 产 成 本	级 差 地 租
A	2 000	2	4 000	2 000	2 000
B	1 800	2	3 600	2 000	1 600
C	1 500	2	3 000	2 000	1 000
D	1 000	2	2 000	2 000	0
E	800	2	1 600	2 000	–400

三、准地租与经济租金

（1）准地租是指固定资产在短期内所得到的收入。在短期内，由于固定资产是不变的，只要产品的销售价格能够弥补平均可变成本的支出，其余额部分就会形成准地租。

（2）经济租金是指生产要素所有者所得到的实际收入高于他所希望得到的收入，其超过部分就为经济租金。

经济租金与准租金不同的是，准租金只是在短期内存在，而经济租金则长期存在。

互动训练

要求小组讨论，并将活动成果以小组为单位提交作业。

1. 岗位分配

将全班学生分为8组，每组5～8人。

2. 目标要求

整理相关资料，通过搜集一案例讨论昆明房价的发展趋势。

3. 模拟步骤

（1）各小组选题立项。

（2）通过多种途径搜集资料。

（3）各小组讨论、模拟。

（4）以小组为单位完成作业，并制作PPT课件。

（5）利用课堂时间分小组进行作品展示活动，要求解说。

（6）教师进行评价，并和学生共同为各小组打分。

4. 考评分表

被考评人				
考评内容	整理相关资料，通过搜集一案例讨论目前关于昆明房价的发展趋势			
考评标准	具体内容	分值	得分	本组评语
	查阅整理资料内容	20		
	讨论积极度	20		
	PPT电子作业制作情况	20		
	作业讲解情况	20		
	问题回答情况	20		
合　计		100		

学以致用

为什么房价越来越高，从经济学中的土地要素来分析。

第五节 利润理论

导入案例

2010年度《财富》世界500强数据显示，2010年丰田汽车营业收入是2 041亿美元，位居世界汽车行业第一位。丰田汽车的利润已经远远超过全球汽车行业其他企业利润的平均水平。丰田汽车公司的惊人利润从何而来。下面我们从经济学的角度来谈谈什么是利润，以及它的来源和作用。

知识原理

在经济学上，一般把利润分为正常利润和超额利润，这两种利润的性质与来源都不相同。

一、正常利润

正常利润是企业家才能的价格，也是企业家才能这种生产要素所得到的收入。它包括在成本之中，其性质与工资相类似，也是由企业家才能的需求与供给所决定的。不同的只是由于企业家需求和供给的特殊性（边际生产力大、培养成本高）决定了它的数额远远高于一般劳动所得的工资。

因为正常利润包括在经济学分析的成本之中，所以收支相抵就是获得了正常利润。在完全竞争中，利润最大化就是获得正常利润。超过正常利润以后的超额利润在完全竞争之下并不存在。

二、超额利润

超额利润是指超过正常利润的那部分利润，又称为纯粹利润或经济利润。这样的利润在完全竞争下并不存在。根据超额利润的来源和性质的不同，具体分为：

（一）垄断与超额利润

由垄断而产生的超额利润称为垄断利润，可以分为卖方垄断和买方垄断。卖方垄断是指对某种产品出售权的垄断，抬高商品卖价以损害消费者而取得的利润。它能够为厂商提供超过正常利润的纯利润。例如，一家厂商享有某种产品的专利权或声誉卓著的商标，能够赚得超过正常利润的垄断利润。买方垄断是指对某种产品或生产要素购买权的垄断。垄断者可以压低收购价格，以损害生产者或生产要素供给者的利益而获得超额利润。垄断所引起的超额利润是不合理的，是市场竞争不完全的结果。

（二）创新与超额利润

美国经济学家熊彼特的创新是指对原有均衡的突破，也就是说，创新是指企业家对生产要素实行新的组合。创新主要涉及五个方面：①提供新产品；②发明新技术和新工艺；③开辟新市场；④控制原材料的新来源；⑤建立新的组织形式。创新是社会进步的动力，能够提高生产效率，促进经济增长。因此，由创新所获得的超额利润是合理的，是对创新者给予的鼓励和补偿。

丰田公司的企业创新包括企业管理、精益生产、产品的高质量和精明的销售技巧，是奠定丰田高利润的基础。

（三）风险与超额利润

超额利润也被看做企业进行冒险所承担风险的一种报酬。风险是指厂商决策所面临的亏损可能性。任何决策总是面向未来的，而未来是不确定的，因而，企业决策总存在风险。一家企业可以从事原来未曾料到的事件中获得意料之外的利润，也可能蒙受没有预料到的损失，前者像其他超过正常利润的企业利润一样，可列入超额利润这个范畴之中。因此，由承担风险而产生的超额利润也是合理的，从事具有风险的生产就应该以利润的形式得到补偿。

总之，利润是经济社会进步的动力。它能够激励企业家努力工作，推动社会创新，勇于从事风险投资，有利于节约资源，有利于资源合理配置。

互动训练

要求小组讨论，并将活动成果以小组为单位提交作业。

1. **岗位分配**

将全班学生分为 8 组，每组 5～8 人。

2. **目标要求**

整理相关资料，通过搜集一案例讨论目前我国或某省收入分配的现状。

3. **模拟步骤**

（1）各小组选题立项；

（2）通过多种途径搜集资料；

（3）各小组讨论、模拟；

（4）以小组为单位完成作业，并制作 PPT 课件；

（5）利用课堂时间分小组进行作品展示活动，要求解说；

（6）教师进行评价，并和学生共同为各小组打分。

4. **考评分表**

被考评人				
考评内容	整理相关资料，通过搜集一案例讨论获得超额利润的原因			
考评标准	具体内容	分值	得分	本组评语
	查阅整理资料内容	20		
	讨论积极度	20		
	PPT 电子作业制作情况	20		
	作业讲解情况	20		
	问题回答情况	20		
合　计		100		

学以致用

在假期里选择一工作，考虑怎么做可以获取超额利润。

第六节 收入分配理论

导入案例

在几何学上，金字塔是一种稳定的结构，但在社会中，这样的分配结构极不利于经济社会的稳定运行和健康发展。就整个社会的分配格局来说，我们应当培育的是“两头小，中间大”的“橄榄形”收入结构，造就一大批中等收入人群。那么如何来衡量社会收入分配的平均程度呢?

知识原理

一、收入分配的衡量：洛伦茨曲线与基尼系数

（一）洛伦茨曲线

洛伦茨曲线是用来衡量社会收入分配（或财产分配）平均程度的曲线。它由美国经济学家洛伦茨提出。

假设某国家的人口与收入分布见表 8-2。把全部人口从最低收入 A 到最高收入 E 分为五组，各占人口总数的 20%，并说明每组的收入在总收入中所占的百分比。例如，A 组的 20%为最低收入人口，其收入占所有人口总收入的 5%，而在 E 组的 20%为最高收入人口，其收入占所有人口总收入的 40%。

根据表 8-2 中人口与收入百分比的合计，画出洛伦茨曲线图，如图 8-9 所示。

表 8-2 人口与收入分布表

组别	人口		收入	
	占人口百分比（%）	合计（%）	占收入百分比（%）	合计（%）
A	20	20	5	5
B	20	40	12	17
C	20	60	18	35
D	20	80	25	60
E	20	100	40	100

在图 8-9 中，横轴代表人口百分比，纵轴代表收入百分比。*OX* 线为 45° 线，在这条线上，每 20%的人口得到 20%的收入，表明收入分配绝对平均，称为绝对平均线。折线 *OEX*

表明收入分配绝对不平均，称为绝对不平均线。实际的洛伦茨曲线应该介于这两条线之间，利用洛伦茨曲线可以表明收入与财产分配的不平等程度。洛伦茨曲线离绝对平均线越远，表明收入或财产分配越平等；洛伦茨曲线离绝对不平均线越近，表明收入或财产分配越不平等。

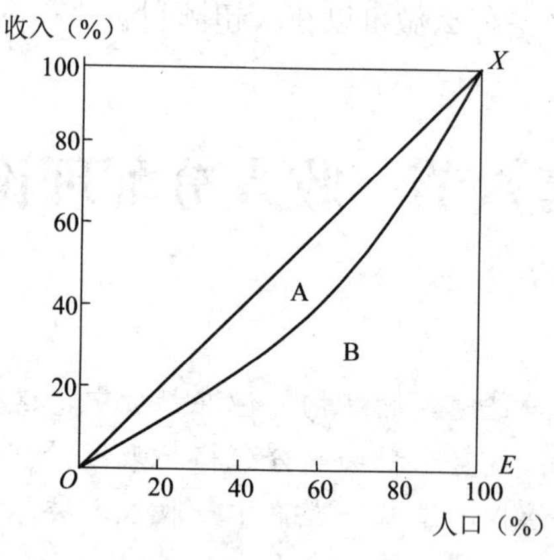

图 8-9 洛伦茨曲线

运用洛伦茨曲线可以比较同一个国家不同时期或同一时期不同国家的收入分配的平均状况与变化状况，如图 8-10 所示。

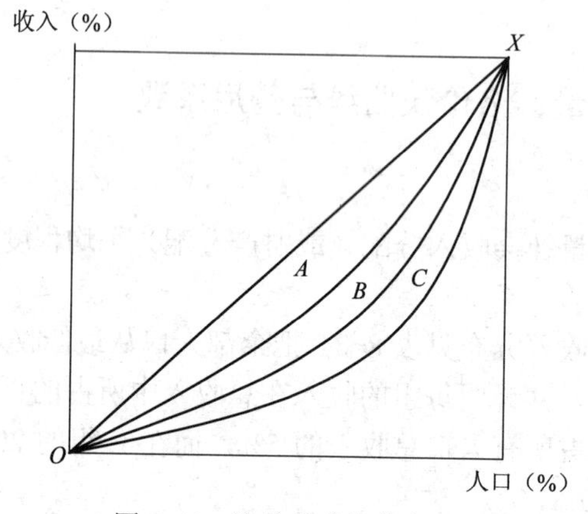

图 8-10 洛伦茨曲线的变动

假如在图 8-10 中，A、B、C 三条洛伦茨曲线分别表示甲、乙、丙三个国家的实际洛伦茨曲线，那就可以看出，甲国收入分配最平等，丙国收入分配最不平等。如果把 A、B 这两条洛伦茨曲线作为实施一项政策前后的洛伦茨曲线，那么可以看出，在实施该项政策后，收入分配更不平等了。

（二）基尼系数

20 世纪初，意大利经济学家基尼根据洛伦茨曲线找出了判断分配平等程度的指标。根据洛伦斯曲线可以计算出反映收入分配平等程度的指标，这一指标称为基尼系数。如果实际收入线与绝对平均线之间的面积用 A 来表示，实际收入线与绝对不平均线之间的面积用 B 来表示，则计算基尼系数的公式为

基尼系数=A/（A+B）

实际收入线与绝对平均线之间的面积为零时，收入分配绝对平均，基尼系数为0；实际收入线与绝对不平均线之间的面积为0时，收入分配绝对不平均，基尼系数为1。实际基尼系数总是大于0而小于1。基尼系数越小，收入分配越平均；基尼系数越大，收入分配越不平均。

二、公平与效率兼顾的分配原则

（一）公平

公平是指待人处事中合乎人的正当情感和正义之理，是调节人们相互关系的一种行为准则，是分配社会权利和义务时必须遵循的价值尺度。一般是对分配关系而言的，它属于道德范畴。就我国而言，是指每一个公民在政治、经济、文化思想等各个方面都真正地拥有同等的权利。这种平等，是社会主人翁之间平等的实际权利和义务。这种平等是建立在社会主义公有制的经济和政治体系，以及社会主义价值观念基础上的社会公平。公平从横向看，它包括经济利益公平、政治利益公平、社会公共产品享有的公平；从纵向看，它包括机会公平、起点公平、过程公平和结果公平。

（二）效率

效率是指劳动、工作中所消耗的劳动量与所获得的劳动效果的比率，它属于生产力范畴。对于一个企业或社会来说，最高效率意味着资源处于最优配置状态，从而使特定范围内的需要得到最大满足或福利得到最大增进或财富得到最大增加。社会已经达到人尽其才、物尽其用，不存在任何浪费资源的现象，以致每个劳动者都实现了经济收入最大化。

（三）公平与效率的矛盾

效率优先、兼顾公平，是我们党现行分配政策的一条重要原则。强调效率优先，符合市场经济要求；强调兼顾公平，符合社会主义要求。人与人之间、行业与行业之间、单位与单位之间，素质优劣、能力大小、生产效益好坏是不一样的，因此，其生产效率和贡献是不可能一样的。按劳分配也好，按生产要素分配也好，所得报酬也是不可能一样的。在社会主义初级阶段，在分配问题上，只考虑公平，不讲效率，就不利于调动人们的积极性和创造性；而只考虑效率，又会过分拉大收入差距，不利于实现社会公平。所以正确的做法是，重效率，但不唯效率；讲公平，但不搞一刀切。

小资料

如何认识效率与公平的关系

要坚持效率优先，兼顾公平的原则。首先，要讲效率优先。允许和鼓励一部分人通过诚实劳动与合法经营先富起来，承认差别，合理拉开个人收入的差距，调动各方面的积极性，促进生产发展，体现的是效率优先。其次，要讲兼顾公平。兼顾公平首先是力求起点平等的公平，为个人创造平等的竞争条件，提供平等的竞争机会。坚持效率优先，兼顾公平，必须处理好三种关系：①既要提倡奉献精神，又要落实分配政策等。②既要反对平均主义，又要防止收入悬殊。③初次分配注重效率，再分配注重公平。在防止收入悬殊中，基本的政策是：保护合法收入，整顿不合理收入，调节过高收入、取缔非法收入。

（四）如何处理公平与效率的关系

（1）市场上追求效率。在市场经济条件下，应当以公平竞争为主要准则，以追求效率为主，即应该是效率优先。效率优先意味着人们以经济建设为中心，以实现生产力的发展为目标。只有效率优先才能提供公平的物质基础，没有效率，公平只是一句空话，而且，效率上去了，可以用其经济成果来支持公平。在二者的关系中要以效率为先，兼顾公平。

（2）管理上以公平促进效率。在组织的运行中，管理的目标是以实现效率为导向的活动。管理中虽然是要体现出投入产出的效率，体现出经济效率的优先性，但公平是一种重要的途径。与市场领域中体现竞争公平不同，管理领域中主要是体现机会均等和组织内成员的公平感。

（3）社会制度上追求公平。在社会制度和社会价值方面，公平是首要的价值，因此，实现公平可能对效率产生不利的影响，但无论如何，我们更不能牺牲公平只顾效率。正确的做法是，在发展经济方面要追求效率；在处理社会关系方面，在社会整体制度上力求公平。

因此，要使每个人都享有平等的参与竞争、劳动就业的机会。国家在大力发展经济方面要以效率为先，以发展生产力，富国利民为基本目标。同时，效率并不是在二者关系中必然处于优先地位的，在社会整体制度上要努力体现公平，保障公平在社会基本权利和人道待遇上的平等与公平。这就需要国家通过各种收入转移等办法，用政策对直接收入加以调节，保障弱势群体作为社会公平的基本权利和人道待遇。总之，在公平与效率之间，既不能只强调效率忽视了公平，也不能因为公平而不要效率。

三、社会收入分配的标准和政策

（一）社会收入分配的标准

1. 贡献标准

贡献标准指的是按社会成员的贡献分配社会收入，这种分配标准能保证经济效率的不断提高。

2. 需要标准

需要标准是按社会成员对生活必需品的需要分配社会收入。这种标准满足了个人社会需求，但是会忽视个人对社会经济发展所作的贡献。

3. 平等标准

平等标准是以公平优先的原则来分配社会收入的一种分配标准。社会收入分配的平等程度主要可以用三种标准衡量：①劳动分配率，即劳动收入在国民收入中所占的比例；②洛伦茨曲线与基尼系数；③工资的差异率。在这三种衡量标准的运用中，我国居民所能接受的标准是：劳动收入在国民收入中所占比例较大，洛伦茨曲线接近于绝对平均线，基尼系数比较小，以及工资差异率较低。

（二）社会收入分配政策

1. 增加教育费用支出

增加教育费用支出：一方面可以提高低收入者取得较高收入的能力，有助于缩小社会的收入差距，以利于实现公平；另一方面可以使全社会收益，提高整个社会的劳动生产率，也有利于提高经济效率。

2. 做好社会福利事业

建设社会福利性措施通常有：①对有劳动能力，但没有工作或收入较低的人的补助；②对丧失劳动能力的人实行社会救济，出于人道主义的考虑，保证每个社会公民都能得到平等的生存能力。

3. 通过税收手段调节收入差距

实现税收调节政策的主要手段是征收个人所得税，个人所得税是税收的一项重要内容，它通过超额累进所得税率来调节社会成员收入分配的不公平状况。实行税收调节政策的目的是通过税收手段来缩小收入差距。

4. 改革收入分配制度

改革收入分配制度主要是采用公平与效率相协调的收入分配模式——混合经济制度，即协调公平与效率的关系，采取混合经济制度比较适宜。市场经济可以发挥效率，增加收入，但在某些情况下需要政府进行必要的干预，政府采取合理的调节措施可以防止社会收入分配相差过大，有利于实现公平，但政府干预不能过度，以免侵犯个人之间在市场上的自由竞争。

互动训练

要求小组讨论，并将活动成果以小组为单位提交作业。

1. 岗位分配

将全班学生分为8组，每组5～8人。

2. 目标要求

整理相关资料，通过搜集一案例讨论目前我国或某省收入分配的现状。

3. 模拟步骤

（1）各小组选题立项。

（2）通过多种途径搜集资料。

（3）各小组讨论、模拟。

（4）以小组为单位完成作业，并制作PPT。

（5）利用课堂时间分小组进行作品展示活动，要求解说。

（6）教师进行评价，并和学生共同为各小组打分。

4. 考评分表

被考评人				
考评内容	整理相关资料，通过搜集一案例讨论目前我国或某省收入分配的现状			
考评标准	具体内容	分值	得分	本组评语
	查阅整理资料内容	20		
	讨论积极度	20		
	PPT电子作业制作情况	20		
	作业讲解情况	20		
	问题回答情况	20		
合　计		100		

学以致用

基尼系数是国际通用的衡量贫富差距的最可行方法。联合国有关组织规定的基尼系数如表所示，国际上一般以 0.4 为警戒线。

基 尼 系 数	收入分配平等程度	基 尼 系 数	收入分配平等程度
0	绝对平等	0.4～0.5	差距较大
小于 0.2	高度平等	大于 0.5	差距悬殊
0.2～0.3	比较平等	大于 0.6	高度不平等
0.3～0.4	基本合理	1	绝对不平等

问题：基尼系数的优缺点。

基尼系数的优点：便于了解、掌握和比较。人们可以对一个国家不同时期的基尼系数进行比较，也可以对不同国家的基尼系数进行比较。

基尼系数的缺点：①它不能说明不平等的全部情况；②不同国家可能采用不同的统计口径和资料，可比性差。

课后练习

一、填空题

1. 任何产品都是由__________、______________、__________和______________这四种基本的生产要素共同生产出来的。

2. ___________、_____________、___________和___________从生产角度看，是生产要素的价格。

3. ___________是指支付给要素所有者的总收入中超过转移收入的部分。

4. 经济利润来源于三方面，即_________、____________和____________。

5. 社会收入分配的标准有__________、____________和____________。

二、单项选择题

1. 在生产要素市场，为使利润最大化，企业将按照边际收益产品等于（　　）的原则来调节生产要素的使用量。

A. 边际收益　　B. 边际生产力　　C. 边际要素成本　　D. 边际收益

2. 工资率的上升所导致的替代效应是（　　）。

A. 工作同样长的时间可以得到更多的收入

B. 工作较短的时间也可以得到同样的收入

C. 工人宁愿工作更长时间，用收入带来的享受替代闲暇带来的享受

D. 以上均对

3. 洛伦茨曲线代表了（　　）。

A. 贫困的程度　　B. 税收体制的改革

C. 收入不平等的程度　　D. 税收体制的透明度

4. 如果收入是平等分配的，则洛伦茨曲线与（　　）。

A. 横轴重合　　B. 45度对角线重合　　C. 纵轴重合　　D. 难以确定

5. 随着工作水平的提高（　　）。

A. 劳动的供给量会一直增加

B. 劳动的供给量会一直减少

C. 劳动的供给量先增加，但工资提高到一定水平后，劳动的供给量不仅不增加，反而会减少

D. 劳动的供给量增加到一定程度后就不会增加也不会减少了

三、多项选择题

1. 产品都是由（　　）这些生产要素共同生产出来的。

A. 劳动　　B. 资本

C. 土地　　D. 企业家的管理才能

2. 经济利润来源于（　　）。

A. 创新利润　　B. 风险利润　　C. 垄断利润　　D. 正常利润

3. 创新利润主要通过（　　）获得。

A. 新思想　　B. 新产品　　C. 新资源　　D. 新市场

4. 土地具有以下（　　）特征。

A. 土地资源具有不可再生、数量有限、位置不变的特征，即土地的供给是不变的

B. 土地的质量是不同的

C. 土地的需求几乎是不可替代的

D. 土地的需求不变，供给可变

5. 社会收入分配的标准有（　　）。

A. 贡献标准　　B. 需要标准　　C. 平等标准　　D. 无标准

四、判断题

1. 分配理论实际上是均衡价格理论在分配问题上的应用。（　　）

2. 劳动的供给和其他商品的供给一样，价格越高，供给越多，因此，提高工资可以无限增加劳动供给量。（　　）

3. 短期内供给量不变的要素所获得的收入称为准租金。准租金属于短期分析中的一个概念。（　　）

4. 基尼系数是指根据洛伦斯曲线计算出的反映社会收入分配均等化程度的指标。基尼系数越大表明社会分配越趋于平均。（　　）

五、简答题

1. 生产要素需求的性质是什么？

2. 土地的供给曲线为什么是垂直的？

3. 运用收入效应和替代效应的概念对劳动曲线向后弯曲进行分析。

4. 经济利润和正常利润之间有什么区别？

六、论述题

1. 用经济学观点分析一些演艺、体育明星的过高收入的原因。

2. 近年，房价不断上升，从经济学角度分析房价上涨的原因。

第九章　国民收入决定理论

学习目标

通过本章的学习，要求学生掌握国民收入的基本概念，了解国民收入核算的经济指标、核算方法，以及国民收入核算中的供求恒等关系，理解国民收入决定的基本原理及分析方法。

小故事

汉朝的时候，在西南方有个名叫夜郎的小国家，它虽然是一个独立的国家，可是国土很小，百姓也少，物产更是少得可怜。但是由于邻近地区以夜郎这个国家最大，从没离开过国家的夜郎国国王就以为自己统治的国家是全天下最大的国家。

有一天，夜郎国国王与部下巡视国境的时候，他指着前方问说："这里哪个国家最大呀？"部下们为了迎合国王的心意，于是就说："那还用说，当然是夜郎国最大啰！"走着走着，国王又抬起头来、望着前方的高山问说："天底下还有比这座山更高的山吗？"部下们回答说："那还用说，天底下没有比这座山更高的山啰。"

后来，他们来到河边，国王又问："我认为这可是世界上最长的河川了。"部下们仍然异口同声回答说："大王说得一点都没错。"从此以后，无知的国王就更相信夜郎是天底下最大的国家。

有一次，汉朝派使者来到夜郎国，骄傲又无知的国王因为不知道自己统治的国家只和汉朝的一个县差不多大，竟然不知天高地厚地问使者："汉朝和我的国家哪个大？"

第一节　国民收入核算理论与方法

导入案例

话说两个学经济学的学生走在路上，看到路边有一坨鸟屎，A对B说：你把它吃了，我就给你5000万。为了钱B就毫不犹豫地吃了，A爽快地给了B一张5000万的支票。他们继续走着，但是他们心里却都有了一个疙瘩。A想，他吃一坨鸟屎，我就给了他5000万，真不值。B心里想，我吃了一坨鸟屎，才拿到5000万，真不值。突然，在路边又出现一坨鸟屎。于是B报复A说道：你把它吃了，我就还你5000万。见到弥补损失的机会，于是A也毫不犹豫地吃了。但是两个人回过头来想想就觉得不对：什么都没得到，却一人吃了一坨鸟屎，平添了一身恶心。于是把这件事告诉了他们的经济学导师，导师激动地喊道：天哪！知道吗？你们刚才做了什么？两个学生一脸后悔地说：我们一人吃了一坨鸟屎。导师立即打断他们的话：不不不！一眨眼工夫，你们就创造了一个亿的GDP，奇迹啊！

知识原理

一、国内生产总值（GDP）

国内生产总值（GDP）是指一定时期内在一个国家或地区范围内所生产的全部最终产品和劳务的价格总和。

这里所谓的“产品”，不仅包括诸如食品、衣服、汽车等有形的货物，而且包括诸如教育、卫生、理发、美容等无形的服务。

GDP在统计时必须注意以下原则：

（1）GDP统计的是最终产品，而不是中间产品。最终产品是供人们直接使用和消费，不再转卖的产品和劳务。中间产品是作为生产投入品，不能直接使用和消费的产品和劳务。

生活中，有些产品可以作为最终产品，也可以作为中间产品。例如，面粉被消费者买回家蒸馒头自家吃，则为最终产品，若被食品厂买去蒸制馒头后卖给消费者，则为中间产品。这样把哪些面粉计入最终产品，哪些面粉计入中间产品，是很容易混淆的。用增值法来计算最终产品价值，可避免价值的重复计算。以馒头为例，见表9-1。

表9-1 用增值法计算最终产品价值

产品名称	售价	中间产品价格	增值
小麦	100	0	100
面粉	200	100	100
馒头	350	150	200
总计	650	250	400

我们知道，市场最终销售的馒头是通过小麦的生产、面粉的加工而得，在这其中包含了劳动对价值的创造。GDP的统计数据要传递的就是在统计期内劳动新创造了多少价值出来，如果此时我们把作为馒头生产所需的面粉售价计算进来，把生产面粉所需的小麦售价再计算进来，最终再加上馒头的市场售价，就将导致对劳动创造价值的重复计算，GDP也就不能反映出统计期内劳动新创造的准确价值了。

（2）GDP是使用市场价值来衡量的。用科鲁兹不同车型的报价为例来说明，见表9-2。

表 9-2 科鲁兹不同车型的报价

车 型	报价/万元
科鲁兹 2011 款 1.6T SE MT	15.99
科鲁兹 2011 款 1.6 天地版 AT	12.79
科鲁兹 2011 款 1.6 SE AT	13.49
科鲁兹 2010 款 1.6 SL 天地版 MT	11.39
科鲁兹 2009 款 1.6 SL AT	12.29
科鲁兹 2010 款 1.6 SE MT	11.99

（2010 年年底太平洋汽车网报价）

我们知道，对于同一款车型而言，有不同的配置，进而其报价是不同的。同款车型价格的差异，是由于其所用材料、所耗工时等的差别造成的。当我们在统计某年度中所生产的汽车总量时，如果只是以多少台来计算，那么在计算中将不利于表达出新创造价值的多少。因为不同价位的车辆，在设计、生产、销售一系列的过程中所需要的劳动是不一样的，当我们以台为单位来计算时，新创造的价值就无法准确表达出来。

GDP 在统计的时候，不仅仅统计实物，劳务也是 GDP 统计的内容。对于服务的多少，我们选择市场价值来计算是最为恰当的，也是最具有操作性的。

（3）GDP 是流量而非存量。流量是指一定时期内发生或产生的变量。存量是指某一时点上观测或测量到的变量。 GDP 反映的是在统计期内新创造的价值的多少，在统计的时候不应当把上一统计期留存下来的存量计算在内。

（4）GDP 是按国土原则，而不是按国民原则计算的。与 GDP 相关的一个国民经济总量指标是国民生产总值（GNP）。国民生产总值是在某一既定时期内，由一国永久居民生产的最终产品和劳务的市场价值总和。GDP 衡量的产品市场价值是在一个国家的领土范围之内，也就是说，只要在一国领土之内，无论是本国企业还是外国企业生产的都属于该国的 GDP。显然，GDP 是按“国土原则”计算，强调的是一国领土范围内生产的总产出量。而 GNP 是按“国民原则”计算，强调的是一国居民生产的总产出量。这就是说，本国公民无论在国内还是国外生产的都属于一国的 GNP。GNP 强调的是民族工业，GDP 强调的是境内工业。在全球经济一体化的当代，各国经济更多地融合，很难找出原来意义上的民族工业。所以，各国在国民收入统计中采用 GDP 代替 GNP 正是反映了这种趋势。

（5）没有经过市场交易的经济活动产生的价值无法计入 GDP。在 GDP 的计算中，有一些最终产品和劳务不参加市场交易，没有市场价格。这涉及两种情况：①可以通过估算这些产品和劳务的市场价值，大概地计算出来。比如，自有房屋租金的计算。再如，政府服务不在市场上进行交易无法计算其价值，通常是根据政府服务的成本进行估算，即按照公务员的工资估算其价值。对于这种情况，通过价值估算，可以计算到 GDP 当中。②无法计入 GDP 的。比如，家务劳动；一些自给性产品没有价格，也无法计入 GDP 当中。

二、GDP 之外的经济总量指标

（一）国民生产总值

国民生产总值（GNP）是指一个国家或地区一定时期内由本地居民所生产的全部最终产

品和劳务的价格总和。

GDP=GNP−本国公民在国外生产的最终产品和劳务的价格+外国公民在本国生产的最终产品和劳务的价格

GNP 是与国民原则联系在一起的。按照这一原则，凡是本国国民（包括本国公民，以及常驻外国但未加入外国国籍的居民）所创造的收入，不管生产要素是否在国内，都被计入本国的 GNP，而外国公司在该国子公司的利润收入则不应被记入该国的 GNP。

假如有一家人，妻子在家开杂货店，一年的产值是 5 000 元，丈夫在外地打工，一年的产值是 10 000 元。他们还有一间房屋出租，一年的租金收入是 10 万元。那么，这个家庭的"家民生产总值"（GNP）就是丈夫和妻子的生产总值，就应该是 15 000 元；这个家庭的"家内生产总值"（GDP）就是这个妻子和出租房屋的生产总值，就是 105 000 元。

GDP 与 GNP 的区别主要体现在两者核算的内涵有所不同。GDP 是个生产概念，它从生产角度衡量一个国家或地区的经济总量，只要是本国领土范围内生产活动创造的增加值，无论是由内资企业还是外商投资企业创造的，均应计入本国的 GDP。GNP 是个收入概念，它从收入分配的角度衡量一个国家或地区的经济总量，或者说是一个总收入。这个总收入的基础是 GDP，GDP 既是一个总生产成果，又是总收入的起点。由于本国常住者在国外进行投资或创办企业获得了一部分生产要素收入（资本和劳务收入），如果资本收益再投资了，或利润和劳务收入直接汇回国内了，就要加到本国的 GDP 上，形成 GNP，否则就不能加到本国 GDP 上，不计算做 GNP。反之，如果外商投资企业和个人从本国（我国）获得了资本和劳务收入，且将收益再投资或将利润和劳务收入汇回去了，则在计算 GNP 时要从我国的 GDP 中扣除，否则就不需要扣减。这种计算方法是国际上通行的。

（二）国民生产净值

国民生产净值（NDP），是指 GNP 或 GDP 扣除折旧以后的余额。它们是一个国家或地区一定时期内财富存量新增加的部分。

NNP（NDP）= GNP（GDP）−折旧费

（三）国民收入

国民收入（NNP 或 NDP）是指扣除间接税后的余额加上政府补贴。它体现了一个国家或地区一定时期内生产要素收入，即工资、利息、租金和利润的总和。

间接税是指可以通过提高商品和劳务的售价把税负转嫁给购买者的税收。这类税收一般在生产和流通环节征收，如增值税、营业税、关税等。

直接税是指不能转嫁税负只能由纳税人自己承担税负的税收。这类税收一般在收入环节征收，如所得税。

NI=NNP（NDP）−企业间接税−企业转移支付+补贴

或

NI=工资+利润+利息+租金

（四）个人收入

个人收入（PI）是指一个国家或地区一定时期内个人所得的全部收入。它是国民收入进行一些必要的调整后形成的一个指标。

PI=NI−公司未分配利润−企业所得税−社会保障支付+政府对个人的转移支付（如失业救济、退休金、医疗补助等）+利息

（五）个人可支配收入（DPI）

个人可支配收入（DPI）是指个人收入扣除所得税以后的余额。

DPI=PI−个人所得税

三、GDP 的核算方法

简单地讲，GDP 就是核算生产成果。生产者创造的生产成果在进行市场交易后，生产者获得相应的收入，所以 GDP 也是所有生产者最终收入之和，生产成果的使用又表现为最终需求，所以 GDP 又是所有消费者最终需求之和。也就是说，在核算 GDP 的时候，一方面可以从生产者收入的角度来进行核算，另一方面也可以从消费支出的角度来进行核算。在 GDP 核算的过程中，由于采用的是核算期生产成果的市场价格进行计算的，对于得出的数值还应该考虑到价格水平的变动对统计结果的影响。

（一）收入法

收入法是把一个国家或地区一定时期内所有个人和部门的收入进行汇总。按照收入法进行核算时，国民经济各产业部门的收入增加值主要包括以下四个部分：

GDP=劳动者报酬+固定资产折旧+生产税净额+营业盈余

（1）劳动者报酬。劳动者报酬是指劳动者从事生产活动所应得的全部报酬，包括劳动者应得的工资、奖金和津贴，既有货币形式的，也有实物形式的，还有劳动者所享受的公费医疗和医药卫生费、上下班交通补贴和单位为职工缴纳的社会保险费等。对于个体经济来说，由于其所有者所获得的劳动报酬和经营利润不易区分，因此这两部分统一作为劳动者报酬。

（2）固定资产折旧。固定资产折旧是指一定时期内为弥补固定资产损耗按照核定的固定资产折旧率提取的固定资产折旧，或按国民经济核算统一规定的折旧率虚拟计算的固定资产折旧。它反映了固定资产在当期生产中的转移价值。各种类型企业和企业化管理的事业单位的固定资产折旧是指实际计提的折旧费；不计提折旧的单位，如政府机关、非企业化管理的事业单位和居民住房的固定资产折旧则是按照统一规定的折旧率和固定资产原值计算的虚拟折旧。原则上，固定资产折旧应按固定资产的重置价值来计算，但是我国目前尚不具备对全社会固定资产进行重估价的基础，所以暂时只能采用上述方法来计算。

（3）生产税净额。生产税净额是指生产税减去生产补贴后的差额。生产税是指政府对生产单位从事生产、销售和经营活动，以及因从事生产活动使用某些生产要素，如固定资产、土地、劳动力所征收的各种税、附加费等，包括销售税金及附加、增值税、管理费中开支的各种税、应交纳的养路费、排污费和水电费附加、烟酒专卖上缴政府的专项收入等。生产补贴与生产税相反，是政府对生产单位单方面的转移支付，因此视为负生产税处理，包括政策性亏损补贴、价格补贴等。

例如，一瓶矿泉水在超市里卖 1 元，这 1 元钱包含的在生产的各个环节的工资、租金、

利息和利润收入。如果政府加收 5 分钱消费税，消费者需要付 1 块零 5 分才能把这瓶水买走。用收入法计算 GDP，这 5 分钱没有包括在劳动者报酬和营业盈余里，所以要加上，也就是在计算中要将政府税收计算进去。

（4）营业盈余。营业盈余是指一国或某个地区不同单位创造的增加值扣除劳动者报酬、生产税净额和固定资产折旧后的余额。

（二）支出法

支出法是把一个国家或地区一定时期内所有个人和部门购买最终产品和劳务的支出进行汇总。以支出法核算总产出，主要包括以下内容：

GDP=消费+投资+政府支出+净出口

（1）消费。消费指的是居民的各种支出，此部分一般占 GDP 的一半以上。

（2）投资。投资分固定投资和存货投资两部分，其中固定投资包括居民住房投资和企业固定投资，存货投资是生产者产量超过实际销售量的存货积累，也就是说，对于生产者而言，在上一个统计期没有销售掉的产品，将其看作生产者对存货的投资，计入本统计期的 GDP 中。

（3）政府支出。政府支出指的是政府购买的各种有形商品和劳务。

（4）净出口。净出口指的是一个国家或地区在统计期内实际出口总值减去实际进口总值的差值，表示本国产品最终有多少是通过外国人支出购买而实现其市场价值的。

如果以 C 代表居民最终消费，以 I 代表国内私人投资，以 G 代表政府购买，以 X 代表出口额，以 M 代表进口额，则以支出法计算的总产出可以表示为

$$GDP = C + I + G + (X-M)$$

从广义的角度看，宏观经济中的产出、收入与支出是完全等值的，一个国家或一个地区一定时期内的产出总量就是其收入总量从而也就是其支出总量，即

总产出=总收入=总支出

（三）总产出核算的校正

表 9-3 为一户农民在 2010 年的时候通过劳动收获的全部产品使用情况，除自用部分外，其余全部进行了出售，共获得总收入 3 000 元，如果以 1995 年物价水平计算其出售剩余产品获得的收入为 2 100 元。

表 9-3　2010 年农民劳动收获的全部产品使用情况

产品种类	实物数量	自用数量	剩余数量	剩余部分出售收入（2010 年物价）	剩余部分出售收入（1995 年物价）
大米	100 公斤	70 公斤	30 公斤	1 000 元	700 元
小麦	100 公斤	60 公斤	40 公斤	1 000 元	700 元
蔬菜	100 公斤	60 公斤	40 公斤	1 000 元	700 元
合计				3 000 元	2 100 元

该农民在 2010 年创造的 GDP 按照收入法为其剩余产品销售后所获得的销售收入的总和，既 3 000 元。在进行 GDP 核算时，不经过市场交易而消耗的产品是不计算在内的，如各种家务劳动、志愿者行为等。同时，GDP 的计算是使用市场价值来衡量的，在 2010 年该农

户的GDP总值3 000元就是根据该年度的商品市场价值计算而得。但是，同样数量的商品如果在1995年进行市场交易，由于当时物价水平较低，是不可能收获到3 000元的，而只能获得2 100元的收入。当GDP用市场价值来表现的时候，由于不同时期物价水平的不一致，就会使得同种商品在不同时期具有不同的市场价值。

因此，无论是采用收入法还是支出法核算出来的GDP，都和统计期的物价水平是相关的。为了能够准确地进行不同时期GDP的比较，就需要考虑到不同时期的物价水平，对GDP统计值进行调整。在GDP的统计，我们将GDP分为名义GDP（GNP）和实际GDP（GNP），利用GDP平减指数来表示两者之间的差别大小。

名义国民生产总值或名义国内生产总值，是指运用当期市场价格计算的总产出。实际国民生产总值或实际国内生产总值，是指运用某一基期市场价格计算的总产出。二者的关系为：

名义GNP或GDP=实际GNP或GDP×通货膨胀率

实际GNP或GDP=名义GNP或GDP / 通货膨胀率

GDP平减指数=名义GNP或GDP/实际GNP或GDP

对于上述农民的情况，若选定1995年为统计的基期，该农户的名义GDP就是3 000元，实际GDP就是2 100元，GDP平减指数就为3 000/2 100=1.43（保留小数点后两位）。

根据我国现行国民经济核算制度，中央和地方分级核算GDP。国家统计局根据掌握的基础数据，独立核算全国GDP数据，而不是对地方GDP数据进行加权汇总，简单地说国家数据不是地方数据层层加总的。对于地方核算的GDP数据国家统计局要进行审核，认为不匹配或者有问题的，会要求地方重新核实。在技术层面上，重复统计、统计资料来源和系数不一致等问题会造成一定的出入。例如，分处不同地方的母公司和子公司的经济活动在实际操作中常被统计了两遍。这在一定程度上造成了地方GDP加总数与全国核算数每年都会有所出入。

四、GDP核算的缺陷

（一）没有包括非市场产出的价值

中国2010年5月1日至10月31日期间，在上海市成功举办了第41届世界博览会。此次世博会也是由中国举办的首届世界博览会。上海世博会以“城市，让生活更美好（Better City, Better Life）”为主题，总投资达450亿元，创造了世界博览会史上最大规模纪录。

而在上海世博会成功举办的过程中，有一群可爱的“小白菜”们，一直不停的在世博园区穿梭忙碌着，他们就是上海世博会的志愿者们。“小白菜”们用坚强、乐观、奉献的志愿精神，给中外游客留下了深刻的印象。7.7万名园区志愿者，13万名城市志愿者，1 000个城市服务站点，将成为世博会留给上海的宝贵财富。在上海世博会所带来的巨大GDP价值中，志愿者们的劳动价值是不包括在内的，因为他们的劳动是无偿的、免费的，他们的劳动是没有经过市场交易的，因此在GDP的核算中就不把这一部分价值计算进去。

由此我们可以看到，GDP把家务劳动、妇女生育、志愿者的贡献等非市场经济行为，部分地或完全地忽略，因此GDP不能够真实反映社会发展的全貌。

（二）没有减去增长成本

据媒体报道，1994～2003年，北京交管局对北京市严重堵车路段的统计逐渐上升。1994年为36处，1995年为55处，1999年猛增到99处，2003年经过专项治理，仍达87处。统计数据显示，1997年2月北京市机动车保有量达到100万辆，2003年8月达到200万辆，北京人开始体验到堵车的无奈，京城也由此开始了时至今日长达八年的“治堵”历程，然而堵车仍天天发生。特别是2010年9月17日，一场小雨让偌大的北京陷入双节堵车风暴。北京市拥堵路段峰值超140条，刷新采用限行措施以来最高纪录，全城的车辆都在一点一点地挪动着。中秋节和国庆节两节临近，道路已呈现节日交通趋势，降雨也起了火上浇油的作用。

与此同时，从国家统计局数据上可以看到北京市的人均GDP1994年为10 240元、1995年为12 690元、1999年为21 397元、2003年为34 892元、2009年为70 452元。

由此我们可以看到，GDP的统计是不计自然资源的逐渐稀缺（例如可更新资源的质量下降和耗竭性资源的枯竭等），只计GDP对产品、服务的交换程度。所以，通常是一个国家和地区的自然资源消耗越多，其GDP增长越快，而环境污染、交通阻塞带来的负面影响却没有考虑进去。

（三）没有考虑生产过程中资本的耗损

就在美国还没有完全摆脱经济危机之时，2010年美国众议院通过总额为6 363亿美元的国防拨款法案，用于支付从2010年10月1日开始的财政年度的国防和战争费用。其中，约650亿美元将用于阿富汗战争，这还不包括奥巴马宣布的对阿增兵计划所需费用。而在此之前，逐步升级的阿富汗战争已经耗费了美国3 000亿美元资金。法案共批准伊拉克战争和阿富汗战争费用1 283亿美元，这意味着美国国会在2001年“9・11”事件后批准的反恐战争费用已累计超过1万亿美元，其中伊拉克战争和阿富汗战争分别约为7 480亿美元和3 000亿美元。

美国为战争所支出的纳税人的钱按照支出法进行计算，是属于政府支出部分，计入到GDP总值当中。由此看出，GDP把造成社会无序和发展倒退的“支出”（例如犯罪、自然灾害、家庭解体等成本）均视为社会财富。

（四）不能反映收入分配

根据国家统计局数据，我国劳动者报酬占GDP的比重1990年为53.4%、1995年为52.8%、2000年为51.4%、2006年为40.61%、2007年为39.74%。2000～2007年，劳动报酬占比下降了11.66个百分点，其中，2004年，国家统计局把个体经营业主的收入从劳动报酬转为营业利润，然而，这并未改变2004年之前劳动报酬比重不断下降，2004年之后劳动报酬比重仍下降的总体趋势。2007年，我国包括农业主收入在内的劳动报酬占比39.74%，同期美国劳动报酬占比为55.81%，英国为54.5%，瑞士为62.4%，德国为48.8%，南非为68.25%。2006年，韩国劳动报酬占比为45.4%，俄罗斯为44.55%，巴西为40.91%，印度为28.07%。从国际比较可以看出，随着经济发展水平的提高，劳动报酬份额不断增加，到一定阶段后趋于相对稳定。例如：1920～1929年，美国劳动报酬和业主收入总和占国民净收入的比重为78.1%，1950～1954年这一比重增加为82.1%，1980～1984年为81.8%，其中劳动报酬比重由1920～1929年的60.5%上升到1980～1984年的74.3%，而业主收入比重由1920～1929年的60.5%和17.6%下降到1980～1984年的7.5%。近20多年来，我国包括农户收入在内的劳动报酬比重不断降低，更说明了我国非农劳动者劳动报酬在GDP中的比重下降幅度较大。此外，工资总额是劳动报酬的重要组成部分，我国职工工资总额占GDP比重由1995年的13.32%下降到2008年的11.21%，城镇单位就业人员劳动报酬占GDP比重也由1995年的13.6%下降到2008年的11.7%。在这20多年的时间中，我国的GDP总量是在不断增长的，但是中国工资收入占GDP的比重持续下降，而财政收入占GDP比重持续上升，由此可以看出我国目前分配制度中一系列问题的端倪，以及在一些加工密集地区频频出现的用工荒问题。

因此GDP不能反映社会贫富悬殊所产生的分配不公平等发展瓶颈，也没有办法统计总量增长过程中由于人际不公平所造成的破坏性后果。

互动训练

1．花费无数打官司的离婚者是促进GDP增长的“英雄”吗？你是如何看待的？
2．政府建造监狱的支出与创办大学的支出没有区别吗？
3．处理核事故的花费和对太阳能项目的投资对GDP增长的贡献几乎一样吗？

学以致用

实训内容

1．你是如何看待石油开采对GDP的贡献的，对于这些不可再生资源而言，我们到底应该如何对待？

2．假若外星人来攻打地球，地球人就要生产武器反击，GDP就会增长很多，但是GDP的增长能使我们更幸福吗？

3．小刘家很有钱，就请了个保姆，一个月给保姆1 500元工资，这创造了1 500元的GDP，小保姆很漂亮，最后和小刘结婚了，成了一家人就不用给工资了，GDP就减少了1 500元。小刘幸福了，GDP减少能影响他的幸福吗？

实训要求

以3～4人为一组，各小组选择如上三个题目中的一个，收集材料，进行进度安排，列出分析讨论提纲，参与讨论，总结后制作PPT。选出一个代表进行7～8分钟的陈述，其他人共同完成分析总报告，记入总成绩。

第二节 国民收入的均衡和变化

导入案例

有一窝蜜蜂原本十分繁荣兴隆，每只蜜蜂都整天大吃大喝。后来一个哲人教导它们说，不能如此挥霍浪费，应该厉行节约。蜜蜂们听了哲人的话，觉得很有道理，于是迅速贯彻落实，个个争当节约模范。但结果出乎预料，整个蜂群从此迅速衰败下去，一蹶不振了。

知识原理

一、国民收入的构成

国民收入是指一个国家在一定时期（通常为一年）内物质资料生产部门的劳动者新创造的国民收入价值的总和，即社会总产品的价值扣除用于补偿消耗掉的生产资料价值的余额。国民收入是由体现新创造价值的生产资料和消费资料所构成，包括了经济社会中的消费、储蓄、政府支出、净出口。创造国民收入的物质生产部门，有农业、工业、建筑业和作为生产过程在流通过程内继续的运输业、邮电业及商业等。

反映国民收入的两个主要统计数字是前面讲到的国内生产总值（GDP）及国民生产总值（GNP），前者计算一段特定时期内本地进行的生产成果，而后者则计算一段特定时期内本地居民进行的生产成果。

（一）消费函数

消费函数是指消费支出与决定消费的各种因素之间的依存关系。影响消费的因素很多，但收入是最主要的因素，所以，消费函数一般以收入为自变量，反映收入和消费之间的依存关系。

$$C=C（Y）$$

式中，C代表消费，Y代表收入。

一般来说，在其他条件不变的情况下，消费随收入的变动而呈现同方向的变动，即收入增加，消费增加；收入减少、消费减少。但消费与收入并不一定按同一比例变动。在收入一定的情况下，消费的大小取决于消费倾向的大小。所谓消费倾向是指消费在收入中所占的比例。消费倾向分为平均消费倾向与边际消费倾向。

平均消费倾向（APC）是指消费在收入中所占的比例，如果用C表示消费，用Y表示收入，则 $APC= C/Y$。

边际消费倾向（MPC）是指消费增量在收入增量中所占的比例，如以ΔC代表消费增量，以ΔY代表收入增量，则，$MPC=\Delta C/\Delta Y$

（二）储蓄函数

储蓄函数是指储蓄与决定储蓄大小的各种因素之间的依存关系，影响储蓄的因素很多，但收入是最主要的因素。所以，储蓄函数主要反映收入与储蓄之间的依存关系，一般而言，在其他条件不变的情况下，储蓄随收入的变动而同方向变动，即收入增加，储蓄增加；收入减少，储蓄减少。其一般形式为

$$S=S（Y）$$

式中，S为储蓄，Y为收入。

在收入一定的情况下，储蓄的大小取决于储蓄倾向的大小，所谓储蓄倾向是指储蓄在收入中所占的比例。储蓄分为平均储蓄倾向与边际储蓄倾向。

平均储蓄倾向（APS）是指储蓄在收入中所占比例，如果用S表示储蓄，用Y表示收入，则

$$APS=S/Y$$

边际储蓄倾向（MPS）是指储蓄增量在收入增量中所占的比例，如以ΔS代表储蓄增量，以ΔY代表收入增量，则，

$$MPS=\Delta S/\Delta Y$$

消费函数与储蓄函数之间的关系：全部收入可以分为消费与储蓄，全部收入增量可以分为消费增量与储蓄增量，所以平均消费倾向与平均储蓄倾向之和恒等于 1，边际消费倾向和边际储蓄倾向之和恒等于 1，即

$$APC+APS=1$$

$$MPC+MPS=1$$

（三）政府支出

按支出用途分类，在我国现行预算制度下，主要包括：①基本建设支出；②企业挖潜改造资金；③科技三项费用；④农业支出；⑤林业支出；⑥水利和气象支出；⑦工业交通等部门的事业费；⑧教育事业费；⑨科学事业费；⑩卫生经费；⑪抚恤和社会福利救济费；⑫社会保障补助支出；⑬国防支出；⑭行政管理费；⑮外交外事支出；⑯公检法司支出；⑰支援不发达地区支出；⑱债务本息支出；⑲其他支出。

政府支出按经济性质分类分为购买性支出和转移性支出。购买性支出，是指政府以购买者的身份在市场上采购所需的商品和劳务，用于满足社会公共需要。政府购买性支出，遵循市场经济的基本准则，即实行等价交换。转移性支出，是指预算资金单方面无偿转移支出，如社会保障支出、财政补贴等。转移性支出，由于是价值单方面无偿转移支出，就不可能遵循等价交换的原则，而是为了实现政府特定的经济社会政策目标。

（四）净出口

净出口，即出口产品价值与进口产品价值的差额。当出口大于进口，这个差额称为顺差；当净出口为负时则称为逆差。

二、均衡国民收入

（一）两部门经济中的均衡国民收入决定

两部门经济中国民收入的构成，可以从总供给和总需求两个角度来进行分析。

（1）从总供给的角度来看，一国的国民收入是一定时期内各种生产要素供给的总和，即劳动、资本、土地、企业家才能供给的总和，可以用各种生产要素相应得到的收入的总和即工资、利息、地租、利润总和来表示。

国民收入=各种生产要素的供给总和=各种生产要素的报酬总和=工资+利息+地租+利润=消费+储蓄=$C+S$

（2）从总需求来看，一国的国民收入是一定时期内消费需求与投资需求的总和，消费需求与投资需求可以分别用消费支出和投资支出来代表，消费支出即为消费，投资支出即为投资。

国民收入=消费需求+投资需求=消费支出+投资支出=消费+投资=$C+I$

两部门经济中国民收入的构成中，国民收入的大小是由总供给和总需求决定的，如果总需求小于总供给，表明社会上需求不足，产品卖不出去，价格下跌、生产收缩，从而总供给减少，国民收入相应减少；反之则相反。如果总需求等于总供给，则生产不会增加，也不会减少，从而国民收入处于均衡状态，这就决定了在这种总供给与总需求水平下，国民收入的大小。

由此可见，国民收入达到均衡的条件是：总供给=总需求，这一条件可以写成 $C+S=C+I \Rightarrow S=I$。

其中，S 是一种漏出因素，这使国民收入收缩，I 是一种注入因素，它使国民收入扩张，$S=I$ 国民收入达到均衡，所以，在两部的经济中，决定国民收入水平的是储蓄与投资。

如果，$S>I$，表明漏出大于注入，此时国民收入收缩；$S<I$，表明漏出小于注入，此时国民收入扩张；$S=I$，表明漏出等于注入，此时国民收入达到均衡。

（二）三部门经济中的均衡国民收入决定

三部门经济中国民收入的构成，从总供给的角度来看，在两部门的基础上又增加了政府的供给，政府的供给得到了税收，即

国民收入=各种生产要素的供给+政府的供给=工资+利润+地租+利息+税收=消费+储蓄+税收 $=C+S+T$（T 表示税收）

从总需求的角度来看，三部经济在两部门经济消费需求与投资需求之外，又增加了政府的需求，政府需求用政府购买来表示即

国民收入=消费需求+投资需求+政府的需求=消费支出+投资支出+政府的购买=消费+投资+政府购买=$C+I+G$（G 表示政府购买）

国民收入均衡的条件仍然是总供给=总需求，此时，$C+S+T=C+I+G$。结论：

$$S+T=I+G$$

与 S 一样，T 也是漏出的因素，它导致经济萎缩，与 I 一样，G 也是注入因素，这导致经济扩张。

如果 $S+T>I+G$，表明在经济运行中，漏出因素大于注入因素，国民收入收缩；$S+T<I+G$，表明在经济运行中，漏出因素小于注入因素，国民收入扩张；$S+T=I+G$，表明在经济运行中，漏出因素等于注入因素，国民收入达到均衡。

由此可见，在三部门经济中，决定国民收入的是储蓄、税收、投资与政府支出。

（三）四部门经济中的均衡国民收入决定

四部门经济中国民收入的构成，从供给方面看，在三部门经济的各种生产要素和政府的供给之外，又加了国外的供给，国外的供给对本国来说是进口，所以可以用进口来代替国外的供给。即

总供给=各种生产要素的供给+政府的供给+国外生产要素的供给 =工资+利润+地租+利息+税收+进口=消费+储蓄+税收+进口 $Y=C+S+T+M$（M 代表进口）

从需求方面看，在三部门经济的消费需求、投资需求与政府需求外，又加了国外的需求，国外的需求对本国来说就是出口，所以可以用出口来代表国外的需求。即

总需求=消费需求+投资需求+政府需求+国外需求=消费支出+投资支出+政府支出+国外的支出=消费+投资+政府支出+出口=$C+S+T+X$（以X代表出口）

三、乘数理论

假设社会目前的消费倾向是80%，边际储蓄倾向是20%。小李用了100元钱去买10斤橘子，这样卖橘子的小贩收益便增加了100元，小贩收到100元后，留下20%，即20元钱去储蓄，拿其余的80%，即80元去购买蔬菜，这会使卖蔬菜的菜农增加收益80元，这时全社会的收益增加了180元。但是这个过程不会结束，菜农又会留下20%的钱去储蓄，其余80%的钱去买化肥，而卖化肥的人又会拿这些钱的80%去购买其他东西……，如此循环下去，社会的最后总收益为100+100×80%+100×80%×80%+100×80%×80%×80%+……，这就是经济学中所说的乘数效应。

由此可见，在经济活动中注入的增加会引起国民收入的增加，但注入所引起的国民收入的增加必定大于最初的注入量，乘数正是国民收入的变动量与引起这种变动量的最初注入量之间的比率。如果注入的是投资，则该比率称为投资乘数；如果注入是净出口，则该比率称为外资乘数。

1. 投资变动乘数效应

投资变动乘数效应指的是投资或政府公共支出变动引起的社会总需求变动对国民收入增加或减少的影响程度。投资的增加之所以会有乘数作用，是因为各经济部门是互相关联的，某一部门的一笔投资不仅会增加本部门的收入，而且会在国民经济各部门的中引起连锁反应，从而增加其他部门的投资与收入，最终使国民收入成倍增长。

当然，乘数的作用是两面性的，即当投资增加时，会引起国民收入成倍增加，当投资减少时，会引起国民收入成倍减少，所以，它是一面双刃剑。

2. 政府购买乘数效应

政府购买乘数效应是指政府购买变动引起的收入改变量与政府购买支出的改变量之间的比率，其数值等于边际储蓄倾向的倒数。

3. 税收乘数效应

税收乘数效应是指税收变动引起的收入改变量与税收改变量之间的比率，其数值等于边际储蓄倾向的倒数乘以边际消费倾向。

4. 平衡预算乘数

平衡预算乘数是指在政府预算保持平衡的条件下政府购买和税收等量变动引起的收入改变量与政府购买支出（或税收）改变量之间的比率，其数值等于1。

通过上面对国民收入和乘数理论的讲解，我们可以看到对于那群大吃大喝的蜜蜂来说，当他们的消费减少后，必然就将导致市场需求的下降，生产的减少。生产减少又将带来投资的下降，使得与投资相关的其他产业的收入减少……，如此循环下去，构成国民收入的消费、投资都在下降，蜂群也就发生衰败了。

但是，乘数理论也是存在一定缺陷的。首先乘数理论回避了支出增加的资金来源问题，以及对收入的影响。比如，居民的消费增加必然伴随着储蓄的减少，或私人投资的减少。因为收入是给定的，如果增加消费可导致国民收入以乘数的倍数增加，那么，相应地，私人投资或政府支出的减少又使得国民收入以乘数的倍数减少，其结果将是正负乘数效应相互抵消。

其次，乘数效应的实现需要大量的时间，而不是即时就体现出来。比如，政府增加投资支出，省去公共决策的过程不计，工人工资只有在付出了相应的劳动后才被支付报酬，这是第一阶段。工人拿到工资后去消费，生产消费品的工人只有在他们生产出这些消费品后才被支付工资。这个过程可一直分析下去。但可以看出，乘数过程的每一阶段是从生产到消费的一个过程。同时，乘数的实现要经过无数从生产到消费再到生产的过程。如果政府增加投资支出的目的是为了增加总需求，并预计会有一定的乘数，那么这个过程将会相当漫长。也就是说，乘数效应的时效是一个严重的问题。

互动训练

2008 年 11 月，台湾为了应对全球金融风暴所带来的“消费紧缩”效应，促进经济发展，台湾“行政院经济建设委员会”在 2008 年 11 月提出发放消费券（法定名称：振兴经济消费券）方案。使用方式为：

（1）使用时不找零。

（2）收受消费券的店家，需申请过“营利事业登记”，方可将消费券存入银行账号中兑现。

（3）未曾申请过“营利事业登记”的商店或摊贩，若收受消费券，无法存入银行账号中兑现，但可于采购原物料时，将消费券转手给上游厂商以抵扣货款，或在使用期限内再拿出来消费。

（4）可捐赠消费券给公益团体，并可抵税。

此法对于增加国民收入有何好处？

学以致用

实训内容

在 2008 年年底金融危机的背景下，国务院总理温家宝主持召开了国务院常务会议，研究部署进一步扩大内需促进经济平稳较快增长的措施。

会议确定了当前进一步扩大内需、促进经济增长的十项措施：

（1）加快建设保障性安居工程。加大对廉租住房建设支持力度，加快棚户区改造，实施游牧民定居工程，扩大农村危房改造试点。

（2）加快农村基础设施建设。加大农村沼气、饮水安全工程和农村公路建设力度，完善农村电网，加快南水北调等重大水利工程建设和病险水库除险加固，加强大型灌区节水改造，加大扶贫开发力度。

（3）加快铁路、公路和机场等重大基础设施建设。重点建设一批客运专线、煤运通道项目和西部干线铁路，完善高速公路网，安排中西部干线机场和支线机场建设，加快城市电网改造。

（4）加快医疗卫生、文化教育事业发展。加强基层医疗卫生服务体系建设，加快中西部农村初中校舍改造，推进中西部地区特殊教育学校和乡镇综合文化站建设。

（5）加强生态环境建设。加快城镇污水、垃圾处理设施建设和重点流域水污染防治，加强重点防护林和天然林资源保护工程建设，支持重点节能减排工程建设。

(6)加快自主创新和结构调整。支持高技术产业化建设和产业技术进步，支持服务业发展。

(7)加快地震灾区灾后重建各项工作。

(8)提高城乡居民收入。提高2009年粮食最低收购价格，提高农民各项补助，增加农民收入。提高低收入群体等社保对象待遇水平，增加城市和农村低保补助，继续提高企业退休人员基本养老金水平和优抚对象生活补助标准。

(9)在全国所有地区、所有行业全面实施增值税转型改革，鼓励企业技术改造，减轻企业负担。

(10)加大金融对经济增长的支持力度。取消对商业银行的信贷规模限制，合理扩大信贷规模，加大对重点工程、“三农”、中小企业和技术改造、兼并重组的信贷支持，有针对性地培育和巩固消费信贷增长点。

初步核算，实施上述工程建设，到2010年年底约需投资4万亿元。

（资料来源：新华网）

根据此内容分析在全球金融危机的环境下，我国政府为了增加国民收入推出的政策能够从哪些方面来拉动国民收入的增长？

实训要求

以3～4人为一组，各小组收集材料，进行进度安排，列出分析讨论提纲，参与讨论，总结后制作PPT。选出一个代表进行7～8分钟的陈述，其他人完成分析总报告，记入总成绩。

课后练习

一、填空题

1. GDP是一个国家内所有常住单位在一定时期内生产的________按当年市场价格计算的价值总额。

2. 除了GDP外，国民收入的衡量指标还包括________、________、________、________等其他总量指标。

3. 常用的两种GDP核算方法有________和________。

4. 总需求包括________、________、________和________四个部分。

5. 出口是来自国外的购买，相应的贷款流入国内，这对本国的国民经济环境来说就是一种“________”。

二、单项选择题

1. 下列不列入国内生产总值核算的是（　　）。

   A. 出口到国外的一批货物

   B. 政府给贫困家庭发放的一笔救济金

   C. 经纪人为一座旧房买卖收取的一笔佣金

   D. 保险公司收到一笔家庭财产保险费

2. 用支出法计算的GDP的公式为（　　）。

   A. GDP=C+I+G+（X−M）　　B. GDP=C+S+G+（X−M）

C. GDP=C+I+T+（X−M） D. GDP=C+S+T+（M−X）

3. 下列行为中不计入 GDP 的是（ ）。
   A. 雇用厨师烹制晚餐 B. 购买一块土地
   C. 购买一幅古画 D. 修复一件文物
4. 下列产品中不属于中间产品的是（ ）。
   A. 某造船厂购进的钢材 B. 某造船厂购进的厂房
   C. 某面包店购进的面粉 D. 某服装厂购进的棉布
5. 最终产品包括（ ）。
   A. 钢筋 B. 水泥 C. 钳子 D. 稻谷

三、多项选择题

1. 下列各项中，不计入 GDP 的是（ ）。
   A. 私人建造的住宅 B. 政府向失业者提供的救济金
   C. 保险公司收取的保险金 D. 国库券利息
2. 下列各项中，计入 GDP 的是（ ）。
   A. 在证券市场上购买股票 B. 购买一套旧住宅
   C. 银行向企业收取的贷款利息 D. 专利所有人获得的专利使用费
3. 下列各项中，可以成为政府收入来源的是（ ）。
   A. 个人所得税 B. 社会保险税 C. 企业间接税 D. 政府公债
4. 下列各项中，不计入 GDP 的是（ ）。
   A. 修剪自家的草坪的收入 B. 购买二手汽车
   C. 购买长虹公司的股票 D. 收到少数民族的补贴
5. 国民收入核算的主要指标是（ ）。
   A. 国内生产总值 B. 国内生产净值
   C. 国民收入 D. 个人收入

四、简答题

1. 为何农民生产并自己消费的粮食不应计入 GDP？
2. 在进行国民收入核算时，政府为公务人员加薪，是否应视为政府购买，请解释理由。
3. 用支出法计算的 GDP 包括了哪些内容？
4. 用收入法计算的 GDP 包括了哪些内容？
5. 同样是建筑物，如被居民和企业购买属于 GDP 中的哪一部分，如被政府购买又属于 GDP 中的哪一部分？

五、论述题

1. 论述消费拉动对 GDP 增长的影响。
2. 论述乘数理论发生作用的条件。

第十章　失业与通货膨胀

学习目标

通过本章的学习，要求学生掌握失业的概念，掌握通货膨胀的概念，了解失业与通货膨胀的关系，学习运用相关经济政策解决失业与通货膨胀问题的基本原理及方法。

小故事

连续十多年的抗战与内战，使通货膨胀成为中华民国最后几年中的突出特征。抗战进入中后期以后，长期的战争损耗以及大片富庶国土的沦陷，已经使国民政府的财源日益枯竭。为支持日益庞大的财政开支，国民政府大量发行纸钞，从而引发了国统区的通货膨胀。抗战胜利后，为了筹集发动内战的资本，国民政府以更大的力度发行纸币，从而也将通货推到了恶性膨胀的程度。根据经济周报所发表的数据，上海的物价指数，1945 年 9 月为 346，1946 年 12 月为 9 713。一年零四个月的时间内，物价上涨了 28 倍。当时有人预言，“只要为支付庞大军费的通货膨胀不停止，游资不纳入生产事业，物价绝对没有不上涨的道理”。确实如其所言，此后的物价更如脱缰的野马，越发不可收拾。以战前的 1937 年 6 月为标准，截至 1948 年 8 月，法币贬值 400 万倍，物价上涨近 500 万倍。1948 年 8 月的金圆券改革，虽然以 1 元金圆券兑换 300 万法币重新调整了物价，但仅仅 70 天后，物价又以更加迅雷不及掩耳的速度飞涨。物价的飞涨超乎了普通百姓的接受能力，带给他们犹如隔世的感觉。战前一封平信的邮价是 5 分钱，到 1948 年 4 月增长到五千元，还严重低于物价的指数。按照当时的物价指数，“算起来应该是一万六千五百元”。一枚五万元的邮票，连寄一封到国外去的航信都不够（后者至少十万元以上）。

第一节　失业理论

导入案例

据报道，某省对外公开招聘高速公路收费员，名额 147 名，报名的有 1 600 人，其中 720 人是大学毕业生。高速公路收费是一个比较简单的工作，只要高中水平就可以胜任，而且工资不高，每个月只有 1 000 多元，加上各种补贴、奖金，一年的全部收入约两到三万元，此外，高速公路收费站都在城区外，工作又是三班倒。而现在的情况却是五个大学毕业生抢一个高中生的饭碗。类似的报道近年在媒体上经常都能看到。

与此同时，在长三角和珠三角等地，却在上演着“用工荒”。不少企业纷纷上调工资，调低学历、年龄等限制，以解决用工紧张的问题。“原来招人还要问问文化程度、身高、年龄，还要经过考试，一车拉来四五十个人，最后能留下一半人就不错了。现在只要有身份证，不是伤残的都可以。”某工厂负责人这样表示。“用工荒”迫使不少企业都提高了薪酬标准，增设绩效奖金、发放夜班津贴等。

知识原理

一、失业概述

（一）失业与失业率

凡是在一定年龄范围内愿意工作并没有工作，或者正在寻找工作的人称为失业。

对失业的规定，不同的国家往往有所不同。在美国，衡量失业由劳工部的劳动统计局负责，并提供有关劳动力市场其他方面的数据。这些数据来自于对大约 6 万个家庭的定期调查。属于失业范围的具体包括：加入劳动力队伍第一次寻找或重新加入劳动力队伍正在寻找工作的人；为了寻找其他工作而离职，在找工作期间作为失业者登记注册的人；暂时辞退并等待重返工作岗位的人；对于社会失业程度的表述，可以采用失业率来表达如下

失业率=失业人数/劳动力人数

劳动力人数=就业人数+失业人数

目前是我国改革开放的关键时期，大量的农村富余劳动力要转移到城镇就业，城镇新增的适龄就业人员也有较大的就业需要，这就使得我国在未来一二十年内都将面临着较大的就业压力，就业问题已成为我国政府宏观经济政策要解决的最主要问题之一。2008 年 12 月 16 日中国社科院公布的《社会蓝皮书》称，中国城镇失业率约为 9.4%。

（二）失业的类型

根据失业的原因，可以把失业分为自愿性失业、非自愿性失业和隐蔽性失业等类型。

1. 自愿性失业

自愿性失业是指工人所要求的实际工资超过其边际生产率，或者说不愿意接受现行的工作条件和收入水平而未被雇用而造成的失业。由于这种失业是由于劳动人口主观不愿意就业而造成的，所以被称为自愿失业，无法通过经济手段和政策来消除。例如，小王找工作一年有余，其期望的工资收入为 3 000 元以上，但是愿意录用他的企业所开出的工资都只有 2 000 元，小王因工资达不到其期望值而一直不愿就业，这种情况就属于自愿性失业。

2. 非自愿性失业

非自愿失业是指有劳动能力、愿意接受现行工资水平但仍然找不到工作的现象。这种失业是由于客观原因所造成的，因而可以通过经济手段和政策来消除，包括了季节性失业、摩擦性失业、结构性失业、技术性失业和周期性失业。经济学中所讲的失业是指非自愿性失业。

（1）季节性失业。季节性失业是指由于某些部门的间歇性生产特征而造成的失业。例如，有些行为或部门对劳动力的需求随季节的变动而波动，如受气候、产品的式样、劳务与商品

的消费需求等季节性因素的影响，使得某些行业出现劳动力的闲置，从而产生失业，主要表现在农业部门或建筑部门，或一些加工业如制糖业。

季节性失业是一种正常性的失业。它通过影响某些产业的生产或影响某些消费需求而影响对劳动力的需求。季节性失业是一种自然失业，它给社会带来两个方面的不良影响：①季节性雇员由于就业时间短，收入受到影响（尽管有补偿性工资差别）；②季节性失业不利于劳动力资源的有效利用。对季节性失业人员的职业指导应侧重于信息服务，指导他们在淡季以灵活的形式（如非全日制工作）临时就业。

例如，在我国由于气候条件的差异，庄稼在南方基本能收获三季，而北方基本是收获两季。北方农闲时间较长，在农业部门就将产生更多的季节性失业人员。

而在美国等西方国家，通常情况下，圣诞假期后头两周的初领失业金人数将明显上涨。这也是由于假期所带来的季节性失业。

（2）摩擦性失业。摩擦性失业是指正处于从一个工作到另一个工作过渡之中的劳动力。这种失业的性质是过渡性的或短期性的。它通常起源于劳动的供给一方，因此被看做一种求职性失业，即一方面存在职位空缺，另一方面存在着与此数量对应的寻找工作的失业者，这是因为劳动力市场信息的不完备，厂商找到所需雇员和失业者找到合适工作都需要花费一定的时间。摩擦性失业在任何时期都存在，并将随着经济结构变化而有增大的趋势，但从经济和社会发展的角度来看，这种失业存在是正常的。

例如，某大学毕业生王兵到一家企业工作两个月之后辞去了工作，原因是他认为单位没有适合自己的岗位，而这家企业也认为王兵的专业不对口，没有特殊技能，不能胜任企业工作。在就业市场上，不少人走上了新的工作岗位，有的与用人单位“相看两不厌”而留下继续工作，有的则炒了老板鱿鱼，或者被老板以“请等候电话通知”婉拒。这些因为企业与劳动者之间的不匹配而解除劳务关系的，就是摩擦性失业。每年春节前后出现的求职高峰中，有不少求职者就是属于摩擦性失业者。

（3）结构性失业。结构性失业是指劳动力的供给和需求不匹配所造成的失业，其特点是既有失业，也有职位空缺，失业者或者没有合适的技能，或者居住地点不当，因此无法填补现有的职位空缺。结构性失业在性质上是长期的，而且通常起源于劳动力的需求方。结构性失业是由经济变化导致的，这些经济变化引起特定市场和区域中的特定类型劳动力的需求相对低于其供给。

特定市场中劳动力的需求相对低可能由以下原因导致：①技术变化，原有劳动者不能适应新技术的要求，或者是技术进步使得劳动力需求下降；②消费者偏好的变化。消费者对产品和劳务的偏好的改变，使得某些行业扩大而另一些行业缩小，处于规模缩小行业的劳动力因此而失去工作岗位；③劳动力的不流动性。流动成本的存在制约着失业者从一个地方或一个行业流动到另一个地方或另一个行业，从而使得结构性失业长期存在。

目前，高校毕业生就业难的问题越来越突出，大学生已不在是以前一个家庭引以为傲的榜样，很多家庭在孩子上大学之后，就全家总动员的为其工作而忙碌起来。而我国目前的劳动力需求市场从地区分布看，东部沿海发达地区和大中城市劳动力需求相对旺盛，而西部地区需求不足；从大学生求职者学历层次看，就业困难者主要集中在大专和高职毕业生，重点院校、热线专业供不应求。在一些大城市、大机关、大公司人满为患的同时，艰苦行业、边远地区则少有人问津。

这其中既存在教育机制的问题，也就是说我国目前的高等教育同质性太强，高校的专业设置基本雷同，教育的改革跟不上市场化的过程，加上扩招速度过快，导致人才浪费。除此之外，很大一部分的原因是在于有些地方岗位没多少，但是大家都想去，有的地方很需要人才，但大家又不愿意去。

在这种背景下说大学生已经太多了，他们找不到工作了，是不符合逻辑的。大学生找不到工作，其实是一个结构上的问题。而这种毕业后就失业的情况，就是属于结构性失业。

在这种情况下，政府和企业就要考虑怎么把人吸引到需要人的地方去，这个责任更大的是在于政府。

（4）技术性失业。技术性失业是由于技术进步所引起的失业。简单来说，当技术发展到一定阶段的时候，过去许多要人工完成的工作已经完全被机器或者电脑代替，这个时候，那些被机器或者电脑代替工作的人就不得不面临失业的状况，这就是我们平常所认识的技术性失业。此外，在经济增长过程中，资本品价格相对下降和劳动力价格相对上升也加剧了机器取代工人的趋势，从而也加重了这种失业。属于这种失业的工人都是文化技术水平低，不能适应现代化技术要求的工作。

在我国以前的计划经济体制下，国企中存在大批的冗余人员，这些人员很多是不具备专业技能的，大家一起吃的都是大锅饭，干多干少、干好干坏都一样。随着经济体制的改革和竞争的加剧，原有的大量富余职工已成为国有企业发展的一个沉重负担。而我国进行的一系列国企改革就是要释放计划经济下形成的大量企业冗员，这些冗余人员当中有很大一部分就是属于缺乏技术能力的人员。减员成为许多国有企业提高竞争力的重要手段之一，也就出现我们说到的下岗问题，下岗所带来的这一部门失业人员就是属于技术性失业人员。

目前，新的全球化经济急迫需要更懂得新技术、新沟通方式的人员，旧的人员构成已经不符合企业发展，部分人员即将被企业辞退，从而也会出现技术性失业。

而在我国农村，由于土地供给不会增加、农产品价格受到政府的价格干预很难大幅度提高、单位面积产量的提高速度有限等原因，使得农村大批劳动力转入城市。但是由于这部分求职者缺乏各种专业技能，在城市当中很难找到优质的长期工作，在一定程度上加大了城镇的就业压力，出现技术性失业。

（5）周期性失业。周期性失业是指由于劳动需求下降而导致的失业。当经济发展处于一个周期中的衰退期时，社会总需求不足，因而厂商的生产规模也缩小，从而导致较为普遍的失业现象。周期性失业对于不同行业的影响是不同的，一般来说，需求的收入弹性越大的行业，周期性失业的影响越严重。也就是说，人们收入下降，产品需求大幅度下降的行业，周期性失业情况比较严重。通常用紧缩性缺口来说明这种失业产生的原因。紧缩性缺口是指实际总需求小于充分就业的总需求时，实际总需求与充分就业总需求之间的差额。

2008 年全球金融危机导致大量企业裁员以应对危机带来的不利影响。美国自 2008 年夏雷曼兄弟倒闭以来，掀起一股源自华尔街的裁员浪潮，已从金融业波及其他各个领域，进而很快诸如印度、越南、中国等发展中国家都受到了波及。从发达国家的金融从业人员，到发展中国家的农民工，大家都赶上了“失业潮”。

为了应对这种大规模的周期性失业，各国政府除了大规模的经济刺激计划外，还采取了增加失业救济金，延长发放失业救济金的最长时限、扩大领取失业救济人数规模、鼓励企业缩短工作周期来对抗失业等方式来应对失业危机。

（三）充分就业

充分就业并非人人都有工作，这是由于在市场经济中，劳动力的供给与需求双方都有自由选择的权利。比如，有人对其工作不满意而辞掉工作，一般需要一段时间才能找到工作；学生从学校毕业也往往需要一段时间才能找到合适的工作。所以，从整个经济看来，任何时候都会有一些正在寻找工作的人，经济学家把在这种情况下的失业称为自然失业率，所以，经济学家对自然失业率的定义，有时被称作“充分就业状态下的失业率”，有时也被称作无加速通货膨胀下的失业率。

自第二次世界大战以来，充分就业一直是许多政府的既定目标。应该指出的是，充分就业不一定与零失业率的含义相同。因为无论在任何时候，失业率总要包括一定数量的游离于新、旧工作之间，但在长期意义上又不是失业的人们。例如在美国，2%的失业率时常被引作基础比率。

二、失业的影响

失业会产生诸多影响，一般可以将其分成两种：社会影响和经济影响。

失业的社会影响虽然难以估计和衡量，但它最易为人们所感受到。失业威胁着作为社会单位和经济单位的家庭的稳定。没有收入或收入遭受损失，户主就不能起到应有的作用。家庭的要求和需要得不到满足，家庭关系将因此而受到损害。西方有关的心理学研究表明，解雇造成的创伤不亚于亲友的去世或学业上的失败。此外，家庭之外的人际关系也受到失业的严重影响。一个失业者在就业的人员当中失去了自尊和影响力，面临着被同事拒绝的可能性，并且可能要失去自尊和自信。最终，失业者在情感上受到严重打击。

失业的经济影响可以用机会成本的概念来理解。当失业率上升时，经济中本可由失业工人生产出来的产品和劳务就损失了。衰退期间的损失，就好像是将众多的汽车、房屋、衣物和其他物品都销毁掉了。从产出核算的角度看，失业者的收入总损失等于生产的损失，因此，丧失的产量是计量周期性失业损失的主要尺度，因为它表明经济处于非充分就业状态。20世纪60年代，美国经济学家阿瑟·奥肯根据美国的数据，提出了经济周期中失业变动与产出变动的经验关系，被称为奥肯定律。

奥肯定律的内容是：失业率每高于自然失业率一个百分点，实际GDP将低于潜在GDP两个百分点。换一种方式说，相对于潜在GDP，实际GDP每下降两个百分点，实际失业率就会比自然失业率上升一个百分点。

西方经济学者认为，奥肯定律揭示了产品市场与劳动市场之间极为重要的关系，它描述了实际GDP的短期变动与失业率变动的联系。根据这个定律，可以通过失业率的变动推测或估计GDP的变动，也可以通过GDP的变动预测失业率的变动。例如，实际失业率为8%，高于6%的自然失业率2个百分点，则实际GDP就将比潜在GDP低4%左右。

本节开头说到的我国高校毕业生就业问题，我们可以看到，一方面是由于总量性压力的因素，还有一方面是由于结构性矛盾的因素。当然，除此之外，还有很多因素造成了现在大学生就业难的问题，在对待大学生就业的问题上，我们需要从多个方面来考虑。

对于总量性压力，我们要看到我国高等教育的普及率远远低于世界先进的国家，甚至大大地低于同类的国家，印度高等教育普及就比我们要好。国家经济的发展，产业的升级，是需要国民的教育基础和人才的积累的。所以扩大高等教育是绝对必要的事情，就中国目前而言，我们的高等教育的普及率也还是偏低的。

而对于结构性矛盾带来的大学生一毕业就失业的问题，我们应该看到这跟我们国家城乡二元结构的关系是蛮大的，当然也包括了我国的地区差异。从农村或者小城市来到北京、上海念书的学生在毕业以后都希望留下，改变他们原来的生活状态。因为在大城市他们可以获得更多的就业机会、更加公平的竞争、更大的职业发展空间等，并且当他们留在了这些城市之后，他们的后代在城市当中也将获得更好的教育和成长环境。可以看到这根本上还是个社会形态的问题。

互动训练

失业带来的自杀

据美国媒体报道，当地时间 27 日上午，洛杉矶市一名失业男子开枪杀死了自己的妻子和 5 名未成年子女，随后饮弹自尽。警方怀疑该男子因失业和经济问题导致疯狂杀戮。

洛杉矶警察局警员接到报警后迅速赶赴事发现场，在位于洛杉矶市以南威明顿的一户两层住宅中，警方发现了 7 具尸体，警察赶到时甚至还能闻到屋内的火药味。7 名死者中包括一对夫妇及其 5 名子女，5 个孩子分别是一对 5 岁的双胞胎女儿和一对两岁的双胞胎儿子，以及一名 8 岁大的女儿。

警方透露，他们同时接到当地电视台的报警，一名男子当天上午打电话给电视台，声称要杀死全家和自己，该男子还向电视台发送了两页传真，叙述自己的遭遇与动机。

警方经初步调查后认为，制造这起惨案的嫌犯是五名孩子的父亲，警方并没有马上透露凶手和死者的身份。但洛杉矶一家医院已经证实，嫌犯是医院前雇员欧文·鲁珀，40 岁的欧文和妻子安娜曾在该医院供职。

美国金融危机爆发以来，加州失业率大增，因经济恶化导致的凶杀案接连发生。

2008 年 10 月初，洛杉矶一名投资失败又失业的白领男子雷佳姆，开枪杀死了全家五口后饮弹自尽。

2008 年圣诞平安夜，在洛杉矶，打扮成圣诞老人的布鲁斯·帕尔多开枪并纵火杀死了前妻及其亲属共 9 人，之后凶手举枪自尽。

学以致用

实训内容

1. 社会当中的失业是由于哪些因素造成的？
2. 毕业之后我们可以寻找哪些就业（创业）的方式？
3. 就个人而言，当我们失业的时候我们应该怎么办？

实训要求

以 3～4 人为一组，各小组选择如上三个题目中的一个，收集材料，进行进度安排，列出分析讨论提纲，参与讨论，总结后制作 PPT。选出一个代表进行 7～8 分钟的陈述，其他人完成分析总报告，记入总成绩。

第二节　通货膨胀理论

导入案例

津巴布韦的“高物价”

津巴布韦现在无疑是全球百万富翁最多的国家，但它同时也是全球最穷的国家之一。

事实上，每一个来到首都哈拉雷豪华现代、气派十足的机场的海外游客，马上就摇身一变成为了百万富翁。根据津巴布韦目前的官方汇率，每10美元就可以换到10.1万津元，而黑市上则可以换到两至三倍的官方汇率。

津巴布韦最小面额的纸币是500津元，最大面额则为5万津元。一卷厕纸的价格已经达到15万津元。然而比起到餐馆吃饭来说，这还算不了什么。当用完餐准备结账时，一沓沓的钞票堆在餐桌中央，给用餐者的感觉就像是坐在拉斯维加斯的赌桌旁一样。一名印度商人介绍说：“每次用完餐，你还得再等半小时结账。前些天我到当地税务部门交税，上交4 100万元税款，他们清点了一个多小时。这简直是疯了。”

通货急剧膨胀给津巴布韦带来的另一个直接后果就是，目前这里最为紧俏的日用品之一竟然是点钞机。津巴布韦国有报纸上每天充斥着日本和新加坡生产的高质量点钞机广告，而每台的价格在3.45亿至12亿津元之间。

津巴布韦已把部分印钞工作外包给了邻国。而这些国家提出的要求是，酬劳必须以硬通币偿付。“人们只要手里有现金，就得马上花掉，因为同样一笔钱，等到第二天就买不到同等的商品了。”

20世纪80年代，不到1津元就能换1美元，津巴布韦也曾是非洲最富裕的国家，但总统穆加贝的土地抢夺政策为津巴布韦的经济混乱种下祸根。出口骤减，外资撤出。穆加贝政府则试图用外国贷款和印刷出更多的钞票来掩盖问题。他的补救措施很简单——印更多钞票。为保证军人、警察和公务员的收入，津巴布韦的央行称它将另外印制面值5万津元的60万亿津元出来。津巴布韦事实上已经没有能力印出这么多的钞票，但穆加贝拒绝发行更大面值的钞票，因为那将带来“通货膨胀”。

知识原理

一、通货膨胀

大多数经济学家把通货膨胀定义为一般价格水平普遍的和显著的上涨。

理解这一概念，需要注意两点：①价格上升不是指一种商品或几种商品的价格上涨，而是指价格的普遍上涨，即价格总水平的上涨；②价格水平的上升要持续一定时期，而不是一时的上升。

一般价格总水平通常以物价指数加以衡量，物价指数表示某些商品价格由一个时期到另一时期的变动程度。根据计算物价指数时包含的商品品种不同，可将物价指数分为如下三种：

（1）消费物价指数 CPI（Consumer Price Index）。消费物价指数是反映与居民生活有关的商品及劳务价格变动的一个统计指标，以百分比变化为表达形式，通常作为观察通货膨胀水平的重要指标。

CPI=（一组固定商品按当期价格计算的价值/一组固定商品按基期价格计算的价值）×100。

这几年我们老百姓更加关注 CPI，因为我们发现蔬菜、大米、食用油等各种生活必需品的价格与这个东西密切相关，自然也与我们的“钱袋子”密切相关。在我国 CPI 构成和各部分比重见表 10-1。

表 10-1　我国 CPI 构成及各部分比重

CPI 构成	所占比重（%）
食品	34
娱乐教育文化用品及服务	14
居住	13
交通通信	10
医疗保健个人用品	10
衣着	9
家庭设备及维修服务	6
烟酒及用品	4

CPI 告诉人们对普通家庭的支出来说，购买具有代表性的一组商品，在今天要比过去某一时间多花费多少。例如，若 1995 年某国普通家庭每个月购买一组商品的费用为 800 元，而 2000 年购买这一组商品的费用为 1 000 元，那么该国 2000 年的消费价格指数为（以 1995 年为基期）CPI=1 000/800×100=125，也就是说上涨了 25%。

一般来说，当 CPI 涨幅高于 3%时，表明社会存在一定程度的通货膨胀，而当 CPI 涨幅高于 5%时，则意味着较为严重的通货膨胀正在袭来。例如，根据国家统计局的数据，我国 2010 年 9 月 CPI 涨 3.6%，创 23 个月新高；2010 年 10 月 CPI 涨 4.4%，创 24 个月新高；2010 年 11 月 CPI 同比上涨 5.1%创 28 个月新高。

（2）批发物价指数 WPI（Wholesale Price Index）。批发物价指数是根据大宗物资批发价格的加权平均价格编制而得的物价指数。包括在内的产品有原料、中间产品、最终产品与进出口品，但不包括各类劳务。批发物价指数为通货膨胀的征兆，是讨论通货膨胀时最常提及的三种物价指数之一。

批发物价指数既可按全部商品综合编制，也可按不同部门或各类商品分别编制，但不包括劳务价格。批发物价指数的优点在于对商品流通比较敏感。其缺陷在于统计范围狭窄，所以许多国家没有将批发物价指数列为测定通货膨胀的代表性指标。美国劳工统计局编制的批发物价指数包括 2 400 多种商品批发价格变动状况，其中有机器、金属、木材、皮革、纸张、轮胎、燃料、服装、化学制品和农产品等。此外，还另为一些主要工业部门和单项产品编制批发物价指数。

（3）国内生产总值折算指数。国内生产总值折算指数为名义的GDP和实际的GDP的比值，也是用于表示通货膨胀程度的一个指标。

通货膨胀的大小可以用通货膨胀率来表示，为一般价格总水平在一定时期（通常是一年）内的上涨率，以消费物价指数为例，假定1995年按1980年测算的物价指数为120，而1996年的物价指数为180，则1996年的通胀率为

$$\pi=\frac{180-120}{120}\times100\%=50\%$$

二、通货膨胀的类型

按不同商品的价格变动来区分，通货膨胀有平衡的通货膨胀和不平衡的通货膨胀之分，在平衡的通货膨胀中，所有商品的价格按同样的比例上升，而在不平衡的通货膨胀中，不同商品种类的价格上涨幅度是不一样的。

按照人们对价格变动预料的程度划分，通货膨胀又分为未预料到的通货膨胀和预料到的通货膨胀两种。按持续的时间长短区分，通货膨胀有短期通货膨胀（2～3 年）、中期通货膨胀（3～5 年）、长期通货膨胀（5 年以上）。

按价格上涨幅度加以区分，通货膨胀有温和的通货膨胀、急剧的通货膨胀和恶性通货膨胀三种类型。

一些经济学家认为，如果每年的物价上涨率在2.5%以下，不能认为是发生了通货膨胀，当物价上涨率达到 2.5%～3%时，为温和的通货膨胀。在经济发展过程中，搞一点温和的通货膨胀可以刺激经济的增长。因为提高物价可以使厂商多得一点利润，以刺激厂商投资的积极性。同时，温和的通货膨胀不会引起社会太大的动乱。温和的通货膨胀即将物价上涨控制在1%～2%，至多5%以内，能像润滑油一样刺激经济的发展，这就是所谓的“润滑油政策”。急剧的通货膨胀是一种不稳定的、迅速恶化的、加速的通货膨胀。在这种通货膨胀发生时，通货膨胀率较高（一般达到两位数以上），人们对货币的信心产生动摇，经济社会产生动荡，所以这是一种较危险的通货膨胀。恶性通货膨胀目前没有一个普遍公认的标准界定。一般界定为每月通货膨胀50%或更多。

据统计，世界史上有所记载的恶性通货膨胀都发生在 20 世纪。第一次恶性通货膨胀发生于第一次世界大战后，欧洲的5个国家奥地利、德国、匈牙利、波兰和前苏联陷入恶性通货膨胀中。由于大量的战争赔偿和政府的一系列财政政策的影响，1922～1923年间的德国最高通货膨胀率甚至达到29 000%。第二次恶性通货膨胀发生于第二次世界大战后，旧中国、希腊和匈牙利都陷入了货币混乱中，它创下了世界史上最严重的恶性通货膨胀的记录——连续一年多物价平均每月通货膨胀率达19 800%。当时我国从1937年6月到1949年5月，伪法币的发行量增加了1 445亿倍，同期物价指数上涨了36 807亿倍。第三次恶性通货膨胀发生于20世纪80年代，阿根廷、玻利维亚、巴西、秘鲁等国的外债危机导致了金融混乱，引发严重的恶性通货膨胀。

三、导致通货膨胀的原因

（一）需求拉动的通货膨胀

需求拉动的通货膨胀是指总需求过度增长所引起的通货膨胀，即“太多的货币追逐太少的货物”，按照凯恩斯的解释，如果总需求上升到大于总供给的地步，此时，由于劳动和设备已经充分利用，因而要使产量再增加已经不可能，过度的需求会引起物价水平的普遍上升。所以，引起总需求增加的任何因素都可以是造成需求拉动的通货膨胀的具体原因。通常可归结为如下几种：货币供应量增长过快、政府支出扩大、进口需求过度膨胀。

第一次世界大战之后，德国经历了一次历史上最引人注目的恶性通货膨胀。在战争结束时，同盟国要求德国支付巨额赔款。这种支付引起德国财政赤字，德国最终通过大量发行货币来为赔款筹资。从 1922 年 1 月到 1924 年 12 月德国的货币和物价都以惊人的比率上升。例如，每份报纸的价格从 1921 年 1 月的 0.3 马克上升到 1922 年 5 月的 1 马克、1922 年 10 月的 8 马克、1923 年 2 月的 100 马克直到 1923 年 9 月的 1 000 马克。在 1923 年秋季，价格实际上飞起来了：一份报纸价格 10 月 1 日 2 000 马克、10 月 15 日 12 万马克、10 月 29 日 100 万马克、11 月 9 日 500 万马克直到 11 月 17 日 7 000 万马克。在当时的德国，一个马克的价值下降到仅及战前价值的一万亿分之一。德国当时的情况在很大程度上就是由于货币发行量的急速增加带来了需求拉动型的通货膨胀。

“蒜你狠”、“豆你玩”、“姜你军”、“糖高宗”等新鲜个性词汇飘遍了大江南北，形象描绘出我国当时大宗商品轮番上涨给百姓生活带来的诸多无奈。据数据显示，自 2010 年 7 月起，国内物价涨幅逐月攀升。11 月 CPI 同比上涨 5.1%，创下 28 个月以来的最高，尽管在相关部门系列政策组合的调控下，蔬菜等农产品价格出现明显下降，棉花、食糖和化肥价格高位回落，但引发价格上涨的根本原因并未消除。

（二）成本推动的通货膨胀

成本或供给方面的原因形成的通货膨胀，即成本推动的通货膨胀又称为供给型通货膨胀，是由厂商生产成本增加而引起的一般价格总水平的上涨，造成成本向上移动的原因大致有：工资过度上涨、利润过度增加、进口商品价格上涨。可归结为如下几种：工资推动的通货膨胀、利润推动的通货膨胀、进口成本推动的通货膨胀。

我们看到祖国的大江南北，有些企业通过压榨工人工资，提高员工工时来赚取利润，通过网络，我们知道有些血汗工厂的工作状况：一个月内，工人人均超时工作上百小时，拖欠工人工资高达上百万乃至上千万元，违规收取押金，非法扣押证件，非法招用童工等。

2008 年 1 月 1 日，我国开始正式实施新《劳动合同法》。新劳动法规范了用工市场，为劳动者提供了更多的保护，但是同时也使得企业的用工成本增加。几乎所有的未工作者和大部分已工作者对此法表示支持，而站在反对阵营的是大部分的企业主、经济学家和少部分的工人。为了规避新劳动法，有些跨国企业把工厂转移至越南。对于新劳动法的实施，且不论其他方面的影响，仅对企业而言，用工成本必然增加，而用工成本的增加，必定带来生产成本的增加，最终将导致商品售价的增加，由此带来物价的普遍上涨，也就将导致出现成本推动的通货膨胀。

近些年来，随着对劳工权益的保护力度加强，我国劳动者的工资水平有了较快增长。以制造业为例，2003～2008 年，制造业平均工资水平从 12 671 元上升到 24 404 元，五年间几乎翻了一番。虽然改革开放以来我国劳动力的工资水平一直在缓慢上升，但在未来时期步入“快车道”的可能性极大，这将为我国带来巨大的通货膨胀压力。

（三）供求混合推动的通货膨胀

在实际中，造成通货膨胀的原因并不是单一的，因各种原因同时推动的价格水平上涨，就是供求混合推动的通货膨胀。假设通货膨胀是由需求拉动开始的，即过度的需求增加导致价格总水平上涨，价格总水平的上涨又成为工资上涨的理由，工资上涨又形成成本推动的通货膨胀。

（四）预期的通货膨胀

在实际中，一旦形成通货膨胀，便会持续一般时期，这种现象被称为通货膨胀惯性，对通货膨胀惯性的一种解释是人们会对通货膨胀做出相应的预期。预期是人们对未来经济变量作出一种估计，预期往往会根据过去的通货膨胀的经验和对未来经济形势的判断，做出对未来通货膨胀走势的判断和估计，从而形成对通胀的预期。预期对人们经济行为有重要的影响，人们对通货膨胀的预期会导致通货膨胀具有惯性，如人们预期的通胀率为 10%，在订立有关合同时，厂商会要求价格上涨 10%，而工人与厂商签订合同中也会要求增加 10%的工资，这样，在其他条件不变的情况下，每单位产品的成本会增加 10%，从而通货膨胀率按 10%持续下去，必然形成通货膨胀惯性。

四、通货膨胀的经济影响

（一）通货膨胀对收入的影响

（1）实际收入不变：名义收入增长率=通货膨胀率；

（2）实际收入减少：名义收入增长率<通货膨胀率；

（3）实际收入增加：名义收入增长率>通货膨胀率。

2010 年毕业的大学生们发现房租上涨了、交通费用上涨了、服装价格上涨了、日用品价格上涨了、中午吃的盒饭价格没涨，但分量明显缩水。但是这个时候，收入没有增加，那么代表的就是实际收入的减少。

2010 年，有的人工资增长了，有的人工资卡上的钱没有任何的变动。但是我们发现在这一年当中，大家更会过日子了。邻居们相约到批发市场团购生活用纸、牙膏牙刷、柴米油盐等，到果品批发市场、海鲜市场抱团砍价。除了团购族，还出现了一批囤囤族，只要听说什么东西要涨价了，就要跑到超市抢购一批。兴趣相投的人们在网上建立聊天群，大家逛街时，发现了价钱便宜的化妆品、衣服等物品就相互沟通，然后组织一起去扫货，他们被形象地称为特搜族，也是一批与物价上涨斗争的人群。

（二）通货膨胀对财富的影响

（1）实物资产：名义价格随通货膨胀同步提高，实际价值不变；

（2）货币资产：名义价格不变，实际价值随通货膨胀降低；

（3）负资产（负债）：名义价格不变，实际价值随通货膨胀降低。

例如，若全年物价上涨达到 3%，按照我国目前的银行存款利率来计算，意味着个人储户存入银行一年的定期存款，实际收益已经为负值，货币放在银行中其实际购买力是在下降的。当遇到通货膨胀，钱不值钱的时候，老百姓手里还持有大量现金就会使得财富大幅度缩水。这些现金如果能够转换成能保值的资产，比如黄金、房产或者一些投资产品等，就能够使得财富得以保值，当然在进行投资之前也需要对整个市场有一个明确的认识。

如今很多人除了关注黄金市场，也开始更多地关注起了学区房、地铁物业、城市地标建筑物业的投资，虽然买入价不低，但是大家都坚信好地段、好学校，地铁周边出行的便利性，城市标志性建筑的升值空间，以及加上房子本身的条件，将会令这些房屋更显稀缺，能够有效地对抗通胀，能够使得手里的现金在通胀面前不会缩水，甚至能够获得更高的收益。

（三）通货膨胀对产出的影响

（1）在存在闲置资源、通货膨胀未被预期且较温和的情况下：产出增加。

（2）在不存在闲置资源或通货膨胀已被预期的情况下：产出不变。

（3）在严重或恶性通货膨胀情况下：产出减少。

（四）通货膨胀对就业的影响

（1）凯恩斯的观点：通货膨胀有助于就业的增加或失业的减少。

（2）菲利普斯的观点：通货膨胀率与失业率互为消长（菲利普斯曲线）。

1958 年，新西兰经济学家菲利普斯根据英国 1867～1957 年间失业率和货币工资变动率的经验统计资料，提出了一条用以表示失业率和货币工资变动率之间交替关系的曲线。这条曲线表明：当失业率较低时，货币工资增长率较高；反之，当失业率较高时，货币工资增长率较低，甚至是负数。即失业率高表明经济处于萧条阶段，这时工资与物价水平都较低，从而通货膨胀率也就低；反之失业率低，表明经济处于繁荣阶段，这时工资与物价水平都较高，从而通货膨胀率也就高。失业率和通货膨胀率之间存在着反方向变动的关系，如图 10-1 所示。

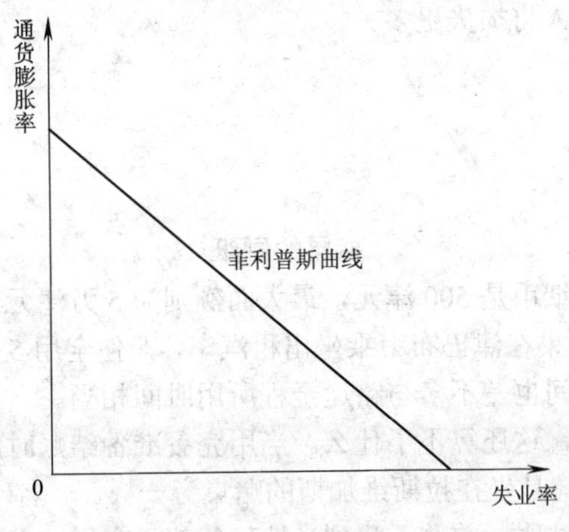

图 10-1 菲利普斯曲线

（3）弗里德曼的观点：短期中，通货膨胀有助于减少失业；长期中，通货膨胀无助于失业的减少。

据国家统计局的数据资料显示，1993～1996年，我国的CPI指数分别为14.7%、24.1%、17.1%和8.3%，出现了近二十年最高的通货膨胀周期。同期，我国的城镇登记失业率分别为2.6%、2.8%、2.9%和3%，则是该时期失业率最低的时期。可见，这是典型的"高通胀、低失业"时期，也完全符合标准的菲利普斯曲线。菲利普斯曲线表明了国家在宏观政策方面的两难境地，也即在治理通货膨胀率这条"鱼"和降低失业率这只"熊掌"之间不可兼得。因为降低通货膨胀率只能以较高的失业率为代价；反之，要降低失业率就必须容忍较高的通货膨胀率。从政策选择的角度来说，由于失业率和通货膨胀率之间存在着交替关系，因此可以运用扩张性的宏观经济政策，用较高的通货膨胀率来换取较低的失业率；也可以运用紧缩性的宏观经济政策，以较高的失业率来换取较低的通货膨胀率。这就为宏观经济政策的选择提供了理论依据。

但是，从2006年开始，我国出现了通货膨胀率逐步上升而失业率也逐步上升的趋势。2006年，通胀率为1.5%，到2008年迅速增长到5.9%。与此同时，虽然这几年我国的城镇登记失业率依然保持在4%左右，而根据2008年12月16日中国社科院公布的《社会蓝皮书》称，中国城镇失业率约为9.4%，也就是说实际失业压力更大。目前，我国每年将有超过一千万的农村劳动力需要转移到城镇，而毕业大学生的规模日益庞大，"十二五"期间每年将有近700万的大学生进入劳动力市场，这些将使劳动者面临着更大的失业风险。除去遭受金融危机影响严重的2009年，2010年、2011年，以及随后的几年中，随着通货膨胀压力的不断增大，我国的就业压力也在不断增大。如果出现了通胀率和失业率同步上升的现象，那就有可能出现"滞涨"，即高失业率和高通货膨胀率并存，这也是菲利普斯曲线的一种异化，这将对我国一系列的宏观经济政策提出更高的挑战。

对于本节开篇讲到的津巴布韦的通货膨胀我们可以看到，其根源在于货币发行量过快增长，而实际市场当中却没有相应足够数量的商品，从而导致过多的货币追逐较少的商品，带来通货膨胀。在这种情况下，居民手里面的货币在不断地贬值，货币的购买能力在不断地下降。而对于此时的债务人来说，由于货币的贬值，其需要归还的货币总量没有变，因此债务人从中受益，相应的债权人将损失更多。

互动训练

高昂的厕纸

津巴布韦最小面额的纸币是500津元，最大面额则为5万津元。而一卷厕纸的价格已经达到15万津元。然而，如果在津巴布韦乘坐出租汽车，即使全用5万面额的纸币付费，数钞票付给司机所要花费的时间也差不多与路途全程所用时间相当。

比起到餐馆吃饭来说，这还算不了什么。当用完餐准备结账时，一沓沓的钞票堆在餐桌中央，给用餐者的感觉就像是坐在拉斯维加斯的赌桌旁一样。一名印度商人介绍说："每次用完餐，你还得再等半小时结账。前些天我到当地税务部门交税，上交4 100万元税款，他们清点了一个多小时。这简直是疯了。"

讨论"津巴布韦"的通货膨胀是由于哪些因素造成的？和我国民国时期的通货膨胀的性质是一样的吗？对老百姓而言带来了什么？

学以致用

津巴布韦通货膨胀成因分析

实训内容

1．收集有关津巴布韦通货膨胀的资料；

2．收集各国在对付通货膨胀上采取的策略；

3．针对津巴布韦通货膨胀的情况提出相关的措施建议，以报告形式提交。

实训要求

根据实训内容各小组进行进度安排，收集材料，列出分析讨论提纲，参与讨论，总结后制作 PPT。选出一个代表进行 7～8 分钟的陈述，其他人完成分析总报告，记入总成绩。

课后练习

一、填空题

1. 充分就业是指________。

2. 失业的类型包括________、________、________和________。

3. 根据通货膨胀严重程度的不同，可以划分为________、________、________。

4. 由于________的膨胀而导致商品供不应求所引起的通货膨胀称为________的通货膨胀。

5. 由于________上升引起的总供给减少而导致的通货膨胀称为________的通货膨胀。

二、单项选择题

1. 一位在春节期间受雇于贺卡公司，从事推销新年贺卡的推销员在春节过后被解雇了，这属于（　　）。

A. 摩擦性失业　　B. 结构性失业　　C. 季节性失业　　D. 周期性失业

2. 一个由于经济衰退而被解雇的工人属于（　　）。

A. 摩擦性失业　　B. 结构性失业　　C. 季节性失业　　D. 周期性失业

3. 一个同时被上海工商银行和浦东发展银行录用，正在犹豫不决的大学毕业生属于(　　)。

A. 摩擦性失业　　B. 结构性失业　　C. 季节性失业　　D. 周期性失业

4. 由于经济结构调整，光碟取代了录音磁带，一位在磁带制造业被解雇的工人属于(　　)。

A. 摩擦性失业　　B. 结构性失业　　C. 季节性失业　　D. 周期性失业

5. 菲利普斯曲线描述（　　）之间的关系。

A. 失业与通货膨胀　B. 失业与产量　　C. 总需求与总供给　D. 就业与通货膨胀

三、多项选择题

1. 以下人中可能从通货膨胀中得益的是（　　）。

A. 贷款人　　B. 货币持有者

C. 雇主　　D. 固定工资合同下的工人

E. 纳税人

2. 以下人中可能从通货膨胀中受损的是（　　）。
   A. 纳税人　　B. 债权人　　C. 借款人　　D. 雇员
3. 关于充分就业的含义认识不正确的是（　　）。
   A. 充分就业意味着没有一个人失业
   B. 不存在摩擦性失业的就业状态
   C. 不存在结构性失业的就业状态
   D. 不存在周期性失业的就业状态
4. 通货膨胀是（　　）。
   A. 货币发行量过多而引起的一般物价水平普遍持续的上涨
   B. 货币贷款量超过货币存款量
   C. 货币发行量超过流通中商品的价值量
   D. 以上都不是
5. 导致通货紧缩的原因不包括（　　）。
   A. 总需求不足　　B. 生产成本下降
   C. 货币供应量增长过快　　D. 总供给过剩

四、简答题

1. 何为充分就业？
2. 何为通货膨胀？
3. 通货紧缩的受益人有哪些？
4. 通货膨胀的受益人有哪些？
5. 导致通货膨胀的原因有哪些？

五、论述题

1. 请论述政府投资增加与通货膨胀之间的关系。
2. 请论述失业与通货膨胀之间的关系。

第十一章　政府调控理论

学习目标

通过本章的学习，使学生掌握外部性、公共产品的基本概念，了解经济运行中不同程度地存在"市场失灵"，了解政府的经济职能。

小故事

灯塔的故事

在一个靠海的渔港村落里住着两三百个人，大部分的人都是靠出海捕鱼为生。靠近附近的礁石十分险恶，船只一不小心就有可能触礁沉没而人财两空。大家都觉得该盖一座灯塔，好在雾里、夜里指引迷津。那么，盖灯塔的费用该如何分摊呢？既然灯塔是让渔船趋福避祸，就依船只数量平均分摊好了。可是有人反对：虽然家里有两艘船，却只在白天出海捕鱼，傍晚之前就回港，根本用不上灯塔，为什么要分摊？或者即使是入夜之后回港，但因为是航海老手，对港里港外的礁石分布早就一清二楚，闭上眼睛也能把船开回港里，当然也用不上灯塔。于是有人建议按船员人数多少来分摊比较好。因为船只有大有小，船只的船员往往比较多，享受的好处也比较多。所以，依船员人数分摊可能比较好。可是船员多的不一定收获就多，该看捕鱼量。捞的鱼多，收入也多，自然该负担更多的费用。但是，以哪段时间的捕鱼量来计算呢？要算出捕鱼量还得有人称重和记录，而且不捕鱼的村民也间接地享受了美味的海鲜，也应该负担一部分的成本。因此，依全村人口数平均分摊最公平。但新的问题又出现了：如果有人是素食主义者，不吃鱼，难道也要出钱吗？又有人反对了，即使素食主义者自己不吃鱼，他的家人还要吃鱼啊。所以还是该按全村人口平均分摊。大家没有一个大家都满意的方案。其实，不管用哪一种方式，还有一个问题，由谁来收钱、保管、监督使用呢？又由谁来保证没有缴费的人不使用灯塔呢？

灯塔的例子具体而深刻地反映了社会在处理"公共财物"问题上所面临的困难，也体现了市场经济的一些局限性。

第一节　市场的失灵与对策

导入案例

18 世纪初的工业革命，大大推动了人类社会的生产力水平，使人类进入了机器大生产的工业时代。到 20 世纪 70 年代，资本主义国家科技和商品经济都得到了巨大的发展，人类征服了海洋，大规模地开采矿产和石油、砍伐森林、开垦草原。200 多年的工业革命，人类社会的发展超过了以往几千年的农业历史时期。世界主要的资本主义国家美国、英国、法国、日本等，经济都获得了巨大的、高速的发展。

然而，工业时代人类因为不合理地开发自然资源和大规模地污染环境所付出的代价也是前所未有的。大量地污染物排放，最终以各种形式给人类的生命和财产带来严重的危害。能源危机和各种环境公害事件出现在人们面前，影响深远。尤其是公害事件，更是令人触目惊心！

在日本，1953～1961 年，在九州南部熊本县的水俣镇，因化肥厂排放的有毒废水进入海湾，通过食物链的传递，最终使人体受害，由于食用了含甲基苯的水产品，使人体的神经系统受到侵害，数千人得了怪病，在长期病痛的折磨中煎熬。

几乎同一时期，日本还曾发生过骨痛病事件、四日哮喘事件、米糠油事件。其他国家也都有过深受环境公害的折磨的经历。

知识原理

一、市场失灵

市场失灵是指市场机制（即价格调节市场的机制）不能实现资源的有效配置，也就是说市场机制造成资源的配置失当。形成市场失灵的主要原因有：公共物品、外部性、非对称信息和垄断等。

（一）公共物品

1. 公共物品的含义

在现实生活中，大部分物品是私人物品。私人物品，即市场上的普通商品和劳务。它有两个特点：①竞争性，如果某人已消费了某种物品，其他人就不能再消费这种商品了；②排他性，对商品或劳务支付费用的人才能消费，其他人不能如此做。

公共物品，是指像国防、立法、交通这类不通过市场交易，由政府提供的商品和劳务。它具有非竞争性和非排他性。所谓非竞争性是指增加一人消费不影响他人的消费。所谓非排他性是指无法从技术上或经济上把不交费的人排除在消费之外。

公共产品的特点会带来“免费搭车”，即人们享用某些产品或服务时并不减少其他人享用，即使后者不付钱。这种生产的外部不经济导致供给太少甚至没有，即私人不愿意提供这种物品，而这些物品又是一个国家或社会所必需的，如国家安全、社会稳定等。如果缺乏这些公共物品，我们的生产和消费便要受到相应的影响。因此，在仅仅依靠市场机制无法解决这个问题时，只有国家或者政府来解决公共物品的供给问题。

公共物品通常由政府提供，但并非所有的公共产品都是由政府提供的。如果能找到解决免费搭车问题的方法，有些公共产品就不需由政府提供。制度的变更和技术的改进能避免某些免费搭车现象。

2. **公共物品的分类**

人们把公共产品分解为两种，纯公共产品和准公共产品。所谓纯公共产品就是同时满足非竞争性和非排他性的产品，它只能由政府依靠税收组织生产。准公共产品是指有竞争性，而没有非排他性的产品，即排他性成为可能。一旦如此，准公共物品就不一定非要由政府生产不可，它也可以由私人企业生产。

3. **公共物品导致市场失灵**

（1）公共物品的非排他性导致市场失灵。非排他性使得任何购买公共物品的人都不能独立占有该产品所能提供的全部效用或收益，都不能阻止别人去无偿地享用该产品。因此，尽管公共物品的社会潜在收益大于它给单个购买者带来的收益，但潜在的购买者在作出支付决策时并不会将他人的潜在收益考虑在内，公共产品的提供者就要独自承担提供该物品的全部成本。这样一来，任何人都想无偿地去享用别人提供的公共物品，继而出现搭便车行为。搭便车者的增多，就会使得公共物品的提供者数量减少或者几乎没有，最终导致资源配置效率的低下，造成市场失灵。

（2）公共物品的非竞争性导致市场失灵。准公共物品虽具有非竞争性，但可以实现排他性使用，如高速公路的修建者实行收费管理，不付费不能消费。这种排他性使用，虽然可以收回提供公共产品的成本，提供其生产者的积极性，增加供给，但不能使所有人免费使用，致使公共的社会效用得不到有效、充分的发挥，从而降低了资源的配置效率，也会造成市场失灵。

（二）外部性

所谓外部性是指经济活动的当事人对其他人所造成的无法通过价格体系反映的影响。外部性可分为外部经济和外部不经济，或者称正外部性和负外部性。当市场交易双方以外的第三者产生影响，并且这种影响又不能反映为市场价格时，就会出现外部性。外部性是一方对另一方的非市场影响。通过市场发生的影响不是外部性。

1. **外部经济**

外部经济是指某个家庭或者厂商的经济活动给其他家庭或厂商无偿带来好处。例如，当你欣赏到邻居家阳台的鲜花时，会有一种美的感受，但却无需付费；养蜂人放养蜜蜂却造成隔壁的果园增产等。

2. **外部不经济**

外部不经济是指某个家庭或者厂商的经济活动给其他家庭或厂商带来无人补偿的危害。例如，周围人吸烟会给你带来危害，但你却不能要求赔偿；大量汽车尾气排放破坏了臭氧层和产生温室效应等。

外部性导致市场失灵。在完全竞争的市场中，如果某种产品的生产产生了外部经济，则产量将可能小于社会最优的产量；如果某种产品的生产会产生外部不经济，则其产量将可能超过社会最优产量。即当存在外部性时，不能保证个人追求自身利益最大化的行为同时能够使社会福利趋于最大化。因此，需要政府对市场加以干涉，以弥补市场调节的缺陷。

（三）非对称信息

1. 非对称信息的含义

非对称信息也就是信息不对称，是指市场上买卖双方所掌握的信息是不对称的，即一方掌握的信息多些，一方掌握的信息少些。如通常所说的“买的不如卖的精”说明卖方知道的情况比买方知道的情况多。

包括两种情况：有些市场卖方所掌握的信息多于买方，商品市场和要素市场上都有这种情况；有些市场买方所掌握的信息多于卖方，如保险与信用市场上就有这种情况。

在不完全信息条件下，降低或提高商品和要素价格不一定能刺激消费者对该商品的需求和生产者对该商品的供给，即不能实现商品市场均衡、要素市场均衡和所有市场同时均衡，这就是市场失灵造成的市场无效率。

需要说明的是，信息的不对称不仅是指人们常常限于认识能力不可能知道在任何时候、任何地方发生的或将要发生的任何情况，更重要的是指行为主体为充分了解信息所花费的成本实在太大，不允许他们去掌握完全的信息。

2. 非对称信息和市场失灵

在信息不对称条件下，如果卖方知道的信息多于买方知道的信息，降低商品和生产要素价格不一定能刺激消费者对该商品的需求；如果卖方知道的信息少于买方知道的信息，提高商品和生产要素价格不一定能刺激生产者的供给，这就是市场失灵（即价格无法有效地调节供给和需求）。

（四）垄断

垄断是市场不完善的表现，垄断市场是一个产量较低而价格较高的市场。它的存在，不仅造成资源浪费和市场效率低下，而且使社会福利减少。

1. 垄断造成效率低下

在垄断市场条件下，垄断厂商为实现自身利益最大化，也会像竞争厂商一样努力使生产定在边际收益等于边际成本的点上，但与竞争企业不同的是，垄断市场的价格不是等于而是大于边际收益，因此，它最终会选择在价格大于边际成本的点上组织生产。垄断厂商不需被动地接受市场价格、降低成本，而可以在既定的成本水平之上加入垄断利润形成垄断价格。所以，垄断市场的价格比竞争市场高，产量比竞争市场低。

2. 垄断造成社会福利损失

垄断厂商实现价格歧视，消费者付出的价格高，使消费者剩余大大减少，这种减少则是社会福利的损失。

3. 收入分配的不平等

垄断者凭借其垄断地位可以获得超额利润，这种垄断利润的获得，不仅阻碍了被垄断行业科学技术的进步，也加剧了社会收入分配的不平等。

4. 寻租行为的产生

寻租就是用各种方法得到获得租金的特权。当某种生产要素需求增加而供给难以增加时，产生的差价就是租金。例如，人们更愿意看精彩的足球赛，但优秀足球运动员有限，这时他们获得的高收入中有一部分就是租金。在现代经济学中当供给被认为受到限制时，所产生的额外收入称为租金。寻租活动并不创造财富，它不提供任何物品或劳务，也没有增加GDP。它的后果是浪费了资源。

二、政府干预

（一）政府干预的理由

1. 社会收入不公问题的存在

现实生活中，由于人们在家庭出身、劳动观念、生活习惯、教育机会，以及拥有生产资源数量等方面的差异，往往会出现收入不均、贫富悬殊等问题。这些问题的出现，一方面不利于社会的安定和经济的发展；另一方面市场自身无法解决，必须由政府出面才能实现社会公平。

2. 恶性竞争和垄断的存在

适度的竞争有利于市场的发展，但竞争一旦发展成恶性竞争或形成垄断，则会降低经济效率，导致整个社会资源的浪费和社会福利的减少。政府可以通过制定反不正当竞争法和反垄断法等法律规章来规范经济主体的行为，鼓励竞争的发展。

3. 信息不对称现象的存在

市场机制不能解决所有的信息不对称和信息不完全问题，而政府可以通过增加市场透明度等方法对信息进行管理和调控，使交易参与者得到较为充分和正确的信息。

4. 负外部性导致的环境污染等问题的存在

环境污染问题越来越成为阻碍经济发展的一大问题。国家可以通过制定环境保护法规等政策来维持一个良好的生态环境，以最大限度地降低社会成本，增加社会收益。

5. 公共产品供给问题的存在

公共产品的性质使私人部门不能或无法全部提供，而政府可以在这方面发挥较大的作用。

（二）政府干预的方式

1. 针对公共产品原因导致的市场失灵，政府干预的主要方式

政府干预主要是决定是否提供公共物品及提供多少的问题。

（1）政府在如何确定某一公共物品是否值得提供，以及提供多少时，往往采用成本—收益分析的比较。

（2）政府提供公共产品的方式：①由政府直接经营企业并生产公共物品；②政府与私人部门签订合同，共同提供公共物品；③政府以授权、许可的形式委托私人部门提供公共物品；④政府对私人部门提供补贴，鼓励其提供公共物品。

2. 针对外部性原因导致的市场失灵，政府干预的主要方式

（1）税收与补贴。

（2）实行“内部化”政策。

（3）界定产权。

（4）应用行政措施。

3. 针对垄断原因导致的市场失灵，政府干预的主要方式

（1）制定反垄断法。

（2）公共管制。

4. 针对信息不对称原因导致的市场失灵，政府干预的主要方式

（1）解决逆向选择问题的措施。

（2）解决道德风险问题的措施。

5. 导致政府干预失效的因素

当市场失灵时，政府在公共部门中所起的作用十分明显。但政府对经济的干预也有失效的时候，我们称之为“政府失灵”。导致政府失效的因素主要有：

（1）政府的偏好。

（2）官员的素质。

（3）利益集团的寻租行为。

（4）信息不对称。

（5）政府干预的成本与收益。

（6）政府实行干预的法令、规章等都具有刚性，不能及时根据经济的具体情况而变化，从而导致政府对经济干预具有盲目性。

互动训练

信息不对称的医疗行业

2005 年 11 月，哈尔滨的一位年逾古稀的老人在医院住院治疗两个月的时间里，先后共支付了 550 万元的医疗费。收费的账单显示：他最多一天输血 94 次、注射盐水 106 瓶，而输血的最小单位是 100 毫升。94 次意味着至少每天输进 9 400 毫升血液，一名成人的全身血液总量只有 4 500 毫升左右，这就相当于一天给老人全身置换血液两次多。这可能吗？

医疗行业是一个信息高度不对称的行业。由于缺乏足够的医学知识，患者往往处于弱势地位。用什么药做何种检查，都由医生决定，患者只能被动服从。550 万天价医疗费用的出现，说明了什么？

案例分析：

试用信息不对称原理分析发生 550 万天价医疗费现象的原因。

学以致用

调查市场失灵

实训内容

1．调查某种具有公共物品性质的产品，它是怎样提供的？

2．调查某种具有外部性的经济活动，它的外部性有没有得到有效的解决？如果没有解决，请给出建议；如果得到解决，它又是如何得到解决的？

3．调查某个存在不对称信息的市场，这个市场存不存在解决不对称信息的机制？如果不存在，有没有存在市场失灵？如果存在，说明它是怎样一种机制。

小组人数：将班级人数分成小组，每小组 5 人。

实训要求

根据题目进行进度安排，收集材料，列出讨论提纲，参与讨论，总结后制作PPT。选出一个代表进行7～8分钟的陈述，其他人完成论文，记入总成绩。

第二节　财政政策与货币政策

导入案例

驴的故事

一天，老头带着孙子，牵着驴出门去赶集。一群在河边洗衣服的姑娘看见了嚷道：“瞧呀，这两人有多蠢呀，放着驴不骑。”老头听了，就将孙子抱到驴背上，自己牵着驴往前走去。路上遇上一位老者，他生气地说：“年轻人太不懂得尊敬老人了，真不害臊。”孙子听了赶忙下来，让老爷爷骑上驴，他跟在后面走着。一位背着小女孩的母亲看见了说：“这老头真不懂事，自己骑着驴，倒让细皮嫩肉的娃娃在地上走。”于是，老头赶紧把孙子也抱到驴背上，放在他的前面，继续往前走。走不多远，一位牧师看见了说：“俩人都骑在这么瘦骨嶙峋的驴背上，简直是虐待牲口。”祖孙俩人只得跳下驴背，用绳子把驴缚在扁担上，扛着驴往前走，一路上惹得人们哈哈大笑。他们走到一座桥上，驴倒吊着很难受，就挣脱了绳子，扑通一声掉到河里淹死了。老头无奈地望着孙子：“看来一件事要让每个人都称心如意是不可能的。”

在现实生活中，对政府实施宏观经济调控也存在着赞成、反对等不同意见。我们究竟该如何看待这个问题呢？

知识原理

一、宏观经济政策

1. 宏观经济政策的目标

宏观经济政策是政府为使宏观经济运行达到一定的效果，有意识地干预和影响经济运行的指导原则和措施。运用宏观经济政策，政府可以有意识、有目的地改变宏观经济运行中的一些变量，进而影响宏观经济的运行，达到预期目的。

宏观经济政策的目标主要体现在以下方面：

（1）充分就业。充分就业是指所有合乎法律规定条件、有工作能力的人都可以找到有报酬的工作。充分就业之所以成为宏观经济政策的一个目标是因为充分就业既是资源配置的必要前提和体现，也是维持社会稳定的保障。

（2）物价稳定。物价稳定是指经济运行中保持一般物价水平的相对稳定，一般维持一个低而稳定的通货膨胀率，这种通货膨胀率能为社会所接受，对经济也不会产生不利的影响。

在现实生活中，物价水平由于社会总需求过大、商品成本提高、结构性因素等的作用而呈上涨趋势。各国政府和经济学家多采用消费物价指数、批发物价指数、国民生产总值折算指数等来衡量物价水平。当然，究竟采用何种物价指数作为评价指标为宜，尚在探索中。

（3）经济增长。经济增长是指一个特定时期内经济社会所生产的人均产量和人均收入的持续增长，通常用一定时期内国民生产总值年均增长率来衡量。一个国家的长期经济增长主要取决于生产要素的投入数量和生产要素使用效率的提高。为此，不仅要引导劳动、资本等各项生产要素的合理配置和使用，保持生产要素的投入数量，更要改善和提高生产要素的质量，同时避免经济运行的剧烈波动，保持经济的稳定性。

（4）国际收支平衡。国际收支平衡状况体现的是一个国家在一定时期内与其他国家经济往来的全部货币收支状况。国际收支不平衡有两种状况：①收入大于支出，表现为国际收支顺差；②支出大于收入，表现为国际收支逆差。国际收支平衡是指收入与支出相等或收入略大于支出。随着世界经济的一体化，一国与他国的经济往来日益广泛，国内外两个市场的联系越来越密切，因此保持国际收支平衡成为一国经济稳定发展的主要条件。

2. *经济政策目标的协调*

从长期看，宏观经济目标之间是相互作用、相互促进的。经济增长是充分就业、物价稳定和国际收支平衡的物质基础；物价稳定又是经济持续稳定增长的前提；国际收支平衡有利于国内物价的稳定，有利于扩大本国的生产能力，加速本国经济的增长；充分就业本身就意味着资源的充分利用，这当然会促进本国经济的增长。

从短期看，宏观经济目标之间是不一致的，是相互矛盾的，主要表现在以下方面：

（1）充分就业与物价稳定的矛盾。为实现充分就业，就需运用扩张性财政政策和货币政策，而这些政策又会由于财政赤字的增加和货币供给量的增加而引起通货膨胀。

（2）充分就业与经济增长的矛盾。经济增长与充分就业虽有一致的方面，即经济增长会提供更多的就业机会，但也有矛盾的一面，即经济增长中的技术进步，会引起资本对劳动的替代，相对地缩小对劳动的需求，使部分工人特别是文化、技术水平低的工人失业。

（3）国际收支平衡与充分就业的矛盾。充分就业的实现会引起国民收入的增加，加快进口贸易增长，导致国际收支状况恶化。

（4）物价稳定与经济增长的矛盾。在经济增长的过程中，常会伴随着通货膨胀，而过高的通货膨胀又会阻碍经济的进一步增长。

3. *宏观经济政策工具*

宏观经济政策工具是用来达到政策目标的手段。政策工具是多种多样的，每一种政策工具都有自己的作用，使用不同的政策工具往往也可以达到相同的政策目标。政策工具的选择与运用是一门艺术。在宏观经济政策工具中，常用的有需求管理政策和供给管理政策。

（1）需求管理。需求管理是通过调节总需求来达到一定政策目标的宏观经济政策工具，这是由凯恩斯首先提出的。凯恩斯主义者认为，决定就业与物价水平的关键是总需求，因此，宏观经济政策应该是对总需求进行调节与控制。需求管理的基本原则是：当总需求小于总供给时，存在失业，所以应该刺激总需求；当总需求大于总供给时，存在通货膨胀，这时就抑制总需求。通过对总需求的调节，使总需求等于总供给，从而实现充分就业和物价稳定。需求管理的政策工具主要是财政政策与货币政策。

（2）供给管理。供给管理是通过控制总供给来稳定经济的宏观政策。供给就是生产，在短期内影响供给的主要是生产成本，特别是工资成本；长期内影响供给的主要是生产能力，即经济潜力的增长。供给管理的政策主要包括以下方面：

1）收入政策。通过控制工资与物价，抑制成本推动的通货膨胀。

2）人力政策。通过改善劳动市场的结构，建立更多的职业介绍机构，加强劳动力市场的信息交流或鼓励劳动力的流动，来降低自然失业率。

3）经济增长政策。通过增加生产要素的数量，提高生产要素的效率来提高经济的生产潜力，促进经济增长。

二、财政政策

1. 财政政策的内容与运用

宏观财政政策是国家调节经济，实现政策目标最主要的政策工具之一。财政政策就是指政府为提高就业水平，减少经济波动，防止通货膨胀，实现稳定增长而采取的税收、借债水平和政府支出的政策，即政府为了实现其宏观经济政策目标而对其收入和支出水平所作出的决策。

财政政策的主要内容包括财政支出政策和财政收入政策两部分。

(1) 财政支出政策。财政支出是指一个国家各级政府的全部支出总和。根据支出的性质，可将其分为三大类：一类是政府公共工程的支出，如政府对道路、水利设施、医院、学校等设施的建设；一类是政府购买，如政府对国防物资、办公用品的购买，对各类人员的雇佣；还有一类是政府的转移性支出，包括失业救济金、养老金、退休金等各种社会福利保障支出，以及政府对居民的其他各类补贴。

无论是哪种支出都会对社会总需求产生影响，因此，国家可以采取多种财政支出政策达到宏观经济政策目标。在经济萧条时政府可以增加财政支出，向企业进行大规模的采购，以刺激民间投资的增加；也可以兴建更多的公共工程，在创造出更多的就业机会和社会需求的同时，也为经济发展奠定基础。此外，政府还可以增加转移支付，增加对居民的各种补贴，使他们有更大的能力进行消费，从而带动消费需求。总之，增加政府财政支出可以增加总需求，这样有助于克服经济萧条，向充分就业方向发展。与此相反，当经济过度繁荣时，政府通过减少财政支出，来抵制总需求，以减少通货膨胀的压力，使经济正常发展。

(2) 财政收入政策。财政收入政策就是税收政策。税收是国家财政收入的重要来源之一，也是政府调节总需求的重要手段。在经济萧条时期，由于总需求不足，为了刺激总需求，政府往往采取减税的措施，使企业和个人可支配收入增加，这样居民更有能力进行消费，企业更有能力进行投资，社会的消费需求和投资需求增加，总需求也就随之增加。而在经济繁荣时期，政府采取增加税收的办法，来限制企业的投资与居民的消费，从而减少社会总需求，抵制经济过热，使经济恢复到比较正常的状态。

2. 内在稳定器

某些财政政策由于其本身的特点，具有自动调节经济、使经济稳定的机制，因此被称为内在稳定器。具有稳定器作用的财政政策，主要表现在以下几方面：

(1) 个人所得税和企业所得税。在经济萧条时期，政府应该实行减税政策。实际上，由于经济萧条，个人收入和企业收入减少了，个人所得税和企业所得税的征收额也就会减少。而在通货膨胀时期，政府应采取征收政策。实际上，由于经济繁荣，个人收入和企业收入增加，个人所得税和企业所得税的征收额也会自动增加。

（2）失业救济金的发放。在经济萧条时期，政府应采取增加转移性支付的政策。时间上，由于经济协调，企业倒闭，工人失业增多，失业救济金就会自动增加，从而符合政府增加转移支付的要求。在通货膨胀时期，政府应采取减少转移性支付的政策。实际上，由于经济繁荣，就业增加，失业减少，随之失业救济金就会自动减少，从而符合政府减少转移性支付的要求。

（3）各种福利费的支出。在经济萧条时期，由于人们收入减少，生活困难，政府在医疗卫生补助、教育补助、住房补助等方面的福利费用就会增加，这也自动符合了政府应扩大支出的要求。相反，在经济繁荣时期，就业增加，人们生活有所改善，政府在这方面的支出就会自动减少，因此符合政府此时应减少支出的要求。

（4）农产品维持价格。许多国家政府为了维护农民的利益，实行农产品的维持价格政策。当农产品价格低于维持价格时，政府就按维持价格进行收购。因此，这等于是对农民进行农业亏损补贴。在经济萧条时期，由于有效需求不足，农产品价格会因农产品过剩而下降。这时，政府维持价格的支出就会增加。反之，在经济繁荣时期，由于农产品价格上升，政府维持价格的支出会自动减少，因而自动符合了此时政府应减少购买支出以抑制总需求的目的。农产品维持价格制度有助于减轻经济波动，所以被认为是稳定器之一。

3. 赤字财政政策与公债

在经济萧条时期，财政政策是增加政府支出、减少政府税收，这样就必然出现财政赤字。凯恩斯主义经济学家认为，财政政策应该为实现充分就业服务，因此，必须放弃财政收支平衡，实行赤字财政政策。

（1）赤字财政政策。赤字财政的主要内容是：①政府应增加支出，包括军事支出在内，以弥补私人消费需求和私人投资需求不足，实现赤字预算；②政府在宏观上鼓励高消费，同时通过税收政策，进行收入再分配，以提高整个社会的消费倾向，增加消费可以刺激生产，提高就业水平；③财政赤字既不能靠增税来弥补，也不能靠减少支出来弥补，只能靠借债来弥补。

（2）公债。政府借债主要通过发行债券来筹集这部分资金，这种政府债券称为公债。公债是政府运用信用形式筹集财政资金的特殊形式，包括中央政府的债务和地方政府的债务。

4. 财政政策的局限性

在实际经济运行中，存在各种各样的限制因素影响财政政策作用的发挥。首先是时滞，财政政策从制定到发挥作用需要时间；其次是不确定性，实行财政政策时，政府主要面临一些不确定性因素，在一段时间内，总需求特别是投资可能发生戏剧性的变化，这可能导致决策失误；最后，外在的不可预测的随机因素的干扰，也可能导致财政政策达不到预期的效果。

三、货币政策

1. 货币政策的运用

货币政策是指政府根据宏观经济调控目标，通过中央银行对货币供给和信用规模管理来调节信贷供给和利率水平，以影响和调控宏观经济运行状况的经济政策。货币政策一般分为扩张性货币政策和紧缩性货币政策。扩张性财政政策是通过增加货币供给来带动总需求的增加。货币供给增加时，利率会下降，取得信贷会更容易，因此经济萧条时多采用扩张性货币政策。紧缩性货币政策是通过削减货币供给的增长来降低总需求水平，在这种情况下，取得信贷比较困难，利率也随之提高。因此，在通货膨胀严重时，多采用紧缩性货币政策。

2. 货币政策工具

（1）公开市场业务。这是指中央银行在债券市场上公开买卖各种政府证券、其他证券以及商业银行的承兑票据，以控制货币供给量及利息率的活动。中央银行在公开市场上购买政府证券，商业银行的准备金将增加，从而货币供应量增加；中央银行在公开市场上卖出政府证券，商业银行的准备金将减少，从而货币供应量减少。

（2）再贴现率政策。这是指中央银行利用提高或降低贴现率来达到紧缩或扩张商业银行信贷能力的一种手段，是中央银行对商业银行贷款时收取的利率。它的提高会阻挠商业银行借款，从而将减少银行准备金，进而减少货币供应量。它的降低会促进商业银行借款，从而将增加银行准备金，进而增加货币供应量。

（3）存款准备金率。这是指商业银行在其吸收的存款中，上交中央银行作为现金准备的比率。中央银行在法律赋予的权力范围内，规定或调整商业银行缴存中央银行的存款比例，以控制商业银行的信用扩张能力，改变货币乘数，间接控制货币供应量。存款准备金率作为货币政策工具，中央银行拥有完全的自主权，是货币政策工具中最容易实施的一个。它能够迅速作用于货币供应量，同时对所有金融机构产生影响。但这种政策工具对经济的调整强度过大，缺乏弹性，因此该政策工具往往是作为货币政策的一种自动稳定机制，而不是作为中央银行日常调控货币供应的工具使用。

3. 货币政策的局限性

中央银行通过货币政策，控制货币供应量，从而相应地影响市场利率水平，实现宏观调控目标，但在实践中也存在一些局限性。

（1）在经济衰退时期，实行扩展性的货币政策效果不明显。

（2）货币政策的效果可能被货币流通速度的变化所抵消。

（3）货币政策作用的外部时滞性也影响政策效果。

四、财政政策与货币政策的配合

1. 扩张性的财政政策与扩张性的货币政策相互配合

如果总需求不足，可以把扩张性的财政政策与扩张性的货币政策相配合，在增加政府支出和减少税收的同时，增加货币供给，降低利息。这样可以更有效地刺激总需求的增加。

2. 紧缩性的财政政策与紧缩性的货币政策相互配合

如果出现了通货膨胀，可以把紧缩性的财政政策与紧缩性的货币政策同时采用，在减少政府支出和增加税收的同时，减少货币供给，提高利息率，这样可以有效地减少总需求。

3. 扩张性的财政政策与紧缩性的货币政策相互配合

如果为了刺激总需求而又不至于引起通货膨胀，可以把扩张性的财政政策和紧缩性的货币政策结合起来，利用财政政策扩大总需求，利用货币政策抑制通货膨胀。

4. 扩张性的货币政策与紧缩性的财政政策相互配合

扩张性的货币政策与紧缩性的财政政策结合起来，可以降低利息率而增加投资，又可以减少政府支出以稳定物价。

互动训练

国务院十项措施扩大内需两年投资4万亿

国务院总理温家宝于2008年11月5日主持召开国务院常务会议，研究部署进一步扩大内需促进经济平稳较快增长的措施。

会议认为，近两个月来，世界经济形势日趋严峻，为抵御国际经济环境对我国的不利影响，必须采取灵活审慎的宏观经济政策，以应对复杂多变的形势。当前要实行积极的财政政策和适度宽松的货币政策，出台更加有力的扩大国内需求措施，加快民生工程、基础设施、生态环境建设和灾后重建工作，提高城乡居民特别是低收入群体的收入水平，促进经济平稳较快增长。

会议确定了当前进一步扩大内需、促进经济增长的十项措施。一是加快建设保障性安居工程。加大对廉租住房建设支持力度，加快棚户区改造，实施游牧民定居工程，扩大农村危房改造试点。二是加快农村基础设施建设。加大农村沼气、饮水安全工程和农村公路建设力度，完善农村电网，加快南水北调等重大水利工程建设和病险水库除险加固，加强大型灌区节水改造，加大扶贫开发力度。三是加快铁路、公路和机场等重大基础设施建设。重点建设一批客运专线、煤运通道项目和西部干线铁路，完善高速公路网，安排中西部干线机场和支线机场建设，加快城市电网改造。四是加快医疗卫生、文化教育事业发展。加强基层医疗卫生服务体系建设，加快中西部农村初中校舍改造，推进中西部地区特殊教育学校和乡镇综合文化站建设。五是加强生态环境建设。加快城镇污水、垃圾处理设施建设和重点流域水污染防治，加强重点防护林和天然林资源保护工程建设，支持重点节能减排工程建设。六是加快自主创新和结构调整。支持高技术产业化建设和产业技术进步，支持服务业发展。七是加快地震灾区灾后重建各项工作。八是提高城乡居民收入。提高明年粮食最低收购价格，提高农资综合直补、良种补贴、农机具补贴等标准，增加农民收入。提高低收入群体等社保对象待遇水平，增加城市和农村低保补助，继续提高企业退休人员基本养老金水平和优抚对象生活补助标准。九是在全国所有地区、所有行业全面实施增值税转型改革，鼓励企业技术改造，减轻企业负担1 200亿元。十是加大金融对经济增长的支持力度。取消对商业银行的信贷规模限制，合理扩大信贷规模，加大对重点工程、“三农”、中小企业和技术改造、兼并重组的信贷支持，有针对性地培育和巩固消费信贷增长点。初步计算，实施上述工程建设，到2010年年底约需投资4万亿元。为加快建设进度，会议决定，2009年四季度先增加安排中央投资1 000亿元，明年灾后重建基金提前安排200亿元，带动地方和社会投资，总规模达到4 000亿元。

案例分析：

本案例中国务院所使用的财政政策和货币政策体现在哪些措施上？

学以致用

我国财政赤字政策的走向选择

实训内容

1．查阅有关宏观经济政策内容的资料。

2．进行小论文写作训练。

实训要求

结合所学内容和经济实际，文章布局结构，做到有理有据，逻辑严谨，字数可在 1 000 字左右。

课后练习

一、填空题

1．形成市场失灵的主要原因有__________、____________、________和________等。

2．公共产品包括__________和__________。

3．宏观经济政策是政府为使宏观经济运行达到一定的效果，有意识地__________和__________经济运行的指导原则和措施。

4．宏观经济政策工具是用来达到________的手段。

5．政府借债主要通过发行债券来筹集这部分资金，这种政府债券称为________。

二、单项选择题

1．公共物品具有（　　）。

A．非竞争性和非排他性　　B．竞争性

C．排他性　　D．竞争性和排他性

2．以下各项中不能增加政府财政收入的是（　　）。

A．税收　　B．公债　　C．罚没　　D．转移支出

3．中央银行在公开市场上卖出政府证券，企图（　　）。

A．收集一笔资金帮助政府弥补财政赤字

B．减少商业银行在中央银行的存款

C．减少流通中的基础货币以紧缩货币供应

D．通过买卖证券获得差价利益

4．以下措施中属于紧缩性货币政策的是（　　）。

A．降低法定准备金率　　B．降低再贴现率

C．从公开市场卖出有价证券　　D．从公开市场买进有价证券

三、多项选择题

1．垄断是市场不完善的表现，它会造成（　　）。

A．效率低下　　B．社会福利损失

C. 收入分配的不平等　　　　　　D. 寻租行为的产生

2. 宏观经济政策的目标主要体现在（　　）。

A. 充分就业　　B. 物价稳定　　C. 经济增长　　D. 国际收支平衡

3. 供给管理的政策主要包括（　　）。

A. 收入政策　　B. 人力政策　　C. 经济增长政策　　D. 财政政策

4. 货币政策的主要工具有（　　）。

A. 公开市场业务　　B. 存款准备金率　　C. 再贴现率　　D. 税收

四、简答题

1. 什么是市场失灵？
2. 什么是宏观经济政策？它包括哪些内容？
3. 什么叫内在稳定器？具有稳定器作用的财政政策，主要表现在哪些方面？
4. 什么是财政政策？它的主要内容包括？

五、论述题

论述财政政策与货币政策的配合。

参 考 文 献

[1] 陈玉清．经济学基础[M]．北京：中国人民大学出版社，2009．
[2] 刘东，梁东黎．微观经济学[M]．南京：南京大学出版社，2002．
[3] 高鸿业．西方经济学：微观部分[M]．北京：中国经济出版社，1996．
[4] 徐道远．经济学基础[M]．上海：上海财经大学出版社，2006．
[5] 李国政，姜桂娟，聂红臣．经济学基础[M]．上海：上海财经大学出版社，2007．
[6] 张英，杨利勤．经济学基础[M]．北京：北京工业大学出版社，2011．
[7] 梁小民．西方经济学基础教程[M]．北京：北京大学出版社，2003．
[8] 徐教道．经济学基础[M]．上海：上海财经大学出版社，2007．
[9] 缪代文．西方经济学[M]．北京：中国人民大学出版社，2004．
[10] 张维强．经济学教程[M]．南京：东南大学出版社，2004．
[11] 陈鹏飞．经济学 100 个故事[M]．北京：新华出版社，2008．
[12] 张淑云，李文和．西方经济学教程[M]．北京：化学工业出版社，2003．
[13] 唐树伶．经济学基础[M]．北京：清华大学出版社，北京交通出版社，2008．